老子的正言若反、莊子的謬悠之說……
《鵝湖民國學案》正以
「非學案的學案」、「無結構的結構」、
「非正常的正常」、「不完整的完整」，
詭譎地展示出他又隱涵又清晰的微意。

曾昭旭教授推薦語

願台灣鵝湖書院諸君子能繼續「承天命，繼道統，立人倫，傳斯文」，綿綿若存，自強不息。蓋地方處士，原來國士無雙；行所無事，天下事，就這樣啓動了。

林安梧教授推薦語

喚醒人心的暖力，煥發人心的暖力，是當前世界的最大關鍵點所在，人類未來是否幸福，人類是否還有生存下去的欲望，最緊要的當務之急，全在喚醒並煥發人心的暖力！

王立新（深圳大學人文學院教授）

人們在徬徨、在躁動、在孤單、也在思考，希望從傳統文化中吸取智慧尋找答案；另一方面是割不斷的古與今，讓我們對傳統文化始終保有情懷與敬意！依然相信儒家仁、愛之說仍有益於當今世界。

王維生（廈門篔簹書院山長）

鵝湖民國學案
呂榮海 賴研 蕭新永 洪文東 周隆亨 潘俊隆 陳惠銘 陳湘緞 等35人 合著
華夏出版
台灣鵝湖書院
老子的正言若反、莊子的謬悠之說……
《鵝湖民國學案》正以
「非學案的學案」、「無結構的結構」、
「非正常的正常」、「不完整的完整」，
詭譎地展示出他又隱涵又清晰的微意。
曾昭旭教授推薦語

圓覺經、金剛經
心經註疏

月溪法師文集 第六冊

月溪法師——著
法禪法師——總校定

真法性本淨，妄念何由起？從真有妄生，此妄何所正？
無初即無末，有終應有始。無始而無終，長懷懵茲理

目錄

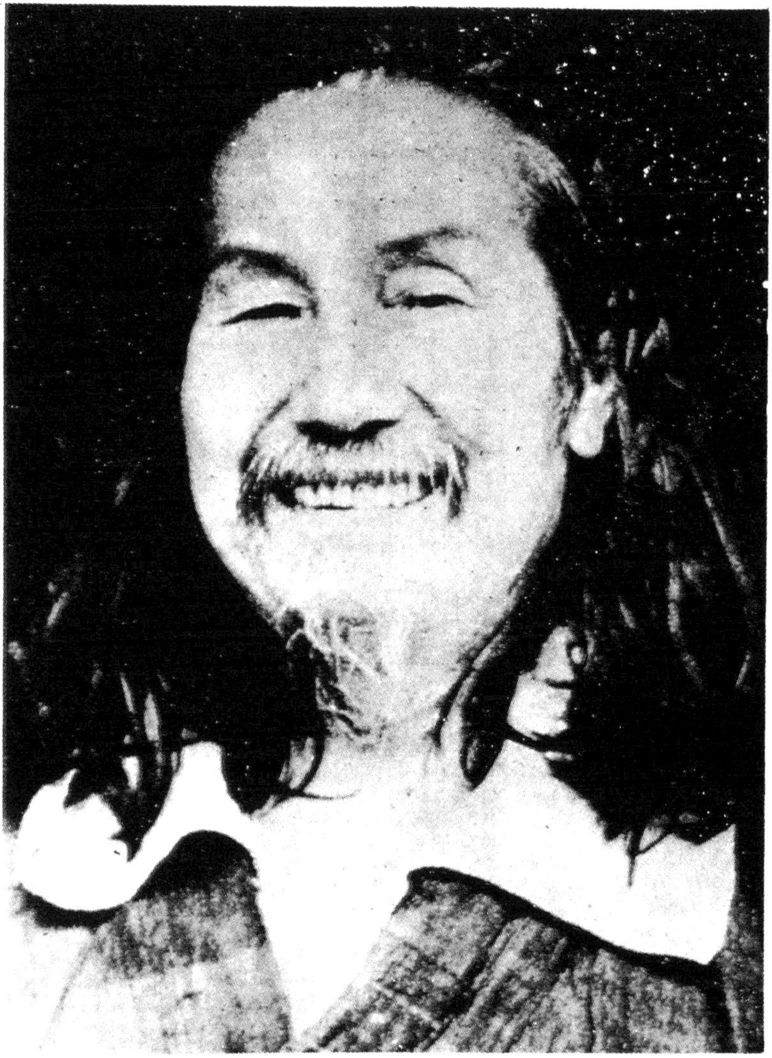

月溪法師法相

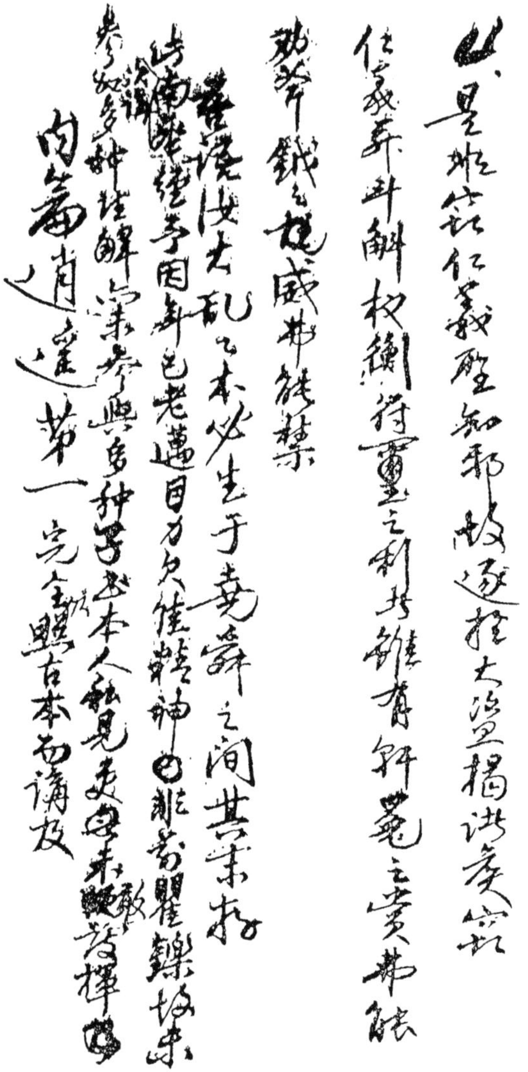

月溪法師手跡

新編月溪法師文集緣起

自在居士

在我國，禪宗的黃金時代是在唐、宋時期。六祖以後高僧輩出，悟道祖師不計其數，然而在唐、宋以後禪門就逐漸式微了。禪的行者一旦墮入思惟、名相及文字語言的窠臼，那麼便與直指的本懷相差十萬八千里了。祇一味地在法上論說，終究離不開「口頭禪」；一味地枯坐，那就是典型的「枯木禪」；祇會念話頭或者將古人公案拿來剖析並且說出一番大道理的，那就是「話頭禪」或「公案禪」；有用止觀雙運來參禪的，那就是「止觀禪」。不說上述的方法對不對，若想以此明心見性，恐怕是相當的困難。爲甚麼會如此呢？因爲上面這些都離不開在妄念上做功夫呀！而近代的禪門行者不在妄念上做功夫的簡直鳳毛麟角。

在近代，能夠看出禪門種種弊端的，首推月溪法師。他是箇真正徹見本源的過來人，凡所說法都是從自性中流露，絕不墮入前人的思想陷阱中。在註解經典時都是從體性（佛性）上發揮，而不在文字語言的表面上作文章。在後人整理的文集當中，最能夠表現月溪法師思想精髓者，首推《大乘絕對論》。這是一本相當殊勝的文集。「絕對」者是佛性的代名詞，簡言之，《大乘絕對論》是從佛性上發揮以說明古今中外思想界的種種不究竟處。這一點，吾人以爲相當重要，假如沒有月溪法師的明說，一般人很難瞭解古今中外思想界的毛病究竟出在何處。佛性本體雖然不可說、不可思議，但《大乘絕對論》已然道出整箇佛性的架構，這對很少深入經藏的現代人而言，可以在極短的時間中明瞭整箇佛陀說法的旨要。這在繁忙的工商社會中，顯得相當重要。因爲要現代人窮年累月埋首於浩瀚的經典中，實在不太可能。而大乘典籍的艱深，苟非徹見本地風光的過來人，很難瞭解箇中三昧。當然，對一位未徹見本地風光的人而言，對《大乘絕對論》的瞭解也一定僅止於表相，也就是說祇認得一點皮毛罷了！但不管怎麼說，這是一本相當白話且說理也很能深入淺出的文集。

至於月溪法師所著的其他文集，包括對經典方面所做的註疏，也都是從佛性上發揮。而對於「無明」，月溪法師有一套獨特的看法。他將無明分爲「無始無明」及「一念無明」兩種，表面看來，這也許好像沒有甚麼，然而吾人以爲這在修行上却是相當的重要。很多修行人窮其一生都無法證果，問題就是出在他分不清甚麼是無始無明，甚麼是一念無明，而祇會在一念無明上下功夫，這是捨本逐末的做法。

翻開歷代祖師的著述，吾人很少發現有祖師將「無明」這麼清楚地宣說出來的，這也難怪很多修行人的目標都祇是在做斷妄念（一念無明）的功夫。問題出在這一念無明根本斷不了，斷了前念，後念馬上跟著生起，斷了又生，生了又斷，簡直無有了時。所謂「止觀雙運」、「一心三觀」、「眼觀鼻，鼻觀心」等的修法都離不開斷妄念。其實，本性是被無始無明所遮障，而一念無明祇是無始無明的產物。吾人若想親見本性，那麼所要打破的就是無始無明，而一念無明剛好是用來作爲打破無始無明的工具。在修行的階位上，吾人實在不應該斷一念無明，反而應該好好利用它纔對！其實，在見性的當下，無始無明就被打破了，而在沒有無始無明作爲前提之下，那麼一念無明也就轉爲本性的妙用了！無始無明是可破的，而一念無明不可破，祇在見性的當下轉爲本性的妙用。在修行之初，如果沒有上面的這種認知，那麼想明心見性，無異緣木求魚。

無疑的，月溪法師是「末代禪」的中流砥柱，有他出來爲文，掃除種種似是而非且不究竟的末代禪法，讓吾輩於修行之初，就可以很明白地看清方向而避免誤入歧途。很顯然的，月溪法師的文集，是禪海中的燈塔。欣聞臺北圓明出版社計畫蒐羅、整理，出版《月溪法師文集》，誠令人頓感禪悅瀰溢。對於那些找不到門路或迷失在歧途的衆多修行者而言，這套文集的面世，諒必是一大「福音」！而這套文集的整理、校勘及次序的編排幾乎都由臺灣大學的郭哲志及林淑娟兩位大德一手包辦，其發心之誠及熱心的參與，吾人也應給予讚賞。

唯文字語言終究離不開「方便道」，這套文集當然也不例外。吾人應該透過文字語言的底蘊去瞭解說法的本義，以便紮紮實實的實修實證。

香港沙田萬佛寺開山祖師第一代主持
月溪上人肉身法體鋪金圓滿陞座碑

佛法自漢明帝時傳入中國，摩騰、竺法蘭自西域以白馬馱經而來，因於洛陽建白馬寺，佛法即盛傳中土。迨六朝梁武帝時，達摩初祖一葦東來，以衣鉢相傳。至唐朝，惠能六祖弘法南來，肉身成佛於廣東南華寺，衣鉢之傳廢。而禪宗大乘佛法在中國繼續發揚，儒家學者每多精研深究，以致高僧輩出，宗門鼎盛，代有傳人，尤對中國學術界影響甚大，宋明理學即其顯著者也。歷代祖師見性成佛者甚多，惟具有金剛不壞之身，成爲肉身菩薩，金相莊嚴者，殊不多見。今月溪上人，俗姓吳，昆明人也。原籍浙江錢塘，後遷滇，考諱文鏡，積學隱德；妣陸氏聖德，茹素念佛，有子五人，上人其幼也。上人幼聰慧，好讀書，受儒業於汪維寅先生。年十二讀〈蘭亭集序〉，至「死生亦大矣，豈不痛哉」句，慨然有解悟，問先生如何方能不生不死？先生告曰：「儒言：『未知生，焉知死？』」自是兼攻佛學，尤專心老、莊，濂、洛、關、閩之學，博綜六經。隨肄業於滬，徧參江浙名山梵刹，叩問諸大德。年十九在震旦大學卒業，決志出家弘揚大法。父母幼為訂婚，堅不娶，即於是歲禮本境靜安老和尚剃染受具。甫出家，精進勇猛，於佛前燃無名、小二指，並剪胸肉掌大，炷四十八燈供佛。並發三大願：一、不貪美衣食，樂修苦行，永無退悔。二、偏閱三藏一切經典，苦心參究。三、以所得悉講演示導，廣利衆生。後隨悟參法師，學天臺、賢首、慈恩諸宗教義。年二十二，遂徧蒞衆會說法講經，聽者如市。膺金陵之請，講楞伽法會，得參牛首山獻花巖鐵巖大德，上人往參問巖曰：「我今將妄念斷盡，不住有無，是明心見性否？」巖曰：「否！是無始無明境界。」上人問曰：「臨濟祖師說是無明湛湛，黑闇深坑，實可怖畏。是否？」巖曰：「是！汝不可斷妄念，用眼根向不住有無黑闇深坑那裏返看，行住坐臥不要間斷，因緣時至，無明湛湛，黑闇深坑𡆇的一破，就可以明心見性。」上人聽此言，如飲甘露，由此用功，日夜苦參，形容憔悴，瘦骨如柴。至八月某中夜，聞窗外風吹梧桐葉聲，豁然證悟，時通身大汗，曰：「哦！原來原來，不青不白，亦不參禪，亦不念佛，亦無死生事大，亦無無常迅速。」信口說偈曰：「本來無佛無衆生，世界未曾見一人；究竟瞭解是這箇，自性還是自己生。」向窗外望，正是萬里晴無雲，四更月在天，時上人年二十四歲。數日後再往見巖，將所悟稟呈，巖曰：

「汝證悟也，今代汝印證，汝可再將《傳燈錄》印證，汝大事畢矣，有緣講經說法度衆生。」上人今後講經，依照《華嚴經》：佛性恆守本性，無有改變，始終不改；佛性無染、無亂、無礙、無厭，不受薰染；佛性不起妄念，妄念從無始無明起；除卻止、作、任、滅四病，不斷妄念，用一念破無始無明爲主要。上人講經說法，皆從自性中流露出來，不看他人註解。後應川、湘、鄂、贛、皖、閩、粵、陝、甘、青、滬、平、津、魯、豫、熱、晉、京、浙、香港、澳門各處邀請講經，數十年無虛度日，講經數百會。性好遊，歷終南、太白、香山、華山、峨嵋、九華、普陀、五臺、泰山、嵩山、黃山、武當、匡廬、茅山、莫干、嶼山、恆山、羅浮山等說法。每遊雲霞深處，數月忘歸。所到名山，必有詩對。善七絃琴，遊必攜琴隨身，遊華山時曾自書有《華山待月室記》。生平著作甚多，計有《大乘絕對論》、《大乘佛法用功概論》、《大乘八宗修法》、《大乘佛法簡易解》、《四乘法門》、《禪宗修法》、《禪宗史略》、《佛法大綱》、《月溪法師開示錄》、《用周易老莊解釋佛法之錯誤》、《佛教的人生觀》、《佛法問答錄》、《月溪法師講無始無明》、《月溪法師講念佛法門》、《月溪法師詞附詩》、《證道歌顯宗記註解》、《楞伽經疏》、《圓覺經疏》、《金剛經疏》、《心經疏》、《維摩詰經疏》等九十八種，凡千萬言，其功德之偉大，誠足稱矣。上人節操高邈，度量出羣，不應酬世法，性度弘偉，風鑑朗拔，雖宿儒英達，莫不服其深致。與海內宿儒江寧魏梅蓀家驊、醴泉宋芝田伯魯、閩海黃石蓀曾源、仁和葉任皋爾愷、番禺張漢三學華、吳玉臣道鎔、汪憬吾兆鏞、南海桂南屏坫、雙城翟羲人文選、如臯冒鶴亭廣生、長安宋菊塢聯奎、餘姚章太炎炳麟、臨川李梅菴瑞清、吳興王一亭震、山陰朱子橋慶瀾、臨海屈文六映光、番禺金滋軒湛霖時有唱酬。上人所著書，皆能匯各家之旨趣，振百代宗風，本明心見性之真傳，要在破無始無明，以弘揚大法，使天下古今中外之理哲，皆能分別異同，有所指歸。若江漢之朝宗於海，發前人之所未發，言前人之所未言，使後之學者，有所依歸，闡明義理，炳耀千秋。上人前在廣州重修大佛寺，備極莊嚴壯麗，和平後來香港，在沙田萬佛山建蓋萬佛殿、彌陀殿、天王殿、觀音殿、準提殿、韋馱殿、萬佛塔、羅漢欄等。自辛卯年興工，至丁酉年圓成，歷時七載，均親身參與擔鐵運石，造塑佛像，事必躬親。曾豎一指說法曰：「來本不來，菩提非樹，明鏡非臺；去本不去，上無片瓦，下無寸地。古今諸佛，皆在老僧指頭上放光現瑞，轉大法輪。」上人有剃染徒二：長妙相法師，丁亥年病逝昆明；次任內地某大學歷史系教授。徒孫六人，均在內地。悟道弟子八人：五臺寂真尊宿、明淨尊宿、北平李廣權居士、上海周運法居士，餘四人均先逝，皈依弟子伍拾餘萬衆。上人自去年乙巳歲三月二十三日晚圓寂，趺坐入龕，嘗語其左右及弟子衆，其法體封龕入土，八箇月內便可將肉身請出，加漆鋪金，供奉寺內。同年十一月十七日，弟子衆撥土移墓開龕視察，即見五官俱全，鬚髮仍留，整體無缺，呈黃金色，燦然可觀，其生平苦修行持，戒律精嚴，於此可見。在此科學昌明時代，生活物質化之社會，與亞熱帶天氣之香港，而能有此奇蹟出現，真是六祖而後，千餘年罕有之事，香港開埠以來，今始獲睹，誠佛教界之光榮，亦吾港人之幸福也。今將於丙午年農曆四月初八日在萬佛寺彌陀殿陞座供奉，敬希海內及港九諸山大德，暨各界善信四衆弟子等居時蒞臨，以觀厥成此一佛教界劃時代之盛舉，而創永恆之聖蹟也。

萬佛寺第二代主持胞侄　吳星達　謹撰

監察院專門委員總編纂　林德璽　敬書

中華民國六十二年歲次癸丑十一月

圓覺經註疏

本來無佛無衆生
世界未曾見一人
究竟瞭解是這箇
自性還是自己生

圓覺經大義

在開講經之前，先講經中大義，然後全本經皆可明白。釋迦佛說的大乘法寶，猶如箱內的寶貝，《圓覺經》如同開箱子的鑰匙，全部經的意思，是教我們如何開箱子，得箱子的寶貝。中國哲學家認箱子是寶貝，西洋哲學家分兩方面：一方面認箱子爲寶貝，一方面站在箱子面前猜箱子內是甚麼寶貝。小乘聲聞分兩種：一種是定性，一種是不定性。定性聲聞生纏空，認鎖是寶貝；不定性聲聞認纏空不是寶貝，再去問找寶貝。二乘緣覺分兩種：不回心者、回心者。不回心者迷正知見，認空無所有，不執著空，認箱子爲寶貝；回心的二乘緣覺再去問找寶貝。大乘人研究用甚麼方法，將鑰匙如何開箱子，得箱子裏的寶貝。這一部經完全是開箱子的方法，一部經經題就是全部經綱要，先將經題解釋明白。

法身		體		大方廣圓覺	即佛性	無始無終	是無生死，無來去，徧滿虛空，充塞宇宙，究竟快樂，是不受薰染、無漏的，人人的是一樣的。
	禪那 三摩提 奢摩他		空執	是可破 無始幻無明	即無始無明	無始有終	是無善、惡、是、非、煩、惱、愛、欲、思、想，是無知無覺的。
報身		宗		是能起淨緣 見聞覺知	即腦筋靈性	無始無終	是能起染緣，有善、惡、是、非、愛、喜、怒、哀、樂、欲、煩惱、思想，種種俱全，是受薰染、有漏的，人人的不是一樣。
			法執	是不可破的 一念無明	即思想一念	無始無終	
應身		用	我執	眼耳鼻舌身意		無始無終	

悟後佛性能轉萬物

悟後一切種子和盤托出

悟後六根、六塵、六識皆變爲佛性

「大方廣」就是佛性的體用。「大」是指佛性光明，徧滿虛空，充塞宇宙，超出時間空間；「方」是指佛性的體，用是由佛性的體發揮出來的；「廣」是佛性的用，是時時加被我們衆生的，猶如太陽光明一照，將一切昏塵照破，照著我們衆生，就是《華嚴經》裏說的：「佛身充滿於法界，普現一切衆生前，隨緣赴感靡不週，而常處此菩提座。」「圓」就是指佛性徧滿虛空，圓滿不漏；「覺」就是指本來絕對的大覺，不是指對迷而覺的覺、相對的覺。

「無始幻無明」，就是說無始以來，無始無明同佛性是同時有的。經裏面說：「一切諸衆生無始幻無明，皆從諸如來圓覺心建立，猶如虛空華依空而有相，空華若復滅，虛空本不動。」無始無明是無始以來同佛性有的，是可以破的，我們不能見我們的佛性，就是被無始無明遮障佛性，如同空中有烏雲遮障太陽的光明，將烏雲吹散，太陽的光便能顯現；將無始無明打破，本有的佛性就可以看見。無始無明，就是《華嚴經》裏說的「破無明黑闇」、《勝鬘經》裏說的「斷無始無明」、六祖說的「無記空」、臨濟祖師說的「湛湛無明，黑闇深坑，實可怖畏」。這一部經主張的，就是破無始幻無明，一破便可看見佛性。

見聞覺知、一念無明、六根就是經裏說的：「四緣假合（四緣指見、聞、覺、知），妄有六根（眼、耳、鼻、舌、身、意），六根四大，中外合成，妄有緣氣，於中積聚，似有緣相，假名爲心。」

經裏主張破無始無明，應遠離四種禪病。佛說：「末世諸衆生，欲求善知識，應當求正見，心遠二乘者，法中除四病，謂作、止、任、滅。」四病就是：

一、止病　將一切思想勉强止住不起，如海水不起波，無一點浮漚。小乘斷六根、道家「清淨寡欲，絕聖棄智」，皆此病也。佛性非「止」而合。

二、作病　捨妄取真，將一箇惡思想改爲一箇好思想，背塵合覺，背覺合塵，破一分無明，證一分法身。老子「常無欲以觀其妙，常有欲以觀其徼」、孔子「正心誠意」、宋儒「去人欲之私，存天理之正」，皆此病也。佛性非「作」而得。

三、任病　就是思想起也由他，滅也由他，不斷生死，不求涅槃，不執著一切相，不住一切相，照而常寂，寂而常照，對境無心。儒家「樂天知命」、道家「返自然，歸嬰兒」，皆此病也。佛性非「任」而有。

四、滅病　就是將一切思想斷盡了不起，空空洞洞，如同木石一般。中乘破一念無明、老子「惚兮恍兮，窈兮冥兮」、莊子「坐忘」、宋儒「我心宇宙」，以及印度外道六師，皆此病也。佛性非「滅」而有。

經裏又說：「一切諸衆生，皆由執我愛，無始妄流轉，未除四種相，不得成菩提。愛憎生於心，諂曲存諸念，是故多迷悶，不能入覺城。」四相就是：

一、我　相　即我執。小乘人斷六根時，「小我」已滅，入於「大我」境界，此時心量擴大，有充滿宇宙之象，清淨寂滅。宋儒所謂「我心宇宙」，莊子所謂「坐忘」（出〈大宗師〉篇），希臘哲學家所謂「大我」、「上帝」，老子所謂「惚兮恍兮，其中有象；恍兮惚兮，其中有物；窈兮冥兮，其中有精」，皆是「我相」境界。

二、人　相　即法執。起後念以破前念，譬如前念有我，乃起後念之「否認我」而破之，繼而復起一念以破此「否認我」之念，如是相續，以至無我，破見仍存，悉爲「人相」。莊子所謂「吾今喪我」，即此相也。

三、衆生相　亦是法執。凡我相、人相所未到之境界，是衆生相，所謂「前念已滅，後念未起，中間是」是也，儒家所謂「喜怒哀樂未發之謂中」、《尚書》云「惟精惟一，允執厥中」，此「中」字即「衆生相」境界。

四、壽者相　即空執。一切思想皆已停止，一切善惡是非皆已忘卻，其中空無所有，如同命根，六祖說是「無記憶空」，二乘誤認爲涅槃境界，其實即「無始無明」，禪宗稱爲「無明窠臼」、「湛湛黑闇深坑」，道家所謂「無極」，即此相境界。

錯用功就是犯作、止、任、滅四病，結果認我、人、衆生、壽者四相爲佛性，其實不是佛性。經中佛說：「善男子！彼善知識所證妙法，應離四病。」照著經裏邊所說的三種法門用功，便不落於四病。

經裏又提到有三種法門可以破無始無明，就是「奢摩他」、「三摩鉢提」、「禪那」。「奢摩他」中國話叫做「寂靜」，就是六根齊用破無始幻無明；「三摩鉢提」中國話叫做「攝念」，就是一根統領五根破無始幻無明；「禪那」中國話叫做「靜慮」，就是修大乘的六度第五度靜慮，六根隨便用一根破無始幻無明。

破無始幻無明用功，用六根的隨便那一根，我們南贍部洲（即是地球）的人，以眼、耳、意三根爲敏利。如用眼根，眼睛就不向外看，而向內看，其餘五根也不攀緣外境，清清淨淨的看，向腦根裏面來看，看來看去，看到山窮水盡的時間，達到黑黑闇闇、一無所有的境界，這時不可停止，再向前看，看得多囫的一聲，無明就會破的，無明一破，豁然貫通，柳暗花明又一村，徹天徹地的看見佛性了。或者六根齊用，清清淨淨的將一切外緣放下，眼根反觀觀自性，耳根反聽聽自性，鼻根反聞聞自性，舌根反嚐嚐自性，身根反覺覺自性，意根反念念自性，這樣用功得多，機緣成熟囫的一聲，就會破無明見佛性的。又或者隨用一根統攝五根，好比用一主帥統領兵將來進攻敵人一樣。譬如用意根來做主將，其餘五根向無明窠臼來進攻，眼、耳、鼻、舌、身都到意根上去，放下萬緣清清淨淨的，起一箇純淨的思想來向心裏去研究，研來研去，研究得多，功夫純熟囫的一聲，無明就會破的。又或者我們沒有時間靜坐用功，就無庸收攝六根，眼由他看，耳由他聽，意由他想，但是於其中要執一箇念頭來照顧佛性，不論何時何地，片刻不忘，好似失去寶珠，必要將它尋獲一樣，如此觀照，機緣一到囫的一聲，也可以見佛性。

經裏邊說：「善男子！此三法門，皆是圓覺親近隨順，十方如來因此成佛，十方菩薩種種方便一切同異，皆依如是三種事業，若得圓證，即成圓覺。善男子！假使有人修於聖道教化，成就百千萬億阿羅漢、辟支佛果，不如有人聞此圓覺無礙法門，一刹那頃隨順修習。」考查古今禪宗明心見性的人歷史事蹟，統統照此三箇法門修的。

可破與不可破辯論　無始幻無明譬如盜魁，一念無明譬如股匪，六根譬如賊匪所用的武器。欲爲民除患必須剿賊，但擒賊要擒王，所謂「殲厥渠魁，脅從罔治」，盜首已除，股匪無主，則其受撫也必矣。若捨其魁首，而擒其附從，不特擒不勝擒，即使一時擒盡，他時賊王再招新匪，是賊患仍未平也。六根煩惱、一念無明，皆從無始幻無明而來，無始幻無明者，根本就不明亮，而迷昧本來明明自性也。小乘之斷六根，六根何罪？特工具耳！將其斷之，是何異奪盜賊之刀械而毀之，遂以爲盜害既除也？豈知害固在盜，而不在兵器。夫兵器靡特不宜毀，且當資之以攻盜賊；六根豈獨無庸斷，反應利用之以破無明。中乘之務斷一念無明，而不知斷根本無明，是猶擒賊不擒王也；大乘用一念無明破無始幻無明，猶如以毒攻毒然。一念無明是起一箇思想爲法執，根本無明是空空洞洞，是空執，法執是不可破的，空執是可破的。

真妄辯論　照外道所見，思想斷滅便爲真心，思想一起即是妄心，起了又斷，斷了又起，妄心變爲真性，真性變爲妄心，反反覆覆，何時是了？我今說一譬喻：有婦人焉，夫亡守節是爲貞操，設若再醮是失貞操，後悔再嫁之非，復歸故夫之室。是寡婦者，有貞操乎？無貞操乎？若云貞操未失，豈通人情！斯喻何解？寡婦譬如腦筋，守節譬如思想不起，貞操譬如真性，再醮譬如思想又起，復返夫家譬如再斷思想，「思想再斷，真性恢復」之見，何異於寡婦再嫁之喻哉？夫根本既錯，修亦無益也。昔祖師有〈真妄偈〉云：「真法性本淨，妄念何由起？從真有妄生，此妄何所止？無初即無末，有終應有始。無始而無終，長懷懵茲理。」就是說佛性本自清淨，那裏會起妄念？起妄念是腦筋，不是佛性。假使妄念是從佛性起，那麼根本就有妄念了，止它何益？是止不勝止的。因爲無初就無末，有終纔有始的，若果「無始無終，相對是假，絕對是真」這箇道理都不明白，那就不能夠解悟佛法的。學佛錯用功夫，猶如以沙煮飯，飯終不成。

我們見、聞、覺、知，一念無明的妄念一動分爲兩方面，就是正念與不正念，不正念是妄，正念亦是妄。如妄念從外面來，與你不相干，又何必去斷呢？如妄念從裏邊生出來的，譬喻龍潭出水的水源，時時有水生出來的，斷了又生，生了又斷，無有了期。修行斷妄念，這箇道理實在不通！古人云：「王道不外乎人情。」佛法亦不外乎人情。

漸修頓悟之分別　漸修是由修小乘斷六根，修中乘斷一念無明，但六根與一念是不能永斷的，還須迴小向大，修大乘用一念六根隨一根破無始幻無明，由小、中、大是爲漸修；頓修指小乘、中乘皆非，直修大乘，是名頓悟。

「大方廣圓覺」、「無始幻無明」、「見聞覺知」、「一念無明」、「眼耳鼻舌身意」之分別。

這五種不能說先有圓覺後有無始幻無明，亦不能說先有無始幻無明後有見、聞、覺、知，亦不能說先有見、聞、覺、知後有一念無明，亦不能說先有一念無明後有眼、耳、鼻、舌、身、意，而是無始以來同時俱有的，猶如金質和沙石是金鑛中本來具有的。經裏邊說：「善男子！如銷金鑛，金非銷有，既已成金，不重為鑛，經無窮時，金性不壞，不應說言本非成就，如來圓覺亦復如是。善男子！一切如來妙圓覺心，本無菩提及與涅槃，亦無成佛及不成佛，無妄輪迴及非輪迴。善男子！但諸聲聞所圓境界，身、心、語言皆悉斷滅，終不能至彼之親證所現涅槃，何況能以有思惟心，測度如來圓覺境界？如取螢火燒須彌山，終不能著；以輪迴心生輪迴見，入於如來大寂滅海，終不能至。」經裏邊又說：「譬如銷金鑛，金非銷故有，雖復本來金，終以銷成就，一成真金體，不復重為鑛。生死與涅槃，凡夫及諸佛，同為空華相，思惟猶幻化，何況詰虛妄？若能了此心，然後求圓覺。」

未曾見佛性以前，思想、人生、宇宙萬物皆是生滅相對的；打破無始幻無明以後，見絕對的大方廣圓覺佛性，思想、人生、宇宙萬物統統變為絕對的佛性，變為絕對的法身淨土。

經中又說：「善男子！此菩薩及末世衆生，證得諸幻滅影像故，爾時便得無方清淨，無邊虛空，覺所顯發；覺圓明故，顯心清淨；心清淨故，見塵清淨；見清淨故，眼根清淨；根清淨故，眼識清淨；識清淨故，聞塵清淨；聞清淨故，耳根清淨；根清淨故，耳識清淨；識清淨故，覺塵清淨。如是乃至鼻、舌、身、意，亦復如是。善男子！根清淨故，色塵清淨；色清淨故，聲塵清淨；香、味、觸、法，亦復如是。善男子！六塵清淨故，地大清淨；地清淨故，水大清淨；火大、風大，亦復如是。善男子！四大清淨故，十二處、十八界、二十五有清淨；彼清淨故，十力、四無所畏、四無礙智、佛十八不共法、三十七助道品清淨，如是乃至八萬四千陀羅尼門，一切清淨。善男子！一切實相性清淨故，一身清淨；一身清淨故，多身清淨；多身清淨故，如是乃至十方衆生圓覺清淨。善男子！一世界清淨故，多世界清淨；多世界清淨故，如是乃至盡於虛空，圓裹三世，一切平等清淨不動。善男子！虛空如是平等不動，當知覺性平等不動；四大不動故，當知覺性平等不動；如是乃至八萬四千陀羅尼門平等不動，當知覺性平等不動。善男子！覺性偏滿清淨不動，圓無際故，當知六根偏滿法界；根偏滿故，當知六塵偏滿法界；塵偏滿故，當知四大偏滿法界；如是乃至陀羅尼門偏滿法界。善男子！由彼妙覺性偏滿故，根性塵性無壞無雜；根塵無壞雜故，如是乃至陀羅尼門無壞無雜。如百千燈，光照一室，其光徧滿，無壞無雜。善男子！覺成就故，當知菩薩不與法縛，不求法脫，不厭生死，不愛涅槃，不敬持戒，不憎毀禁，不重久習，不輕初學。何以故？一切覺故。譬如眼光曉了前境，其光圓滿，得無憎愛。何以故？光體無二，無憎愛故。善男子！此菩薩及末世衆生，修習此心得成就者，於此無修，亦無成就，圓覺普照，寂滅無二，於中百千萬億阿僧祇不可說恒河沙諸佛世界，猶如空華，亂起亂滅，不即不離，無縛無脫，始知衆生本來成佛，生死涅槃猶如昨夢。」

關於見性以後我們的人生處世究竟如何？經裏面又說：「善男子！一切障礙即究竟覺，得念、失念無非解脫，成法、破法皆名涅槃，智慧、愚癡通爲般若，菩薩、外道所成就法同是菩提，無明、真如無異境界，諸戒、定、慧及淫、怒、癡俱是梵行，衆生、國土同一法性，地獄、天宮皆爲淨土，有性、無性齊成佛道，一切煩惱畢竟解脫，法界海慧照了諸相，猶如虛空，此名如來隨順覺性。善男子！但諸菩薩及末世衆生，居一切時不起妄念，於諸妄心亦不息滅，住妄想境不加了知，於無了知不辨真實，彼諸衆生聞是法門，信解受持，不生驚畏，是則名爲隨順覺性。善男子！汝等當知，如是衆生已曾供養百千萬億恒河沙諸佛及大菩薩，植衆德本，佛說是人名爲成就一切種智。」這就是《華嚴經》說的：「佛法不異世間法，世間法不異佛法；世間法即佛法，佛法即世間法；不能於佛法中分別世間法，不能於世間法中分別佛法。」別種經就是叫做經，惟有《圓覺經》叫做經中了義經，與別種經不同。經裏面說：「善男子！是經百千萬億恒河沙諸佛所說，三世如來之所守護，十方菩薩之所歸依，十二部經清淨眼目，是經名《大方廣圓覺陀羅尼》，亦名《修多羅了義》，亦名《祕密王三昧》，亦名《如來決定境界》，亦名《如來藏自性差別》，汝當奉持。善男子！是經唯顯如來境界，唯佛如來能盡宣說，若諸菩薩及末世衆生，依此修行漸次增進，至於佛地。善男子！是經名爲頓教大乘，頓機衆生從此開悟。」此經以圓覺爲「體」，以見、聞、覺、知頓悟破無始幻無明爲「宗」，以眼、耳、鼻、舌、身、意六根爲「用」。此經是頓教法門，如來五時說法，此經是說華嚴時（五時即華嚴時、阿含時、方等時、般若時、法華涅槃時）。

在未曾用功以前，要先明白以下的分別：

佛性與靈性的分別　佛性就是我們的本來面目，無生無滅，無來無去，如如不動，徧滿虛空，充塞宇宙，恆守本性，無有改變，不受薰染，不起妄念（出《華嚴經》），佛性人人的都是一樣。

靈性，新學家謂之靈魂，內外合成，內是見、聞、覺、知，外是眼、耳、鼻、舌、身、意。分兩方面的能力：染緣與淨緣。染緣有善、惡、是、非、愛、喜、怒、哀、樂、欲、煩惱、思想，種種俱全，是受薰染、有漏的，人人的不是一樣；淨緣，靈性裏面祇有清清淨淨的一念。染緣是起妄念，淨緣是斷妄念。我們的眼睛看見印象在靈性裏面見的一部份，耳聽得的印象在靈性裏面聞的一部份，鼻子所嗅的、舌頭所嚐的、身子所感觸的印象在靈性裏面覺的一部份，意思所想的印象在靈性裏面知的一部份，所有印象在靈性見、聞、覺、知四部份收藏。

無始無明與一念無明之分別　不同之點：一為無知無覺，無生無滅，空洞黑闇，一無所有，是可以破的；一為有知有覺，有生有滅，就是從靈性裏面起一箇妄念，謂之「一念無明」。無始無明是無知無覺，無始有終，可以打破；一念無明是有知有覺、無始無終，是不可破，悟後變為佛性。

佛性與無始無明不同之點　一是有知有覺，無生無滅，徧滿虛空，光明普照；一為無知無覺，無生無滅，空洞黑闇，一無所有。

《指月錄》云：「未見佛性以前，佛性不受薰染；見性以後，靈性、一念無明、眼、耳、鼻、舌、身、意，皆變為佛性。」

修小乘、中乘、大乘及一佛乘之分別　小乘是斷六根，靈性裏面祇有清清淨淨的一念，譬如一面明鏡，將灰塵打掃得乾乾淨淨，就是腦筋裏面的淨緣（即修四諦法門）。

中乘將一念無明，清清淨淨的斷了，知覺都沒有，空空洞洞，是無始無明，非佛性（即修十二因緣法門）。

大乘用功，一念無明及六根統統都不斷，利用六根的一念，隨便那一根，破無始幻無明見佛性爲主要（即修六度靜慮法門）。

一般人註解《圓覺經》「永斷無明方成佛道」，有的認爲斷六根就是佛性，有的認爲斷一念無明、十二因緣就是佛性，其實斷六根是小乘，斷一念無明是中乘，《圓覺經》是大乘，非中、小乘，永斷無明是指斷無始幻無明，非六根，非一念無明，經裏邊說見佛性後六根與一念無明皆變爲佛性。有的註解說：「不怕妄起，祇怕覺遲。」佛經中並無此話，這是從孟子的「良知良能」脫胎來的。有的註解說：「知之一字，衆妙之門；知之一字，衆禍之門。」佛經中並無此說，乃從老子《道德經》脫胎出來的，《道德經》裏說：「玄之又玄，衆妙之門。」有的註解中又說：「不要執著有妄念，不要執著無妄念，亦不要斷妄念，似有非有，似無非無。」佛經中並無此話，是《道德經》中的「渺兮冥兮，其中有精」；有些註解中又說：「中道是前念已滅，後念未起，中間是。」佛經中無此話，中道是儒家的話，並不是佛經的話，儒家謂「喜怒哀樂未發之謂中」。

大乘法門是說用功法門的，《圓覺經》說得最明白，是大乘菩薩問佛用功的，非小乘、中乘的道理。如果將佛性譬比寶貝，無始無明譬比箱子，淨緣譬比鎖，則佛陀所說的經典中，《華嚴經》是發揮寶貝體用；《楞伽經》中大慧認箱子是寶貝，佛將寶貝告訴他，指導他箱子不是寶貝；《維摩詰經》中釋迦佛、維摩居士、文殊菩薩說寶貝，其餘的人認箱子是寶貝；《大般涅槃經》問寶貝，佛告訴他寶貝；《大般若經》說寶貝的妙用透三句；《無量義經》說寶貝的體；《妙法蓮華經》說將來纔得寶貝；獨有《圓覺經》開箱子拿寶貝，纔被稱讚爲經中經。其他如《大寶積經》等講二乘不講大乘，《阿含經》等講小乘不講二乘大乘。要解說佛法和佛經最緊要的是將三乘用功分清楚，纔不會顛倒混淆。

中國的佛法，修明心見性的法門很多，各人說一派，究竟照那一派去修？我們没法子分別那一派是、那一派非，我們没法子決定，祇有照著釋迦牟尼佛這三箇法門去修，就是十方三世諸佛也是從這三箇法門去修，釋迦牟尼佛也是不出這三箇法門，古今一切祖師亦是不出這三箇法門，我們現在照著這三個法門選擇去修，是不會走錯路的，就是佛所說：「欲知三叉路，須問過來人。」

大方廣圓覺修多羅了義經疏

唐罽賓沙門佛陀多羅譯

釋經題

佛性徧滿虛空，充塞宇宙，故曰「大」；佛性能轉萬物，不爲萬物所轉，故曰「方」；以大悲方便，入諸世間，開發未悟，化令成佛，故曰「廣」；明心爲「圓」，見性爲「覺」，自性徧滿虛空，圓裹三世，流出一切清淨真如、菩提涅槃，故名「圓覺」；「修多羅」譯爲「經」；了義者，最徹底之法門也。

釋人題

此經是唐朝時，北印度罽賓國一位沙門，名「佛陀多羅」，在洛陽白馬寺譯出的；「罽賓」華言「賤種」，其國原屬奴隸階級，婆羅門教目爲最卑賤之種族，世尊提倡平等，不分貴賤，一切衆生皆有佛性，皆可成佛，雖賤種人亦得列於門牆，故罽賓國佛法極盛，高僧輩出；「沙門」華言「勤息」，謂勤修戒、定、慧，息滅貪、瞋、癡也；「佛陀」譯「覺」，多羅譯「救」，即自覺、救人之意。

如是我聞：一時，婆伽婆入於神通大光明藏三昧正受，一切如來光嚴住持，是諸衆生清淨覺地，身心寂滅，平等本際，圓滿十方，不二隨順，於不二境現諸淨土，與大菩薩摩訶薩十萬人俱。其名曰：文殊師利菩薩、普賢菩薩、普眼菩薩、金剛藏菩薩、彌勒菩薩、清淨慧菩薩、威德自在菩薩、辯音菩薩、淨諸業障菩薩、普覺菩薩、圓覺菩薩、賢善首菩薩等而為上首，與諸眷屬皆入三昧，同住如來平等法會。

此段若照晉朝道安法師所創之三分法（序分、正宗分、流通分）講，應屬於序分，乃敍述佛說本經之緣起。

「如是我聞」譯爲白話是「我所聽到的是這樣」，佛經乃世尊滅度後諸弟子所錄出者，故冠以「如是我聞」四字，意謂「我所聞於佛者如是，非私見也」。又《大涅槃經》載佛臨終時，有四依之囑，其一即經典皆冠以「如是我聞」四字。

此經乃世尊就清淨法身圓覺自性發揮妙理，故與他經不同，他經開首必先舉講經地點（如《金剛經》開首即說：「如我是聞：一時佛在舍衛國祇樹給孤獨園」等），而此經則否，良以法身自性圓滿十方，現諸淨土，不可稱名，故開首即曰：「一時，婆伽婆入於神通大光明藏三昧正受。」

「婆伽婆」三字，歷來註疏皆解爲佛十種通號之一，其實佛之另一通號乃「婆伽梵」非「婆伽婆」也。《涅槃經》云：「婆伽名破，婆名無明。」即破無明之意，無明破則法身現矣；《報恩經》亦謂「婆伽婆」乃指法身，《圓覺經》發揮法身妙理，故同於婆伽婆說法也。

「神通大光明藏」者，圓覺自性也，簡稱「佛性」，自性能生萬法、能轉萬物，故曰「神通」。言釋迦破無明見佛性，轉大法輪，得到真正受用也。此佛性乃佛與衆生所同有，是「一切如來光嚴住持」，亦名「諸衆生清淨覺地」，其體則「平等本際，圓滿十方，不二隨順」。不二者，法身無二也，隨順者無礙也，故能由體起用。「於不二境，現諸淨土」，此淨土乃法身淨土，於三昧中示現，故諸大菩薩及眷屬亦須入於三昧，方能「同住如來平等法會」，恭聆大乘妙理。

十二菩薩者，當時之大善知識，親近世尊發大乘心成道者也，與觀世音菩薩、維摩詰居士等，俱不在一千二百五十弟子之列。此法會乃世尊就圓覺自性發揮妙理，揭出大乘頓教之要義，非淺學所能唱酬，故以十二大菩薩爲上首。觀其次第提出之問題，皆屬肯要，故知圓覺了義，非普通一般弟子及聲聞二乘所到之境界也。觀《維摩詰經．弟子品》與〈菩薩品〉，即可明瞭諸大弟子與諸菩薩境界之差別，諸大菩薩有已悟及未徹悟者，而諸弟子則尚居學地。迦葉於佛晚年拈花示衆時悟入，而舍利弗則佛滅度後始發憤用功成道，故佛說《法華經》時，退席者五千人，皆小乘根器，未能領略大乘妙法也。

於是文殊師利菩薩在大眾中，即從座起，頂禮佛足，右繞三匝，長跪叉手而白佛言：「大悲世尊！願為此會諸來法眾，說於如來本起清淨因地法行，及說菩薩於大乘中發清淨心，遠離諸病，能使未來末世眾生求大乘者不墮邪見。」作是語已，五體投地，如是三請，終而復始。爾時，世尊告文殊師利菩薩言：「善哉！善哉！善男子！汝等乃能為諸菩薩，諮詢如來因地法行，及為末世一切眾生求大乘者，得正住持，不墮邪見。汝今諦聽，當為汝說。」時，文殊師利菩薩奉教歡喜，及諸大眾默然而聽。

文殊在十二菩薩中德學最優，故先代表大衆提出問題請佛解答。其問題之要點有二：一爲如來最初修行時所採取之方法如何？二爲菩薩發心修行時應遠離之錯誤如何？文殊此問其目的蓋在使末世衆生學大乘者，得到正當之途徑，不致墮於二乘外道邪見也。

「善男子！無上法王有大陀羅尼門，名為『圓覺』，流出一切清淨真如、菩提涅槃及波羅蜜教授菩薩，一切如來本起因地，皆依圓照清淨覺相，永斷無明，方成佛道。」

世尊答文殊菩薩之問，最先標出「圓覺」二字。圓覺者，佛性也，亦名「自性」，乃一切如來之本體，菩薩及衆生修道時之共同目標也，此經所闡明者即「圓覺」之體用。「一切清淨真如、菩提涅槃，及波羅蜜」皆自「圓覺」流出，佛以此教授菩薩，一切如來最初用功時亦依此「圓照清淨覺相」以爲目標，打破無始無明方成佛道。誦經至此，不禁合掌讚歎，並欲大聲疾呼，以告天下學人曰：「我等學佛，第一須先將目標認清楚。目標者何？即明心見性、成佛度衆生是也。」

「云何無明？善男子！一切衆生從無始來種種顛倒，猶如迷人四方易處，妄認四大為自身相，六塵緣影為自心相，譬彼病目，見空中華及第二月。善男子！空實無華，病者妄執，由妄執故，非唯惑此虛空自性，亦復迷彼實華生處，由此妄有輪轉生死，故名『無明』。善男子！此無明者，非實有體，如夢中人，夢時非無，及至於醒，了無所得。如衆空華滅於虛空，不可說言有定滅處。何以故？無生處故。一切衆生於無生中妄見生滅，是故說名『輪轉生死』。」

由是觀之，一切如來最初用功，既須打破「無始無明」，方能見性成佛，而一切衆生亦因「無明」遮障，致有輪迴生死。然則「無明」者，豈非一最重要之關頭乎？故世尊於標出「圓覺」之後，即舉「無明」以示大衆，因爲「無明」是「佛性」的死對頭，無明未破，佛性不現，故用功人須下極大決心，非滅此不可，一旦因緣時至囝的打破，宇宙河山、萬事萬物無非佛性，得到真正受用，纔是到家田地。

上文既明「圓覺」，此段解說「無明」。言「無明」者，一切衆生自無始以來，便有種種顛倒，譬如昏迷之人將四方易處，其實東南西北依舊，並未因之變易其處。衆生因爲妄認「地、水、火、風」四大爲「身」，「色、聲、香、味、觸、法」六塵爲「心」，其實兩者皆虛假。譬如有眼病之人，見空中有華及有兩箇月亮，其實空中無華，乃病目者妄執故耳。因此不但未能見其「自性」，亦復錯認「無明」以爲「自性」，故受輪迴生死。其實無明並非實有其體，如人做夢，夢時若真，醒來了無所得；如空華滅於空中，不可言其定有滅處。何則？因其本來無生處故也。一切衆生錯認無明爲實相，無中生有，故不能超出輪迴生死也。

「善男子！如來因地修圓覺者，知是空華即無輪轉，亦無身心受彼生死，非作故無，本性無故。彼知覺者，猶如虛空，知虛空者，即空華相，亦不可說無知覺性，有、無俱遣，是則名為『淨覺隨順』。何以故？虛空性故，常不動故，如來藏中無起滅故，無知見故，如法界性究竟圓滿徧十方故，是則名為『因地法行』。菩薩因此於大乘中發清淨心，末世眾生依此修行，不墮邪見。」

上文既將「佛性」與「無明」體狀講清楚，此段乃更進一步說明，如用腦筋思想揣測佛性亦是不對，因爲佛性並非腦筋（即見、聞、覺、知）作用，亦非想像或假設可及，須實實在在把無明打破，方能見到佛性。見性之後，一切六根、六塵、見、聞、覺、知亦皆變爲佛性，故名爲「淨覺隨順」。

經文「如來因地修圓覺者，知是空華即無輪轉，亦無身心受彼生死，非作故無，本性無故」一節，言欲修圓覺明心見性者，須打破無明空華。「知是空華」之「知」字並非見、聞、覺、知之「知」，乃含有「實行」、「實現」之意。既已實行打破無明空華，則「佛性」已現，無所謂輪轉生死矣。但此所謂「無」，非故作爲「無」，或用腦筋想像假設爲「無」，乃因「無明」暨「輪轉生死」之體性，本來是「無」故也。次言「彼知覺者，猶如虛空，知虛空者，即空華相，亦不可說無知覺性，有、無俱遣，是則名爲『淨覺隨順』」，此節最宜分別清楚。言彼腦筋之「知覺」，其性亦如虛空，但用腦筋想像而知之「虛空」並非實性，乃與無明空華之想相同。雖然如此，亦不可說無知覺性，不可將六根、見、聞、覺、知斷滅，因爲要打破無明，須利用它來做武器，一旦無明已破，則此「知覺性」亦變爲佛性矣。故未見性時，說「有」、說「無」俱不對、俱不必，一經見性，則「有」、「無」皆是佛性矣，故名「淨覺隨順」。「淨覺隨順」者，佛性清淨平等，能轉萬物無礙之謂也。

然則何爲若此？蓋因圓覺自性，性如虛空，如如不動，無有起滅，亦無腦筋知見，同法界性，本來圓滿，徧滿十方之故。故以上所發揮之妙理，乃如來「因地法行」，菩薩於此大乘法門發清淨心，末世衆生如果欲明心見性，依此修行，則可不墮邪見。序分竟。

爾時，世尊欲重宣此義，而說偈言：

「文殊汝當知：一切諸如來，從於本因地，皆以智慧覺，了達於無明。知彼如空華，即能免流轉，又如夢中人，醒時不可得。覺者如虛空，平等不動轉，覺徧十方界，即得成佛道。眾幻滅無處，成道亦無得，本性圓滿故。菩薩於此中，能發菩提心，末世諸眾生，修此免邪見。」

此段文殊與世尊之問答，乃全經之綱領，以後十二菩薩所問者，乃枝節之問題，及用功時所最易患之毛病耳。文殊問佛：「如來最初修行時之方法，及菩薩修行應遠離之錯誤？」世尊答以欲修圓覺須打破無始無明，然後能成佛。佛性非用腦筋揣測想像可見，但亦不可如小乘之斷滅腦筋思想，須利用此腦筋知覺（即六根）打破無明，無明一破，則一切六根、六塵，甚至無明皆變爲佛性矣，佛性本來圓滿，故「成道亦無得」。

於是普賢菩薩在大眾中，即從座起，頂禮佛足，右繞三匝，長跪叉手而白佛言：「大悲世尊！願為此會諸菩薩眾，及為末世一切眾生修大乘者，聞此圓覺清淨境界，云何修行。世尊！若彼眾生知如幻者，身心亦幻，云何以幻還修於幻？若諸幻性一切盡滅，則無有心，誰為修行？云何復說修行如幻？若諸眾生本不修行，於生死中常居幻化，曾不了知如幻境界，令妄想心云何解脫？願為末世一切眾生，作何方便漸次修習，令諸眾生永離諸幻。」作是語已，五體投地，如是三請，終而復始。爾時，世尊告普賢菩薩言：「善哉！善哉！善男子！汝等乃能為諸菩薩及末世眾生，修習菩薩如幻三昧方便漸次，令諸眾生得離諸幻。汝今諦聽，當為汝說。」時，普賢菩薩奉教歡喜，及諸大眾默然而聽。

此節普賢菩薩恐眾生未能明瞭「以幻修幻」之義，故代表大衆提出疑問，言若衆生已知身心皆幻，則何以當借此如幻之身心以修行？豈非以幻修幻乎？若諸幻性一切盡滅，則無有心，誰是修行者？何以說修行如幻耶？反之，若衆生不修行，常居生死幻化之中，則如幻境界當不能了知，何能令妄想心解脫耶？故此請佛再示方便修行之法，使諸衆生得永離諸幻。

「善男子！一切眾生種種幻化，皆生如來圓覺妙心，猶如空華從空而有，幻華雖滅，空性不壞。眾生幻心，還依幻滅，諸幻盡滅，覺心不動。依幻說覺，亦名為幻；若說有覺，猶未離幻；說無覺者，亦復如是。是故幻滅，名為不動。」

佛答普賢之問，言一切衆生自無始以來便有佛性，同時亦有無明，佛性乃真如實相，不染不壞，而無明幻化則屬虛妄體，一經打破永歸消滅，無明既滅，佛性永現，如空華在空中，幻華雖滅，空性不壞。然欲打破無明，非利用六根（即一念無明）不可，故曰：「衆生幻心，還依幻滅。」及至無明打破，諸幻盡滅，則佛性如如不動矣。「依幻說覺，亦名爲幻」者，言若用腦筋揣測佛性，則其所得影像亦同於虛幻。未見性時，說有覺、說無覺，皆未離於幻境，因但屬腦筋作用故也；須實實在在將無明打破，然後方算到家，方名「不動」。

「善男子！一切菩薩及末世衆生，應當遠離一切幻化虛妄境界，由堅執持遠離心故。心如幻者，亦復遠離；遠離為幻，亦復遠離；離遠離幻，亦復遠離；得無所離，即除諸幻。譬如鑽火，兩木相因，火出木盡，灰飛煙滅；以幻修幻，亦復如是，諸幻雖盡，不入斷滅。善男子！知幻即離，不作方便；離幻即覺，亦無漸次。一切菩薩及末世眾生，依此修行，如是乃能永離諸幻。」

此節說明打破無明之步驟。「一切幻化虛妄境界」，即無明界也；「堅執持遠離心」者，下決心之謂也。遠離心是「一念無明」，換句話說，即起一切想，用一念無明打破無始無明。「心如幻者，亦復遠離」，第一步離我執心者，眾生妄認六塵緣影之心也，即我執；「遠離為幻，亦復遠離」，遠離者，法執也，我執雖離，尚有法執；「離遠離幻，亦復遠離」，言法執、我執雖離，尚有空執，空執即無始無明，臨濟祖師所謂「湛湛黑闇深坑，實可怖畏」，到此已是最後關頭，正須著力，古人所謂「百尺竿頭，更進一步」，一旦空執已破，則「得無所離，即除諸幻」矣。以「一念無明」破「無始無明」，譬如用兩木相鑽取火，火出木盡，灰飛煙滅，無始無明既斷，而一念無明亦變為佛性，「以幻修幻」正是如此。但諸幻雖盡，不入斷滅，因六根、見、聞、覺、知、一念無明皆變為佛性也，此等法門名為頓悟。未見性前，一假皆假，妄想所支配故；既見性後，一真皆真，真心所流露故。故曰：「知幻即離，不作方便；離幻即覺，亦無漸次。」一切菩薩及末世衆生依此修行，方能打破無明永離諸幻。

爾時，世尊欲重宣此義，而說偈言：

「普賢汝當知：一切諸眾生，無始幻無明，皆從諸如來，圓覺心建立。猶如虛空華，依空而有相，空華若復滅，虛空本不動。幻從諸覺生，幻滅覺圓滿，覺心不動故。若彼諸菩薩，及末世眾生，常應遠離幻，諸幻悉皆離。如木中生火，木盡火還滅，覺則無漸次，方便亦如是。」

普賢乃大乘菩薩，非不能領略「如幻三昧」，之所以有規律提出疑問，乃因當時十萬衆中修小乘、二乘者甚多，驟向大乘妙理未能解悟，故普賢代表一部份大衆提出疑問。所提問題細分之有錯誤之點二：一爲不明「以幻修幻」之理，一爲誤認諸幻（即無明）滅盡，佛性亦滅，此皆小乘、二乘之見也。小乘所修之法門爲斷六根，即破我執；二乘所修法門爲破一念無明，即破法執；大乘所修者爲破無始無明，即破空執。破我執、法執皆不徹底，惟有破空執然後能見佛性。故佛再爲明白宣示：「幻華雖滅，空性不壞，衆生幻心，還依幻滅。」言無明雖破，佛性不動，欲破無明，仍須利用幻心（即六根）也。小乘所謂「滅」，乃屬於斷滅；大乘則否，大乘無明是「轉」不是「斷」也，無明破後，六根、一念無明皆變爲佛性，所謂「轉識成智」是也（此「智」字乃佛性，非智識之「智」）。

「心如幻者，亦復遠離；遠離爲幻，亦復遠離；離遠離幻，亦復遠離；得無所離，即除諸幻。」此八句最爲要緊，學者不可草率。「心」者，即六根、見、聞、覺、知合成，衆生妄執以爲我心，故名「我執」；我執雖離，尚有「離」之念在，此念即「一念無明」，名爲「法執」；法執復離，則達空洞之境，名爲「空執」，禪宗所謂「湛湛黑闇深坑」、「無明窠臼」、「漆黑桶底」，皆指此「空執」境界也。空執即無始無明，無始無明一破，則無所復離，諸幻盡除矣。故小乘破我執、二乘破法執皆不徹底，惟大乘破空執，方能見佛性，方是徹底解決法門。「我執」、「法執」（即六根及一念無明）不能斷，祇能「轉」之而已，吾人欲明此理，不難於體驗中得之。試靜坐室中，眼不見、耳不聞，六根皆置而不用，此時自以爲無「我」矣，殊不知仍有支持這樣做之「一念」在也；於是更進一步，把思想完全停止，一念不起，自以爲清淨矣，但此時之境界果何如耶？豈非空空洞洞、渺渺冥冥、恍恍惚惚乎？倘認爲此空洞恍惚之境爲實，則有智識之上等動物，反不若渾渾噩噩之下等動物矣！況此種境界並不能支持若干時候，普通人不過五分鐘至數十分鐘便思想復起，算你最有本事，亦不過和印度婆羅門教徒一樣，支持一星期、甚至一月之久，但終有一天醒過來，有何用處？小乘所謂入定便是這種境界。傳說現時某大和尚一入定便是半月、一月，以此受人崇拜，若照此理觀之，豈非欲與婆羅門外道爭一日之短長耶？

儒家謂「喜怒哀樂未發之謂中」，認爲「中」乃最高之境界，其實一日二十四小時中能有幾小時是「中」耶？倘完全做到「中」的地步，喜怒哀樂俱不發，則豈非同於無性木石乎？天臺宗謂「前念已滅，後念未起，中間是」，以「中」爲佛性，亦屬錯誤。後念未起，乃頃刻之事，終有起時，若以此僅能支持片刻之「中」爲佛性，則佛性變爲有輪迴之生滅法矣！故佛家明心見性之哲，乃「喜怒哀樂俱是中」，日常行住坐臥、嘻笑怒　，無往而非「中」，良以見性之後，六根、六塵、一念無明，以至一切日常生活俱變爲佛性。總而言之，儒家之「中」、天臺宗之「中」、道家之「清淨無爲」，皆屬腦筋作用，皆是「空執」，其所到之境界乃

「無始無明」之境界耳。能辨乎此，則可以語「大乘」，可以修圓覺頓教矣！

於是普眼菩薩在大眾中，即從座起，頂禮佛足，右繞三匝，長跪叉手而白佛言：「大悲世尊！願為此會諸菩薩眾，及為末世一切眾生，演說菩薩修行漸次。云何思惟？云何住持？眾生未悟，作何方便普令開悟？世尊！若彼眾生無正方便及正思惟，聞佛如來說此三昧，心生迷悶，即於圓覺不能悟入。願佛慈悲，為我等輩及末世眾生假說方便。」作是語已，五體投地，如是三請，終而復始。爾時，世尊告普眼菩薩言：「善哉！善哉！善男子！汝等乃能為諸菩薩及末世眾生，問於如來修行漸次、思惟住持，乃至假說種種方便。汝今諦聽，當為汝說。」時，普眼菩薩奉教歡喜，及諸大眾默然而聽。

普眼菩薩所發之問，乃承上段佛闡明「以幻修幻」不可將腦筋思想斷滅之義而來。其發問之意蓋謂思想既不可斷滅，則應如何運用，如何修持，方是「正思惟」、「正方便」？上段佛答普賢菩薩「知幻即離，不作方便，離幻即覺，亦無漸次」，已言明修圓覺頓教，並無所謂方便漸次，一悟永悟，一了百了，但普眼菩薩仍恐衆生根淺，聞此三昧，心生迷悶，不能悟入，故再爲懇求，請佛假說種種方便，使衆生有箇入處。假說者，本無可說，爲衆生故，勉爲宣說耳。

「善男子！彼新學菩薩及末世眾生，欲求如來淨圓覺心，應當正念遠離諸幻。先依如來奢摩他行，堅持禁戒，安處徒眾，宴坐靜室，恆作是念：我今此身四大和合，所謂髮毛、爪齒、皮肉、筋骨、髓腦、垢色，皆歸於地；唾涕、膿血、津液、涎沫、痰淚、精氣、大小便利，皆歸於水；暖氣歸火；動轉歸風。四大各離，今者妄身當在何處？即知此身畢竟無體，和合為相，實同幻化。四緣假合，妄有六根，六根、四大中外合成，妄有緣氣於中積聚，似有緣相，假名為心。善男子！此虛妄心若無六塵則不能有，四大分解無塵可得，於中緣、塵各歸散滅，畢竟無有緣心可見。」

佛答普眼之問，言末世衆生欲明心見性，應當將大乘用功方法認清楚。「正念遠離諸幻」，正念者，大乘法也，以別於聲聞、二乘之法。遠離諸幻，則破無明是也。第一步，先依如來奢摩他行，堅持禁戒。奢摩他，譯爲「正定」、「寂靜」，言初學菩薩及末世衆生對於大乘法門，不可猶疑或恐怖，宜有堅定之念泰然處之，則其內自然寂靜輕安，能辨諸妄。妄認自身爲實應所宜禁，而妄用腦筋揣測佛性亦所宜禁，能如此「堅持禁戒」，則「安處徒衆」之中，或「宴坐靜室」之內，無論熱鬧處亦好，隨時均能運用其正當之思惟曰：「我今此身，乃地、水、火、風四大和合而成，四大各離，則此妄身當在何處耶？故知此身，畢竟無體，和合爲相，實同幻化耳。」既明白身是虛幻，於是又思惟曰：「見、聞、覺、知四緣假合，隨妄有六根，六根、四大（此四大乃見、聞、覺、知，非地、水、火、風）中外合成，故妄有緣氣於中積聚，似有緣相，假名爲心。此心乃屬虛妄，若無六塵則不能有，四大分解則無塵可得，其中所積之緣、塵各歸散滅，畢竟無有緣心可見矣。」此乃用思惟辨別身心之虛妄，謂之「正思惟」，亦名「解悟」，亦名「有名三昧」，乃用腦筋思索而得也，故思想仍有用處，不可入於斷滅。至若見性之「悟」，則名爲「證悟」，又名「無名三昧」，即「無諍三昧」，乃佛性妙用，離於言說。佛拈花示衆即是此理，所謂「不立文字，直指人心」，隨拈一法皆是佛法矣。

「善男子！彼之眾生，幻身滅故，幻心亦滅；幻心滅故，幻塵亦滅；幻塵滅故，幻滅亦滅；幻滅滅故，非幻不滅。譬如磨鏡，垢盡明現。善男子！當知身心皆為幻垢，垢相永滅，十方清淨。」

此節言衆生用腦筋辨知其幻身之妄靈不存，則幻心無所寄矣；幻心無寄，則幻塵亦不存；幻塵不存，則所餘者「空執」耳。「幻滅亦滅」者，空執打破也，則見佛性；佛性非幻，乃實相也，不生不滅，故曰「非幻不滅」。故知身心皆爲幻垢耳；幻垢者，無明是也。無明打破，則佛性充滿十方，一切處清淨矣。故《楞嚴經》云：「一人發真歸源，十方虛空悉皆消隕。」

「善男子！譬如清淨摩尼寶珠，映於五色，隨方各現，諸愚癡者見彼摩尼實有五色。善男子！圓覺淨性現於身心，隨類各應，彼愚癡者說淨圓覺實有如是身心自相亦復如是，由此不能遠於幻化。是故我說身心幻垢，對離幻垢，說名『菩薩』；垢盡對除，即無對垢及說名者。」

此節申明「假說種種方便」之理，恐衆生誤解此「方便」爲實法也。其實佛性本來圓滿，佛性本無可說，爲引導衆生故，故假說種種方便耳。譬如清淨摩尼寶珠，本自純淨並無五色，爲光線所映，隨方各現五色，愚者不明其本體，而誤認虛幻五色爲實有；圓覺淨性本來清淨，而現於身心，隨衆生根器而有差別，愚癡之人不明圓滿體性，遂說圓覺有種種差別，身心自相亦有種種差別，何異於誤認摩尼珠有五色耶？由是之故，不能離開幻化之境。可見佛說「心」、說「身」、說「幻垢」、說「對離幻垢」之方法，皆屬於「假名字」耳，甚至一切說此種種假名之菩薩，亦是假名。若就清淨自性本體而言，凡此種種假名皆兩頭話，無從建立也。是故見性之後，「垢」已盡，「對」亦除，即無所謂對離之法，亦無所謂心身幻垢等假名及說此種種假名矣。《法華經》云：「十方佛土中，惟有一乘法，無二亦無三，除佛方便說。但以假名字，引導於衆生，說佛智慧故。諸佛出於世，惟此一事實，餘二則非真。」

《金剛經》云：「若人言如來有所說法，即爲謗佛，不能解我所說故。須菩提！說法者，無法可說，是名說法。」故知方便說法，皆屬「假名」，名曰「有名三昧」，與「佛性」之「無諍三昧」，不可同日而語也。此一節乃佛說法時，提醒聽衆不可誤解「方便」爲實法也。

「善男子！此菩薩及末世衆生，證得諸幻滅影像故，爾時便得無方清淨，無邊虛空，覺所顯發；覺圓明故，顯心清淨；心清淨故，見塵清淨；見清淨故，眼根清淨；根清淨故，眼識清淨；識清淨故，聞塵清淨；聞清淨故，耳根清淨；根清淨故，耳識清淨；識清淨故，覺塵清淨；如是乃至鼻、舌、身、意，亦復如是。善男子！根清淨故，色塵清淨；色清淨故，聲塵清淨；香、味、觸、法，亦復如是。善男子！六塵清淨故，地大清淨；地清淨故，水大清淨；火大、風大，亦復如是。善男子！四大清淨故，十二處、十八界、二十五有清淨；彼清淨故，十力、四無所畏、四無礙智、佛十八不共法、三十七助道品清淨，如是乃至八萬四千陀羅尼門一切清淨。善男子！一切實相性清淨故，一身清淨；一身清淨故，多身清淨；多身清淨故，如是乃至十方衆生圓覺清淨。善男子！一世界清淨故，多世界清淨；多世界清淨故，如是乃至盡於虛空，圓裹三世，一切平等，清淨不動。」

此節言菩薩及末世衆生，破無始無明滅諸幻之後，便得「無方清淨」。「無方」者，佛性無所不徧，即無餘之謂也；清淨者，非淨染之淨，乃佛性無壞無雜，不受薰染之謂也。《華嚴經》云：「法身無染，畢竟清淨。」因證得本體之故，由「圓覺」本體顯發妙用，虛妄之「假心」此時已變爲圓明「真心」。由於真心之清淨流露，故見、聞、覺、知六根清淨；六根既淨，六塵清淨；六塵已淨，則六識亦淨；推而至於四大、十二處、十八界、二十五有、十力、四無所畏、四無礙智、佛十八不共法、三十七助道品，以至八萬四千陀羅尼門，無不清淨。何以故？自性流露故，其性無壞無雜，故名「實相」。一切相清淨故，則一身、多身，以至十方衆生皆入於圓覺清淨，一世界、多世界亦無不入於圓覺清淨，乃至盡於虛空，圓裹三世，一切平等清淨不動，包括三世萬象。「不動」者，佛性無始無終，本來圓滿，永不變易，故名「不動」。

自「顯心清淨」起至「一切平等清淨不動」，其間包括三世萬象，起自圓覺妙用，而攝歸圓覺本體，即體起用，即用歸體，即體即用，即用即體，體用不二，左右逢源，無不自得，佛法盡於此矣。

「善男子！虛空如是平等不動，當知覺性平等不動；四大不動，當知覺性平等不動；如是乃至八萬四千陀羅尼門平等不動，當知覺性平等不動。」

佛恐衆生顧「指」忘「月」，未解不動之理，故再三表明：虛空、四大（指見、聞、覺、知），乃至八萬四千陀羅尼門，之所以平等不動者，乃「覺性平等不動」故也。禪宗所謂「搬柴運水、穿衣喫飯，皆是佛性」亦同此理，即覺性平等不動是也。能明乎此，則可以讀祖師語錄矣。

「善男子！覺性徧滿，清淨不動，圓無際故，當知六根徧滿法界；根徧滿故，當知六塵徧滿法界；塵徧滿故，當知四大徧滿法界。如是乃至陀羅尼門徧滿法界。善男子！由彼妙覺性徧滿故，根性、塵性無壞無雜；根、塵無壞雜故，如是乃至陀羅尼門無壞無雜；如百千燈，光照一室，其光徧滿，無壞無雜。」

此節言見性之後，六根、六塵、四大（見、聞、覺、知），以至陀羅尼門皆變爲佛性。故《華嚴經》云：「佛身充滿於法界。」法界者，指徧滿虛空、無所不在之謂也。因佛性徧滿法界，故根、塵等亦徧滿法界，因佛性無壞無雜，故根、塵等亦無壞無雜，體用一如是也。「圓滿」如百千燈光同照一室，其光徧滿，無壞無雜，光性圓滿不二，不能分彼此也。能明此理，則知斷六根、止思想皆屬錯誤，斷六根、止思想譬如築堤障水，堤益高，水益滿，終至崩潰，爲害愈烈；破無始無明，如大禹鑿龍門，工程雖大，一旦鑿通，水患遂息，永得太平矣。《六祖壇經》云：「使六識出六門，於六塵中無染無雜，來去自由，通用無滯，即是般若三昧、自在解脫，名無念行。」

「善男子！覺成就故，當知菩薩不與法縛，不求法脫，不厭生死，不受涅槃，不敬持戒，不憎毀禁，不重久習，不輕初學。何以故？一切覺故。譬如眼光曉了前境，其光圓滿，得無憎愛。何以故？光體無二，無憎愛故。善男子！此菩薩及末世眾生，修習此心得成就者，於此無修，亦無成就，圓覺普照，寂滅無二，於中百千萬億阿僧祇不可說恆河沙諸佛世界，猶如空華，亂起亂滅，不即不離，無縛無脫，始知眾生本來成佛，生死涅槃猶如昨夢。善男子！如昨夢故，當知生死及與涅槃，無起無滅，無來無去；其所證者，無得無失，無取無捨；其能證者，無作、無止、無任、無滅；於此證中，無能無所，畢竟無證，亦無證者，一切法性平等不壞。善男子！彼諸菩薩如是修行，如是漸次，如是思惟，如是住持，如是方便，如是開悟，求如是法，亦不迷悶。」

此節敘述明心見性後之光景。未見性時，求解脫，厭生死，愛涅槃；及至見性，則不與法縛，亦不求法脫，不厭生死，亦不愛涅槃，良以自性之中，無所謂「縛」，無所謂「脫」，亦無所謂「生死涅槃」也。「不敬持戒」者，言自性無是非善惡，故亦無所謂持戒。昔李翱問藥山禪師：「甚麼是戒、定、慧？」答曰：「我這裏無此閑家俱。」即此意也。因此之故，毀謗我、妨礙我，皆不憎之。久習法者不足重，初學法者不足輕。何以故？一切皆佛性故，佛性平等清淨故。譬如眼光明了前境一樣，其光圓滿，得無憎愛。何以故？光體無二，無憎愛故。到此境界已是到家，不用再修，無須頭上安頭，不必畫蛇添足。而「圓覺普照，寂滅無二」，在此如來性海之中，恆河諸佛世界猶如空華，亂起亂滅，不即不離，無縛無脫，亦無所取捨憎愛，方知「眾生本來成佛」。「本來成佛」者，非謂原已成佛，言「本來具足佛性」是也。此時回顧「生死涅槃」，猶如昨夢一樣，於是恍然大悟曰：「原來生死涅槃，無起無滅，無來無去；所謂悟證者，原來無得無失，無取無捨；所以能證者，原來無作、止、任、滅四病；在此證之過程中，原來無所謂『能』（即我執），亦無所謂『所』（即法執、空執）。」「畢竟無證，亦無證者」，蓋因「一切法性平等不壞」之故也。故初發心菩薩，若照這樣修行，這樣思惟，這樣住持，這樣方便，這樣開悟，求這樣法，便不至陷於錯誤也。《楞嚴經》云：「五蘊、六塵、十二處、十八界皆如來藏妙真如心，宇宙山河大地皆是如來妙真如心，返觀父母所生之身如大海一漚，若存若亡。」即此謂也。

爾時，世尊欲重宣此義，而說偈言：

「普眼汝當知：一切諸眾生，身心皆如幻。身相屬四大，心性歸六塵，四大體各離，誰為和合者？如是漸修行，一切悉清淨，不動徧法界，無作止任滅，亦無能證者。一切佛世界，猶如虛空華，三世悉平等，畢竟無來去。初發心菩薩，及末世眾生，欲求入佛道，應如是修習。」

普眼一段乃佛假說種種方便，敘述運用「正思惟」辨知「身心」之妄，進而打破「空執」見性成佛，於是闡明「圓覺」真心之體用，最後敘述明心見性後之光景，中間再三提醒大衆勿認此方便法門爲實法，引文浩浩蕩蕩，可謂盡大觀矣。對於悟後光景一節如能契會，則於祖師奇特舉止、呵佛 祖、殺貓斬蛇，皆一一銷歸，不加駭怪矣。

於是金剛藏菩薩在大眾中，即從座起，頂禮佛足，右繞三匝，長跪叉手而白佛言：「大悲世尊！善為一切諸菩薩眾，宣揚如來圓覺清淨大陀羅尼，因地法行漸次方便，與諸眾生開發蒙昧，在會法眾承佛慈誨，幻翳朗然，慧目清淨。世尊！若諸眾生本來成佛，何故復有一切無明？若諸無明眾生本有，何因緣故如來復說本來成佛？十方眾生本成佛道，後起無明，一切如來何時復生一切煩惱？惟願不捨無遮大慈，為諸菩薩開祕密藏，及為末世一切眾生，得聞如是修多羅教了義法門，永斷疑悔。」作是語已，五體投地，如是三請，終而復始。爾時，世尊告金剛藏菩薩言：「善哉！善哉！善男子！汝等乃能為諸菩薩及末世眾生，問於如來甚深祕密究竟方便，是諸菩薩最上教誨、了義大乘，能使十方修學菩薩，及諸末世一切眾生，得決定信，永斷疑悔。汝今諦聽，當為汝說。」時，金剛藏菩薩奉教歡喜，及諸大眾默然而聽。

金剛藏菩薩之問，乃承上文佛說「始知眾生本來成佛」一語而來。佛說此語，全就佛性本體而言，謂眾生本元俱足佛性、本自現成，無所欠缺之謂也。昔觀明星悟道，第一句話即是「奇哉！奇哉！一切眾生俱有如來智慧德相」，其意蓋亦若此。而金剛藏菩薩代表大眾之問，全出自腦筋作用，未達圓覺體用無二之旨，差之毫釐，失之千里，故曰：「倘眾生本來成佛，何以復有無明？倘無明是眾生本有，何以說眾生本來成佛？若眾生本來成佛後起無明，則一切如來何時復生煩惱耶？」

其意蓋謂衆生成佛，復起無明，再爲衆生，則衆生、佛反覆無常，豈非佛亦有輪迴生死耶？故提出疑問請佛宣說，以斷疑悔。

「善男子！一切世界，始終生滅、前後有無、聚散起止、念念相續、循環往復、種種取捨，皆是輪迴。未出輪迴而辨圓覺，彼圓覺性即同流轉，若免輪迴，無有是處。譬如動目，能搖湛水；又如定眼，猶迴轉火；雲駛月運、舟行岸移，亦復如是。善男子！諸旋未息，彼物先住，尚不可得，何況輪轉生死垢心曾未清淨，觀佛圓覺而不旋復？是故汝等便生三惑。」

佛聽金剛藏菩薩之問，知其屬於腦筋揣摩作用，無明未破，不達本體無二之義。故告之曰：「一切世界所以生滅聚散，一切意念所以循環往復，皆因無明未破。未出輪迴、未見自性，而欲用腦筋想像以辨圓覺，則圓覺之性即隨同流轉矣。譬如目轉動而令水搖，眼久空而疑火轉，雲駛而月似運，舟行而岸若移，此等錯覺正復相似。」「諸旋未息」者，言倘目在動、雲尚在駛、舟尚在行，而欲水之不搖、月之不運、岸之不移，尚且不可得，何況輪轉生死垢心未淨，而欲辨圓覺體性，豈有不隨之旋轉者乎？因此之故，便生「三惑」。「三惑」者：眼翳、空華與虛空自性是也。因眼翳而誤執空中有花，因空華而惑於虛空自性，正如因無明而妄有輪迴生死，因輪迴生死而不解「衆生本來成佛」之義，月岸雲舟亦復如是，故曰「三惑」。下文明之。

「善男子！譬如幻翳，妄見空華，幻翳若除，不可說言：『此翳已滅，何時更起一切諸翳？』何以故？翳、華二法非相待故。亦如空華滅於空時，不可說言：『虛空何時更起空華？』何以故？空本無華，非起滅故。生死涅槃同於起滅，妙覺圓照離於華翳。善男子！當知虛空非是暫有，亦非暫無，況復如來圓覺隨順，而為虛空平等本性？」

言若人因眼所幻翳而妄見空中有花，幻翳若除，不可說何時更起諸翳。何以故？翳、華二法，非相待故。「相待」即相對之謂也。虛空譬如佛性，本來便有，亦永不變易；而翳華譬如無明，本無體性，乃相對者。正如上文所說，如夢中人醒時了無所得，故翳、華二法不得與虛空相對待，而無明亦不得與佛性並論也。又如空華滅於空時，不可說何時更起空華。何以故？空本無華，非起滅故。故無明已滅，不可說何時復生無明，因佛性本來圓滿，而無明本無體性故也。

「生死涅槃，同於起滅」，言生死、涅槃乃相對者，故有起亦有滅。「妙覺圓照，離於華翳」言妙覺圓照乃絕對者，故非華翳可譬也。當知虛空尚非暫有暫無之體，況如來圓覺無礙，乃虛空平等本性乎？

佛說眾生本來成佛，乃親見本體之言。夫佛性本體乃絕對者，非言語所能及，非想像所可知。古人云：「惟證與證者，乃能知之。」香巖禪師未悟時，屢乞溈山禪師說破，山曰：「我說底是我底，終不干汝事。」故佛學非同哲學，哲學惟窮思想作用，佛學貴於實證真知，哲學是相對，佛學是絕對，不可同日而語也。絕對謂之「了義」，相對謂之「不了義」，如生死對涅槃、善對惡、染對淨、起對滅、來對去、得對失、取對捨、寂對照、寂而常照對照而常寂、陰對陽、靜對動、是對非，四句百非，皆屬相對，皆屬「不了義」，皆變幻不居，自性中所無，如上文述悟後光景一節所云「生死涅槃，猶如昨夢……無起無滅，無去無來」是也。能明相對之理，則可以辨金剛藏問題錯誤之所在矣。

「善男子！如銷金鑛，金非銷有，既已成金，不重為鑛，經無窮時，金性不壞，不應說言：『本非成就。』如來圓覺，亦復如是。」

此節再申明「本來成佛」之旨，言如銷金鑛一樣，金非「銷」而有，乃本來便有此金質也，不過將河泥雜質提出，使現本來面目耳。既已成金，不重爲鑛矣，經無窮時，而金性不壞不雜，故此不應言「本非成就」。蓋「銷金鑛」者不過一種功夫而已，倘無金質，雖銷何益？金質本有，則其成就已在未銷之前矣。圓覺佛性亦復如是，本自具足，本自現成，故曰：「衆生本來成佛。」

「善男子！一切如來妙圓覺心，本無菩提及與涅槃，亦無成佛及不成佛，無妄輪迴及非輪迴。善男子！但諸聲聞所圓境界，身心語言皆悉斷滅，終不能至彼之親證所現涅槃，何況能以有思惟心，測度如來圓覺境界？如取螢火燒須彌山，終不能著；以輪迴心生輪迴見，入於如來大寂滅海，終不能至。是故我說一切菩薩及末世衆生，先斷無始輪迴根本。」

此節再申明用腦筋思想窺測佛性之誤，言一切如來妙圓覺心乃屬絕對者，非言語思想之可及，所謂菩提、涅槃、成佛、不成佛、輪迴、非輪迴等等，不過是方便假名而已，佛性中本無此等事，亦無此等名也。不用說思惟無法測度佛性不思議境界，就是諸聲聞（即小乘）人用斷滅六根功夫所圓之境界，雖將身心語言斷滅盡，亦終不能至彼之親證所現涅槃（指二乘淨緣境界，非無餘涅槃）境界，何況用普通思惟心而欲測度「如來圓覺境界」者乎？此等人有如取螢火燒須彌山，終不能燒著。故以輪迴之心生輪迴之見，而妄冀能入如來大寂滅海，終不能至也。故說一切菩薩及末世衆生，應先斷無始輪迴根本（即無始無明）。

「善男子！有作思惟從有心起，皆是六塵妄想緣氣，非實心體，已如空華；用此思惟辨於佛境，猶如空華復結空果，輾轉妄想，無有是處。善男子！虛妄浮心多諸巧見，不能成就圓覺方便，如是分別非為正問。」

此節佛斥金剛藏菩薩發問之不當，言凡腦筋做作之思惟，皆從有心而起，是六塵妄想緣氣，非實心體，如同空華，況復用此妄想思惟來辨別揣測佛性境界，猶如空華復結空果，輾轉妄想無有是處。用此虛妄浮心生諸巧見，妄上加妄，不能領悟圓覺方便，故所問非正問，乃邪問也。

爾時，世尊欲重宣此義，而說偈言：

「金剛藏當知：如來寂滅性，未曾有始終。若以輪迴心，思惟即旋復，但至輪迴際，不能入佛海。譬如銷金鑛，金非銷故有，雖復本來金，終以銷成就，一成真金體，不復重為鑛。生死與涅槃，凡夫及諸佛，同為空華相，思惟猶幻化，何況詰虛妄？若能了此心，然後求圓覺。」

「衆生本來成佛」一語，乃如來證入圓覺後之第一義諦，發前人之所未發。耶教有上帝，婆羅門有大梵天神，回教有阿拉神，其他宗教也皆有其至高無上之「主宰」，獨釋迦則曰：「衆生本來成佛。」佛與衆生平等不二，使人人自尊，人人能證入至究極之圓覺。他教乃於自己腦筋中創造主宰，而反誣自己是此主宰所創造者；而佛則明白宣示，自己便是主宰，更無爲汝主宰者。古德云：「但求本心，不假依賴。」佛教與他教立場不同即在乎此，而佛教之所以超越他教亦在乎此。而今末流所被，精義不彰，一般僧徒多以福田獲利爲目的，陷於迷信，淺識之流遂誣佛教爲多神教，豈不謬哉？歐西學者以小乘佛學之主張斷滅，近於虛無，遂以「Buddhism Nihilism」名佛法，尤爲大謬！佛法以實相爲體，斷非「Nihilism」一字可以代表佛家之思想也。欲佛教之重興，惟有揭出世尊本意，發揚大乘經義，方足挽斯歪曲之見解也。

於是彌勒菩薩在大眾中，即從座起，頂禮佛足，右繞三匝，長跪叉手而白佛言：「大悲世尊！廣為菩薩開祕密藏，令諸大眾深悟輪迴，分別邪正，能施末世一切眾生無畏道眼，於大涅槃生決定信，無復重隨輪轉境界起循環見。世尊！若諸菩薩及末世眾生，欲遊如來大寂滅海，云何當斷輪迴根本？於諸輪迴有幾種性？修佛菩提幾等差別？迴入塵勞，當設幾種教化方便度諸眾生？惟願不捨救世大悲，令諸修行一切菩薩及末世眾生，慧目肅清，照耀心鏡，圓悟如來無上知見。」

作是語已，五體投地，如是三請，終而復始。爾時，世尊告彌勒菩薩言：「善哉！善哉！善男子！汝等乃能為諸菩薩及末世眾生，請問如來深奧祕密微妙之意義，令諸菩薩潔清慧目，及令一切末世眾生永斷輪迴，心悟實相，具無生忍。汝今諦聽，當為汝說。」時，彌勒菩薩奉教歡喜，及諸大眾默然而聽。

彌勒問題意謂：「今得世尊如此大悲開示，使大眾分別邪正，深悟輪迴之義，開無畏道眼，生決定信心，永斷以前一切錯誤見解，實爲希有。但輪迴以何爲根本？有幾種屬性？修大乘道有幾等差別？入塵勞世間度眾生當設幾種教化方便？不可不細加分析，故求佛爲宣示。」「分別邪正」者，言能分別大乘與聲聞二乘迴異之點也；「無畏道眼」者，言聞大乘教義而不生畏怖退悔也；「圓覺陀羅尼」爲深妙無上法門，故曰「深奧祕密微妙之意義」；「無生忍」者，言佛性無生無滅，如如不動，而能轉萬物也。

「善男子！一切眾生從無始際，由有種種恩愛貪欲，故有輪迴。若諸世界一切種性：卵生、胎生、濕生、化生，皆因淫欲而正性命，當知輪迴，愛為根本。由有諸欲，助發愛性，是故能令生死相續。欲因愛生，命因欲有，眾生愛命，還依欲本，愛欲為因，愛命為果。由於欲境，起諸違順，境背愛心，而生憎嫉，造種種業，是故復生地獄、餓鬼；知欲而厭，愛厭業道，捨惡樂善，復現天人；又知諸愛可厭惡故，棄愛樂捨，還滋愛本，便現有為增上善果。皆輪迴故，不成聖道。是故眾生欲脫生死，免諸輪迴，先斷貪欲及除愛渴。」

此節闡明輪迴之根本，言一切衆生自無始以來，因有種種恩愛貪欲故有輪迴。世界上一切種性，卵生、胎生、濕生、化生皆因淫欲而起，故而生命其始則根源於「愛」，欲因愛生，愛因欲而發展，互相因果，故生死循環相續。由於恩愛貪欲發展之故，遂有種種追求，追求而不得，則生憎嫉之心，或不擇手段以求，造種種惡業，結果墮於地獄、餓鬼、畜生、阿修羅等；飽經痛苦之後，知欲之可厭，於是捨惡樂善，漸次悔過修行，復生於人道，其欲仍在發展之中；久之又知人道愛欲之可厭，於是捨棄塵勞，而樂清淨，如老子之主張「清淨無爲，絕聖棄智」、婆羅門之

「清心制欲，求生梵天」、耶教之「求生天國」，不過是屬於善之欲望而已，自地獄以至天國，名爲六道，皆欲界範圍也；至若小乘之修苦、集、滅、道四諦，斷六根、六塵，二乘之耽著禪味，外道之修十二門禪，則生於色界四禪天，雖獲增上善果，不能超出生死輪迴，無法成就聖道。故衆生欲脫離生死免於輪迴，應先斷貪欲及除愛渴。

「增上善果」者，如《楞嚴經》云：「卵惟想生，胎因情有，濕以合感，化以離應。」皆因愛念而起，而愛則根源於「業識」，此世界本成、住、壞、空，輪迴往復，世界未成以前而業識已有，業識乃無始以來便有，一切衆生萬類由此業識感召而生，而此業識亦因一切衆生物類「共業」感孕而成世界，由於愛欲發展不同之故，感生六道（天、人、地獄、畜生、餓鬼、阿修羅），六道輪迴構成宇宙萬象，此乃佛家之世界觀也。另一方面，就佛性之立場觀之，則自「無明」以至「宇宙萬象」皆屬虛妄，皆有成壞輪迴，謂之相對；惟佛性永不變易，無壞無雜，方是真實，謂之絕對。

「善男子！菩薩變化示現世間，非愛為本，但以慈悲令彼捨愛，假諸貪欲而入生死。若諸末世一切衆生，能捨諸欲及除憎愛，永斷輪迴，勤求如來圓覺境界，於清淨心便得開悟。」

上節既言衆生欲免生死輪迴，惟有先斷貪欲及除愛渴。然則菩薩用種種法門示現世間以度衆生，豈非以愛爲本乎？曰：「否。」菩薩非以愛爲本，乃以慈悲爲本，以慈悲令彼衆生捨其愛渴。又因欲度衆生之故，假借貪欲而入生死世間，此菩薩偉大之處，非二乘所及也。故曰：「我不入地獄，誰入地獄？」《華嚴經》云：「諸大菩薩爲衆生故，自捨身命，受諸苦毒。」若末世一切衆生，能捨欲除愛，發大乘心修菩薩行，勿餒勿懈，勉力勤求，自有一日打破無明，頓登佛位也。

儒家所發揮之「仁」、耶教所主張之「愛」，皆屬善良之情欲而已，惟佛家之慈悲心，乃絕對之德性也。諸佛、菩薩之大慈悲心，與凡夫之慈愛心絕不相同，須明心見性之後，方能顯現者也。凡夫之慈愛心乃發生於極有限之範圍中，但絕非純潔，因其爲相對者，故瞬刻遷變，起於第六識之上，不過爲一時間感激之產物；諸佛、菩薩之慈悲心，則出自絕對之佛性本體，佛性平等不二，故慈悲心亦平等不二，慈悲所鑑臨萬事萬物皆平等不二也。

「善男子！一切眾生由本貪欲發揮無明，顯出五性差別不等，依二種障而現深淺。云何二障？一者理障，礙正知見；二者事障，續諸生死。云何五性？善男子！若此二障未得斷滅，名未成佛；若諸眾生永捨貪欲，先除事障，未斷理障，但能悟入聲聞、緣覺，未能顯住菩薩境界。善男子！若諸末世一切眾生，欲泛如來大圓覺海，先當發願勤斷二障，二障已伏，即能悟入菩薩境界；若事、理障已永斷滅，即入如來微妙圓覺，滿足菩提及大涅槃。善男子！一切眾生皆證圓覺，逢善知識，依彼所作因地法行，爾時修習便有頓漸，若遇如來無上菩提正修行路，根無大小，皆成佛果。若諸眾生雖求善友，遇邪見者，未得正悟，是則名為『外道種性』，邪師過謬，非眾生咎。是名眾生五性差別。」

此節言衆生貪欲因無明而發展，其發展之程度不同，故顯出五性之差別，總不離二障，二障亦各爲淺深。何謂二障？一者理障，即所知障，礙正知見，法執是也，一切哲學家皆犯此障；二者事障，即煩惱障，我執是也，一切煩惱及生死輪迴，皆因執「我」之故。

云何五性？一、凡夫性。具足二障，發展貪欲，難入佛道。二、二乘性。我執雖破，法執未除，事障雖滅，理障尚存，但能到達聲聞、緣覺境界，不能達菩薩境界。三、菩薩性。能發大願伏此二障，二障已伏，則所餘者空執（即無始無明），菩薩功夫即在破此空執，空執已破二障永滅，即可明心見性，入如來微妙圓覺。四、不空性。一切衆生本來具足佛性，逢善知識授以修行法門，因衆生根性互異，所言法門不同，故所證不等，致有頓漸之別，倘得如來最上乘法門，當下直指，則根無大小，皆得成佛。五、闡提性。即外道種姓，皈依邪師，走錯路徑，不求明心，但趨迷信。今人學佛，每言能見神見鬼、能知休咎等等，以此搖惑人心，妄圖供養，皆此類也。衆生有爲所愚者，然非衆生之咎也。

「善男子！菩薩唯以大悲方便，入諸世間開發未悟，乃至示現種種形相、逆順境界，與其同事化令成佛，皆依無始清淨願力。若諸末世一切衆生，於大圓覺起增上心，當發菩薩清淨大願，應作是言：『願我今者，住佛圓覺，求善知識，莫值外道及與二乘。』依願修行，漸斷諸障，障盡願滿，便登解脫清淨法殿，證大圓覺妙莊嚴域。」

上一節闡明二障、五性，乃答彌勒修佛菩提有幾等差別之問，此節闡明菩薩迴入塵勞，設種種方便教化眾生，歷盡順逆境界，受諸苦毒，皆所不辭，其唯一目的乃在化令眾生成佛，此皆依無始清淨願力。故末世眾生，當學菩薩發大乘心，具度己度人大願，並時時念言：「我今但求明心見性，決定不趨二乘外道。」依願修行，一旦無明打破，便登佛位矣。

爾時，世尊欲重宣此義，而說偈言：

「彌勒汝當知：一切諸眾生，不得大解脫，皆由貪欲故，墮落於生死。若能斷憎愛，及與貪瞋癡，不因差別性，皆得成佛道，二障永銷滅。求師得正悟，隨順菩薩願，依止大涅槃。十方諸菩薩，皆以大悲願，示現入生死。現在修行者，及末世眾生，勤斷諸愛見，便歸大圓覺。」

此分闡明輪迴根本起於愛欲，愛欲發展不同，故顯出五性差別，而爲害最大者莫如事、理二障。事障爲凡夫所共患，而理障則二乘以及孔、老、西洋哲學家所未除，即法執是也。全篇悉在「求善知識，莫值二乘、外道」一語，良以衆生發心修行至爲難得，倘遇邪師墮入歧途，則如煮沙爲飯，終難成就也。

於是清淨慧菩薩在大眾中，即從座起，頂禮佛足，右繞三匝，長跪叉手而白佛言：「大悲世尊！為我等輩廣說如是不思議事，本所不見，本所不聞。我等今者蒙佛善誘，身心泰然，得大饒益。願為一切諸來法眾，重宣法王圓滿覺性，一切眾生及諸菩薩、如來世尊，所證所得，云何差別？令末世眾生聞此聖教，隨順開悟，漸次能入。」作是語已，五體投地，如是三請，終而復始。爾時，世尊告清淨慧菩薩言：「善哉！善哉！善男子！汝等乃能為諸菩薩及末世眾生，請問如來漸次差別。汝今諦聽，當為汝說。」時，清淨慧菩薩奉教歡喜，及諸大眾默然而聽。

清淨慧菩薩問言，佛所發揮各種妙理，誠聞所未聞，我等今已決信不疑，身心泰然，獲益匪淺，但關於衆生、菩薩、如來之「隨順覺性」有何差別？請再開示，俾得隨順開悟，漸次能入。

「善男子！圓覺自性，非性性有，循諸性起，無取無證，於實相中實無菩薩及諸眾生。何以故？菩薩、眾生皆是幻化，幻化滅故，無取證者。譬如眼根，不自見眼；性自平等，無平等者。眾生迷倒，未能除滅一切幻化，於滅未滅妄功用中便顯差別；若得如來寂滅隨順，實無寂滅及寂滅者。」

佛答言：「所謂圓覺自性者，本來圓滿，非屬有無起滅，亦無取者證者，故名實相。在此實相之中，唯此爲實，餘皆虛假，菩薩、衆生皆是假名。何以故？因菩薩、衆生皆是相對者、幻化者，終歸幻滅，無可取證。譬如眼根本來便是，不假他求，性本平等，故無所謂平等者。衆生幻化未滅，無明未破，修行功夫不同，故有凡夫、菩薩等差別；倘得如來寂滅隨順，本心已明，達於實相境界，則無所謂寂滅及寂滅者矣。」

「非性性有」者，本無所謂性而其性乃圓滿現成之謂也；「循諸性起」者，不循他性而有起滅也。因清淨慧問：「所證所得差別漸次？」故佛先破其差別之觀念，言實相之中無所謂差別漸次也，次乃解釋所以有差別漸次之原因及其境界。

「善男子！一切眾生從無始來，由妄想我及愛我者，曾不自知，念念生滅，故起憎愛，耽著五欲；若遇善友，教令開悟淨圓覺性，發明起滅，即知此生性自勞慮。若復有人勞慮永斷，得法界淨，即彼淨解為自障礙，故於圓覺而不自在，此名『凡夫隨順覺性』。善男子！一切菩薩見解為礙，雖斷解礙，猶住見覺，覺礙為礙而不自在，此名『菩薩未入地者隨順覺性』。善男子！有照有覺，俱名障礙，是故菩薩常覺不住，照與照者同時寂滅。譬如有人自斷其首，首已斷故，無能斷者；則以礙心，自滅諸礙，礙已斷滅，無滅礙者。修多羅教如標月指，若復見月，了知所標，畢竟非月，一切如來種種言說，開示菩薩，亦復如是，此名『菩薩已入地者隨順覺性』。善男子！一切障礙即究竟覺，得念、失念無非解脫，成法、破法皆名涅槃，智慧、愚癡通為般若，菩薩、外道所成就法同是菩提，無明、真如無異境界，諸戒、定、慧及淫、怒、癡俱是梵行，眾生、國土同一法性，地獄、天宮皆為淨土，有性、無性齊成佛道，一切煩惱畢竟解脫，法界海慧，照了諸相，猶如虛空，此名『如來隨順覺性』。」

言一切衆生，自無始來妄認有「我」，遂有愛我之念，於順逆境而起憎愛，耽著五欲，流轉沈迷，莫能自拔，皆執我之故也。倘遇善友，示以圓覺性爲真，餘皆虛妄起滅，其人即知愛念執我，徒自貽勞慮而已。於是乃捨塵勞而樂清淨，修小乘法，將勞慮煩惱斷盡，我執已破，得達清淨境界，此時又因淨解爲障礙，墮入「法執」，未能自在，故名「凡夫隨順覺性」。

至若菩薩，知見解爲礙，乃屬法執，於是破除法執，解礙已斷，猶住見覺，乃墮「空執」，空執未破，不能見性，故名「菩薩未入地者隨順覺性」。

凡有照有覺者，皆是障礙，因「照」是法執，「覺」是空執故也。上所謂「覺」，乃是腦筋知覺之覺，惟有「常覺不住」，方是圓覺實性。到此境界，無始無明已破，照與照者同時寂滅，所存者惟絕對之實相而已，亦無所謂「證與證者」。譬如有人自斷其首，首已斷故，無能斷者；空執已破，實相現前，無可再破，諸礙斷滅，無滅礙者。一切經典，如以指指示月亮所在之處，若已見月，則指無用處，不能認手指為月亮；已明佛性妙理，則經典亦無用處，不能認經典紙墨文字為佛性也。一切如來用種種方便言說開示菩薩，使悟圓覺，亦復如是，故名「菩薩已入地者隨順覺性」。

「常覺不住」者，言佛性本來圓滿，不住一切相也，此名「徧隨順」。菩薩已明心見性之後，六根、六塵皆變為佛性，萬事萬物皆歸本體，無二無別，故「一切障礙即究竟覺，得念、失念無非解脫，成法、破法皆名涅槃，智慧、愚癡通為般若，菩薩、外道所成就法同是菩提，無明、真如無異境界，諸戒、定、慧及淫、怒、癡俱是梵行，眾生、國土同一法性，地獄、天宮皆為淨土，有性、無性齊成佛道，一切煩惱畢竟解脫，法界海慧照了諸相，猶如虛空」，一言以蔽之，皆是佛性，故名「如來隨順覺性」，亦名「不二法門」。

「善男子！但諸菩薩及末世眾生，居一切時不起妄念，於諸妄心亦不息滅，住妄想境不加了知，於無了知不辨真實，彼諸眾生聞是法門，信解受持，不生驚畏，是則名為『隨順覺性』。善男子！汝等當知，如是眾生已曾供養百千萬億恆河沙諸佛及大菩薩，植眾德本，佛說是人名為『成就一切種智』。」

言諸菩薩及末世衆生，倘有不起妄念、不斷妄念，住妄想境而不加了知、不辨真實，此人即是見性之人。因明心見性之後，念念不離佛性，故無起滅；念同無念，故不加了知；本來真實，故不消再辨真實也。此人聞說圓覺妙理，即能信解受持而不驚畏，故名爲「隨順覺性」。言佛性能轉萬物隨順無礙也，與以上所說凡夫及未入地菩薩之隨順覺性不同，後者乃腦筋解悟之覺，非佛性之覺也，故知此人乃善根早植，德本深厚，乃能有如此之成就也。

爾時，世尊欲重宣此義，而說偈言：

「清淨慧當知：圓滿菩提性，無取亦無證，無菩薩眾生。覺與未覺時，漸次有差別，眾生為解礙，菩薩未離覺。入地永寂滅，不住一切相，大覺悉圓滿，名為『徧隨順』。末世諸眾生，心不生虛妄，佛說如是人，現世即菩薩。供養恆沙佛，功德已圓滿，雖有多方便，皆名隨順智。」

此分闡明佛性本無差別漸次，因衆生用功不同，故顯出凡夫、菩薩、如來各種「隨順覺性」之差別。凡夫破我執而墮法執，未入地菩薩破法執而墮空執，已入地菩薩乃能破空執見佛性，如來則指佛性本體，惟佛性本有，爲絕對者，餘皆是相對者。見性之後，一切相對者皆爲絕對所轉而歸於本體。

此問題有應注意之點，即隨順覺性根本之差別，凡夫及未入地菩薩之隨順覺性，乃屬於見、聞、覺、知作用，而已入地菩薩及如來之隨順覺性則係佛性作用。

於是威德自在菩薩在大眾中，即從座起，頂禮佛足，右繞三匝，長跪叉手而白佛言：「大悲世尊！廣為我等分別如是隨順覺性，令諸菩薩覺心光明，承佛圓音，不因修習而得善利。世尊！譬如大城外有四門，隨方來者非止一路，一切菩薩莊嚴佛國及成菩提非一方便，惟願世尊廣為我等宣說一切方便漸次，併修行人總有幾種？令此會菩薩及末世眾生求大乘者速得開悟，遊戲如來大寂滅海。」作是語已，五體投地，如是三請，終而復始。爾時，世尊告威德自在菩薩言：「善哉！善哉！善男子！汝等乃能為諸菩薩及末世眾生，問於如來如是方便。汝今諦聽，當為汝說。」時，威德自在菩薩奉教歡喜，及諸大眾默然而聽。

威德自在菩薩言，佛廣爲我等解說「隨順覺性」之分別，使菩薩覺心光明，雖未修習，已先獲大益，況勤行乎？然佛國廣大，如城有四門，隨入一門，皆可抵達；修行方便，亦非一路，願再廣爲宣說，俾得遊戲如來大寂滅海。

「善男子！無上妙覺，徧諸十方，出生如來與一切法，同體平等，於諸修行實無有二；方便隨順，其數無量。圓攝所歸，循性差別，當有三種。」

佛言，無上妙覺，徧滿十方，一切如來妙法，皆由此本體流出，其性平等。就本體言，修行實無二法；若就方便言，則其法無數無量。歸納起來可分三種，即「奢摩他」、「三摩鉢提」、「禪那」是也。下文逐次解釋此三種修行法門。

「善男子！若諸菩薩悟淨圓覺，以淨覺心，取靜為行，由澄諸念，覺識煩動，靜慧發生，身心客塵從此永滅，便能內發寂靜輕安，由寂靜故，十方世界諸如來心於中顯現，如鏡中像。此方便者，名『奢摩他』。」

「奢摩他」者，即寂靜之意，又譯爲「正定」。昔人有譯爲「止」者，未盡確當，因「止」爲四病之一，並非正法，下文普覺問題中，佛曾詳細宣示。現不依「止」字解釋，欲免衆生誤解也。

此節言，若諸菩薩能解「悟淨圓覺」之理，以淨覺心，取靜爲行，則一切舉止威儀皆在靜中，由根、塵、識所生之妄念煩動已歸澄汰，此時便達無始無明境界，繼續用功，一旦靜慧發生，因緣時至，無明窠臼囫的打破，身心客塵從此永滅，得獲自在，便能內發寂靜輕安，由寂靜故，十方世界諸如來心皆於中顯現，此心即是法界本體，法界不離此心，如鏡中像，了了皆是佛性，此種方便名「奢摩他」。就是不起雜念，單用寂靜一念往下直看，功夫純熟，無始無明一破，便是本來面目。

「善男子！若諸菩薩悟淨圓覺，以淨覺心，知覺心性及與根塵，皆因幻化，即起諸幻，以除幻者，變化諸幻，而開幻眾，由起幻故，便能內發大悲輕安，一切菩薩從此起行，漸次增進。彼觀幻者，非同幻故，非同幻觀，皆是幻故，幻相永離，是諸菩薩所圓妙行，如土長苗。此方便者，名『三摩鉢提』。」

「三摩鉢提」譯爲「攝念」。言以意根統攝五根，集中其力量向無始無明進攻，一步緊似一步，漸次增進，如土出苗一般，因緣時至，無明窠臼囫的打破，豁然貫通，徹天徹地的看見本來面目了。此種起幻力量，謂之「未覺幻力」。

「即起諸幻，以除幻者」，是指以意根統攝諸根打破無始無明也。「變化諸幻，而開幻衆」者，即將根、塵、識境界皆轉爲佛性，即六祖所謂「自性衆生誓願度」之謂也。「大悲輕安」者，謂心不散亂也。「彼觀幻者，非同幻故，非同幻觀，皆是幻故」，言六根不可破，而無始無明可破，故有不同，然此二者究竟皆屬幻化，無始無明一經打破，六根變爲佛性，幻相永離，此時無所謂六根，無所謂無始無明，幻相已滅，實相現前，而菩薩之妙行圓矣。此種方便名「三摩缽提」，乃以意根統率五根，直往內看，無明窠臼一破，便見佛性。

「善男子！若諸菩薩悟淨圓覺，以淨覺心，不取幻化及諸靜相，了知身心皆為罣礙，無知覺明不依諸礙，永得超過礙無礙境，受用世界及與身心，相在塵域，如器中鍠，聲出於外，煩惱、涅槃不相留礙，便能內發寂滅輕安，妙覺隨順寂滅境界，自他身心所不能及，眾生、壽命皆為浮想。此方便者，名為『禪那』。」

「禪那」意爲「淨慮」。言諸菩薩若能解悟淨圓覺之理，以淨覺心（即腦筋），「不取幻化及諸靜相」，言不斷六根，不止一念，視由它視，聽由它聽，動由它動，靜由它靜，但心裏抱定一箇念頭，了知身心爲礙，皆是我執、法執。無知覺明

（即無始無明）雖不依諸礙，然落於空執，便是無始無明境界，於是向此處著力，一旦因緣時至囫的一聲，無始無明打破，徹天徹地皆是佛性，永得超過礙無礙境，雖肉身仍在塵域，而法身自性充滿十方，內外無隔打成一片，如器中鍠，聲出於外，無有間隔，煩惱、涅槃（即我執、法執）不相阻礙，便能內發寂滅輕安，達於妙覺隨順寂滅境界。此種境界非他人身心所能及，所謂惟悟與悟者乃能知之，此時回視肉身，如海中一漚、空中一塵，衆生、壽命皆爲浮想矣。此種方便名爲「禪那」，乃六根互用往內察看，觸著機緣，豁然貫通便見佛性。

「善男子！此三法門皆是圓覺親近隨順，十方如來因此成佛，十方菩薩種種方便，一切同異，皆依如是三種事業，若得圓證，即成圓覺。善男子！假使有人修於聖道，教化成就百千萬億阿羅漢、辟支佛果，不如有人聞此圓覺無礙法門，一剎那頃隨順修習。」

言以上所敍三種法門，皆是修圓覺之最好方法，一切如來因此成佛，一切菩薩種種方便，皆不出此三種事業，無論修那一種，皆可以明心見性。倘有人聞此法門，衹要修習一剎那功夫，已勝過成就百千萬億阿羅漢、辟支佛果矣。

爾時，世尊欲重宣此義，而說偈言：

「威德汝當知：無上大覺心，本際無二相，隨順諸方便，其數即無量。如來總開示，便有三種類：寂靜奢摩他，如鏡照諸像；如幻三摩提，如苗漸增長；禪那唯寂滅，如彼器中鍠。三種妙法門，皆是覺隨順。十方諸如來，及諸大菩薩，因此得成道，三事圓證故，名究竟涅槃。」

此分宣說修圓覺三種法門，三種法門雖不同，然皆可明心見性，證悟圓覺境界。舉其要點，不外打破無始無明，破除空執，證實相而已。聲聞二乘所修法門，如煮沙爲飯，無法明心見性，故曰：「有人聞此法門，衹須修習一剎那功夫，便勝過聲聞二乘萬萬也。」

於是辯音菩薩在大眾中，即從座起，頂禮佛足，右繞三匝，長跪叉手而白佛言：「大悲世尊！如是法門，甚為希有。世尊！此諸方便，一切菩薩於圓覺門有幾修習？願為大眾及末世眾生方便開示，令悟實相。」作是語已，五體投地，如是三請，終而復始。爾時，世尊告辯音菩薩言：「善哉！善哉！善男子！汝等乃能為諸大眾及末世眾生，問於如來如是修習。汝今諦聽，當為汝說。」時，辯音菩薩奉教歡喜，及諸大眾，默然而聽。

辯音問意，言世尊示此三種法門甚爲希有，但此三種方便，一切菩薩修習時，有無次第分別？請再開示。

「善男子！一切如來圓覺清淨，本無修習及修習者；一切菩薩及末世眾生，依於未覺幻力修習，爾時便有二十五種清淨定輪。」

佛言，就如來圓覺清淨本體而言，本無所謂修習及修習者，但一切菩薩及衆生未證圓覺以前，依於「未覺幻力」修習，此時便有二十五種清淨定輪之分別。「未覺幻力」者，即利用一念無明及六根爲打破無始無明之武器是也。「定」者，體也；「輪」者，用也。能轉萬法使歸於自性本體，故曰「清淨定輪」。依此修習，則可悟入圓覺本體也。

「若諸菩薩唯取極靜，由靜力故，永斷煩惱，究竟成就，不起於座，便入涅槃。此菩薩者，名單修奢摩他。」

第一種清淨定輪名單修奢摩他。言以唯取極靜，不隨諸幻，以至靜力打破無始無明見佛性。「不起於座，便入涅槃」者，謂當下見性成佛，了生脫死也，如佛在菩提林下所證也。

「若諸菩薩唯觀如幻，以佛力故，變化世界種種作用，備行菩薩清淨妙行，於陀羅尼不失寂念及諸靜慧。此菩薩者，名單修三摩鉢提。」

第二種清淨定輪名單修三摩鉢提。乃將意根統攝五根，打破無始無明見佛性，此時根、塵、識以及一切山河大地、萬事萬物皆變爲佛性，皆在圓照定光之中，故曰：「備行菩薩清淨妙行，於陀羅尼不失寂念及諸靜慧。」

「若諸菩薩唯滅諸幻，不取作用，獨斷煩惱；煩惱斷盡，便證實相。此菩薩者，名單修禪那。」

第三種定輪名單修禪那。一切根、塵、識不加束縛驅遣，獨抱一念打破無始無明，便證實相。

「若諸菩薩先取至靜，以靜慧心照諸幻者，便於是中起菩薩行。此菩薩者，名先修奢摩他，後修三摩鉢提。」

第四種定輪名先修奢摩他，後修三摩鉢提。先取至靜，以靜力破無始無明，並發大悲心度衆生是也。

「若諸菩薩以靜慧故，證至靜性，便斷煩惱，永出生死。此菩薩者，名先修奢摩他，後修禪那。」

第五種定輪名先修奢摩他，後修禪那。先由靜悟入，而不取靜相，用一念無明打破無始無明，永出生死。

「若諸菩薩以寂靜慧，復現幻力，種種變化度諸眾生，後斷煩惱而入寂滅。此菩薩者，名先修奢摩他，中修三摩鉢提，後修禪那。」

第六種定輪，先由靜慧起，現「未覺幻力」度自性衆生，後破無始無明，證圓覺寂滅境界。

「若諸菩薩以至靜力，斷煩惱已，後起菩薩清淨妙行，度諸眾生。此菩薩者，名先修奢摩他，中修禪那，後修三摩鉢提。」

第七種定輪，先以至靜力掃除雜念，後起清淨妙行度自性衆生，打破無始無明見佛性。

「若諸菩薩以至靜力，心斷煩惱，復度眾生，建立世界。此菩薩者，名先修奢摩他，齊修三摩鉢提、禪那。」

第八種定輪，以至靜力打破無始無明，度自性衆生，建立法界淨土。

「若諸菩薩以至靜力，資發變化，後斷煩惱。此菩薩者，名齊修奢摩他、三摩鉢提，後修禪那。」

第九種定輪，以至靜力，用意根統攝五根，打破無始無明見佛性。

「若諸菩薩以至靜力，用資寂滅，後起作用，變化世界。此菩薩者，名齊修奢摩他、禪那，後修三摩鉢提。」

第十種定輪，以至靜力打破無始無明，證圓覺本體，變穢土爲淨土。

「若諸菩薩以變化力，種種隨順，而取至靜。此菩薩者，名先修三摩鉢提，後修奢摩他。」

第十一種定輪，以六根互用變化之力，打破無始無明，證圓覺本體。

「若諸菩薩以變化力，種種境界，而取寂滅。此菩薩者，名先修三摩鉢提，後修禪那。」

第十二種定輪，以六根互用變化之力，轉種種境界，前後打破無明而證實相。

「若諸菩薩以變化力，而作佛事，安住寂靜，而斷煩惱。此菩薩者，名先修三摩鉢提，中修奢摩他，後修禪那。」

性。

第十三種定輪，以六根變化之力度自性衆生，復歸寂靜，打破無始無明見佛

「若諸菩薩以變化力，無礙作用，斷煩惱故，安住至靜。此菩薩者，名先修三摩鉢提，中修禪那，後修奢摩他。」

第十四種定輪，以一根統攝五根，以一念統攝萬念，打破無始無明，安住自性至靜境界。

「若諸菩薩以變化力，方便作用，至靜寂滅，二俱隨順。此菩薩者，名先修三摩鉢提，齊修奢摩他、禪那。」

第十五種定輪，以六根方便作用，打破無始無明，入於至靜寂滅境界。

「若諸菩薩以變化力，種種起用，資於至靜，後斷煩惱。此菩薩者，

名齊修三摩鉢提、奢摩他，後修禪那。」

第十六種定輪，以六根變化作用，同時藉至靜之力，打破無始無明見佛性。

「若諸菩薩以變化力，資於寂滅。後住清淨，無作靜慮。此菩薩者，名齊修三摩鉢提、禪那，後修奢摩他。」

第十七種定輪，以六根變化之力，同時超過礙無礙境，打破無始無明證實相。

「若諸菩薩以寂滅力，而取至靜，住於清淨。此菩薩者，名先修禪那，後修奢摩他。」

第十八種定輪，以寂滅力掃除雜念，專一心志，向無明窠臼進攻，因緣時至，無明窠臼囥的打破，便見佛性。

「若諸菩薩以寂滅力，而起作用，於一切境，寂用隨順。此菩薩者，名先修禪那，後修三摩鉢提。」

第十九種定輪，由寂滅力起諸作用，度自性衆生，打破無始無明見佛性。

「若諸菩薩以寂滅力，種種自性，安於靜慮，而起變化。此菩薩者，名先修禪那，中修奢摩他，後修三摩鉢提。」

第二十種定輪，以寂滅力安住至靜，然後起幻力變化以打破無始無明見佛性。

「若諸菩薩以寂滅力，無作自性，起於作用，清淨境界，歸於靜慮。此菩薩者，名先修禪那，中修三摩鉢提，後修奢摩他。」

第二十一種定輪，由寂滅無作自性，起作用度自性衆生後，專力打破無始無明見佛性。

「若諸菩薩以寂滅力，種種清淨，而住靜慮，起於變化。此菩薩者，名先修禪那，齊修奢摩他、三摩鉢提。」

第二十二種定輪，以寂滅力打掃雜念，發生靜慧，起諸變化而打破無始無明見佛性。

「若諸菩薩以寂滅力，資於至靜，而起變化。此菩薩者，名齊修禪那、奢摩他，後修三摩鉢提。」

第二十三種定輪，以寂滅力，同時得靜慧之助，起諸變化而破無始無明見佛性。

「若諸菩薩以寂滅力，資於變化，而起至靜，清明境慧。此菩薩者，名齊修禪那、三摩鉢提，後修奢摩他。」

第二十四種定輪，以寂滅力資於幻用，後以靜力打破無始無明見佛性。

「若諸菩薩以圓覺慧圓合一切，於諸性相，無離覺性。此菩薩者，名為圓修三種自性清淨隨順。」

第二十五種定輪，以圓覺慧，直破無始無明，當下見性，無階段漸次，故曰「圓修」。

「善男子！是名菩薩二十五輪，一切菩薩修行如是。若諸菩薩及末世眾生，依此輪者，當持梵行，寂靜思惟，求哀懺悔，經三七日，於二十五輪各安標記，至心求哀，隨手結取，依結開示，便知頓漸。一念疑悔，即不成就。」

二十五輪者，菩薩修行之良法也。然此爲未覺者方便而說耳，就自性本體言，無修無證，定輪云乎哉?·末世衆生依未覺幻力修習，則捨此莫從，然須先之以持戒，斷之以堅決之心、不拔之志，抱定一輪，即生取辨，少有疑悔，則徒呼負之矣！

爾時，世尊欲重宣此義，而說偈言：

「辯音汝當知：一切諸菩薩，無礙清淨慧，皆依禪定生。所謂奢摩他、三摩提、禪那，三法頓漸修，有二十五輪。十方諸如來，三世修行者，無不因此法，而得成菩提；唯除頓覺人，並法不隨順。一切諸菩薩，及末世眾生，常當持此輪，隨順勤修習，依佛大悲力，不久證涅槃。」

奢摩他、三摩鉢提、禪那三種法門，任修一門皆可明心見性，證入圓覺本體，本無漸次，惟眾生根器不同，機緣互異，故有二十五輪之別；至若上根頓覺，當下見性，則並（一作「併」）法亦不隨順矣，如六祖是也。此二十五輪，輪輪皆可見性，故二十五即一，一即二十五，一經見性，則並一亦無所用之，學者以敲門磚視之可也，其最要學之一點，在於打破無始無明。

昔人有以「止觀禪」判此三法門者，未盡合也，蓋此三法門任修一門皆可見性，而修止觀者，未聞單修「止」即可見性也，未聞單修「觀」即可見性也。昔有修止觀法師問慧海禪師：「一心三觀義如何？」師曰：「過去心已過去，未來心未至，現在心無住，於其中間更用何心起觀？」曰：「禪師不解止觀。」師曰：「座主解否？」曰：「解。」師曰：「如智者大師説止破止，説觀破觀，住止沒生死，住觀心神亂。且爲當將心止心？爲復起心觀觀？若有心觀，是常見法；若無心觀，是斷見法；亦有亦無，成二見法。請座主仔細説看！」曰：「若如是問，俱説不得也。」師曰：「何曾止觀！」（《傳燈錄》）又僧問子湖神禪師：「如何是一心三觀？」師曰：「我當無一心，説甚麼是三觀？」良以佛性是絕對，不可以心觀，可觀者非佛性也。觀假作空，觀空作假，或於空、假中取中道，皆是腦筋作用，自己作怪，不能見佛性也。又明雲谷禪師，決志操方，尋登壇受具，聞天臺小止觀法門，專精修習。法舟濟禪師續徑山之道，掩關於郡之天寧，師往參叩，呈其所修，舟曰：「止觀之要，不依身心氣息，内外脫然。子之所參，流於下乘，豈西來的意耶？學道必以悟心爲主。」師悲，即請益，舟授以念佛審實話頭，直令重下疑情。師依教，日夜參究，寢食俱廢，一日受食，食盡亦不自知，碗忽墮地，猛然有省，恍如夢覺，復請益，乃蒙印可（《夢遊集》）。雲谷所修，蓋即以意根統攝五根，集中一念，於飯碗墮地一頃，無始無明囫的打破，一根既還源，六根盡解脫，看見本來面目，回顧生死涅槃，猶如昨夢，倘非法舟濟師指點，豈有此奇特事耶？

於是淨諸業障菩薩在大眾中，即從座起，頂禮佛足，右繞三匝，長跪叉手而白佛言：「大悲世尊！為我等輩廣說如是不思議事，一切如來因地行相，令諸大眾得未曾有。睹見調御，歷恆沙劫勤苦境界，一切功用猶如一念，我等菩薩深自慶慰。世尊！若此覺心本性清淨，因何染污，使諸眾生迷悶不入？唯願如來，廣為我等開悟法性，令此大眾及末世眾生，作將來眼。」作是語已，五體投地，如是三請，終而復始。爾時，世尊告淨諸業障菩薩言：「善哉！善哉！善男子！汝等乃能為諸大眾及末世眾生，諮問如來如是方便。汝今諦聽，當為汝說。」時，淨諸業障菩薩奉教歡喜，及諸大眾默然而聽。

淨諸業障菩薩言，世尊爲我等發揮如是不可思議妙法，使諸大衆明白，雖歷恆沙劫，勤修種種苦行，不能勝過利用一念以破無始無明，如此妙法得未曾有，深可慶慰。惟此覺心既是本性清淨，因何迷悶，使諸衆生不入清淨圓覺境界？請廣爲闡明法性妙理，使末世衆生得具法眼，不至錯認圓覺本體。

「善男子！一切衆生從無始來，妄想執有我、人、衆生及與壽命，認四顛倒為實我體，由此便生憎、愛二境，於虛妄體重執虛妄；二妄相依，生妄業道；有妄業故，妄見流轉；厭流轉者，妄見涅槃。由此不能入清淨覺，非覺違拒諸能入者，有諸能入，非覺入故，是故動念及與息念皆歸迷悶。何以故？由有無始本起無明，為己主宰，一切衆生生無慧目，身心等性皆是無明，譬如有人不自斷命。是故當知，有愛我者，我與隨順；非隨順者，便生憎怨；為憎愛心，養無明故。相續求道，皆不成就。」

此節佛揭「四相」以示大衆，「四相」者，乃至關重要之問題也，一切修行人如不先將「四相」分析清楚，則有誤入歧途之虞。一般人解釋四相，咸謂四相皆由執我而起，不執著我則此患可除，此皆未明佛之本意也。夫出家人目的在見性成佛，豈僅僅做到不執著你我、不分別六道衆生、不要求長壽，便算了事耶？故知如此解釋四相非佛本意。古時有一法師講《金剛經》，講到「無我相，無人相」乃不要執著你我，下面有一龐居士問：「無我相，誰人講《金剛經》？無人相，誰人聽《金剛經》？」講者不能答。故知釋迦説法，時時提出「四相」以警大衆者，乃因此「四相」，當用功時最易被錯認爲「佛性」故也。玆分別釋之如次：

一、我　相：六根已斷，一念不起，但仍有清淨之一念在。

二、人　相：起一念之相。

三、衆生相：前念已滅，後念未起之中間是。

四、壽者相：是前念後念已斷，一切思想已絕，空無所有。

《金剛經》説：「有我相、人相、衆生相、壽者相，即非菩薩。」乃指此四種境界俱非佛性也。

此節佛答言，衆生修行所以迷悶不入清淨覺者，乃因錯認「四相」以爲自性耳，由於錯認前三相故，遂生憎、愛二境，「憎者」憎生死，「愛者」愛涅槃，故修斷六根及斷一念功夫；其實生死、涅槃皆是虛妄，而斷六根一念亦是虛妄，二妄相依，難脫生死；衆生在前三相中流轉既久，心生厭倦，遂將前念後念一概斷盡，把一切思想完全停止，此時空無所有，惟命根尚存，自以爲證涅槃矣，其實是墮入第四壽者相境界，即空執是也，故曰「厭流轉者，妄見涅槃」，即錯認壽者相爲涅槃也。因此之故，不能入於清淨覺，非覺違拒諸能入者，蓋因所能入者，非「覺」體故也。就本體而言，並無所謂出入，故前三相之動念與第四相之息念，皆歸虛妄迷悶，不能見性。何以故？因有無始無明爲之主宰故也。衆生無慧眼，見、聞、覺、知、根、塵等性，皆爲無明所蔽，不能打破，若人之不自斷其生死者然。不獨此也，復以其順逆憎愛之境，滋養無明，因此常在四相中流轉，終無成就矣。

「善男子！云何『我相』？謂諸衆生心所證者。善男子！譬如有人，百骸調適，忽忘我身，四肢弦緩，攝養乖方，微入鍼艾，即知有我，是故證取，方現我體。善男子！其心乃至證於如來，畢竟了知清淨涅槃，皆是『我相』。」

然則何謂「我相」乎？「我相」者，指衆生修行時心中所「證」之一種境界也，此「證」並非「實證」，乃「誤證」也，謂誤證「我相」境界以爲「自性」也。譬如有人用功之時，停止六根作用，使不爲外界事物所影響，此時百骸調適，四肢弦緩，忽忘我身，須用鍼艾刺灸方覺有此肉體，此種清淨舒適境界，其心自以爲已證如來，畢竟了知清淨涅槃矣，其實皆是「我相」境界也。

「善男子！云何『人相』？謂諸眾生心悟證者。善男子！悟有我者，不復認我，所悟非我，悟亦如是。悟已超過一切證者，悉為人相。善男子！其心乃至圓悟涅槃，俱是我者，心存少悟，備殫證理，皆名『人相』。」

然則「人相」果何如乎？亦是衆生修行時所誤證之一種境界也。衆生初誤證「我相」，既而悟「我相」之非「自性」，乃又起一念不復認我，前所證悟皆知非我，俱予遣除，自以爲超過一切證者，見「自性」矣，豈知此之境界，悉爲人相境界也；其心甚至自以爲圓悟涅槃，亦是腦筋思想作用，皆名「人相」。

「善男子！云何『眾生相』？謂諸眾生心自證悟所不及者。善男子！譬如有人作如是言：『我是眾生。』則知彼人說眾生者，非我非彼。云何非我？我是眾生，則非是我；云何非彼？我是眾生，非彼我故。善男子！但諸眾生了證了悟，皆為我人；而我、人相所不及者，存有所了，名『眾生相』。」

然則「衆生相」又何如乎？「衆生相」者，乃衆生修行時，悟我相、人相之非，俱加摒遣，入於二相所不及之境界也。譬如有人作如是言：「我是衆生。」既云衆生，則非我非彼矣。修行者腦筋所能證悟之境，皆爲我、人，而我、人相所不能及之境，則爲「衆生相」之境界，所謂「前念已滅，後念未起，中間是」是也。

「善男子！云何『壽命相』？謂諸眾生心照清淨，覺所了者，一切業智所不自見，猶如命根。善男子！若心照見一切覺者，皆為塵垢，覺、所覺者，不離塵故；如湯銷冰，無別有冰，知冰銷者；存我、覺我，亦復如是。」

然則「壽命相」又何如乎？「壽命相」者，謂衆生修行時，摒棄我相、人相、衆生相，入於空無所有清淨境界，此境界乃一切業智所不能聞見，猶如命根一樣，雖然空寂，猶自存續，故曰「壽命相」。蓋因前三相既自覺其爲塵垢而去之，然此之覺悟，亦未離於塵垢也。如湯銷冰，冰已不存，而湯仍在，前三相雖滅而壽命相仍存，所謂「厭流轉者，妄見涅槃」是也。

「善男子！末世眾生不了四相，雖經多劫勤苦修道，但名『有為』，終不能成一切聖果，是故名為正法末世。何以故？認一切我為涅槃故，有證有悟名成就故。譬如有人認賊為子，其家財寶終不成就。何以故？有我愛者亦愛涅槃，伏我愛根為涅槃相，有憎我者亦憎生死，不知愛者真生死故，別憎生死名不解脫。云何當知法不解脫？善男子！彼末世眾生習菩提者，以己微證為自清淨，猶未能盡我相根本；若復有人讚歎彼法，即生歡喜，便欲濟度；若復誹謗彼所得者，便生瞋恨。則知我相堅固執持，潛伏藏識，遊戲諸根，曾不間斷。善男子！彼修道者不除我相，是故不能入清淨覺。善男子！若知我空，無毀我者，有我說法，我未斷故，眾生、壽命，亦復如是。善男子！末世眾生說病為法，是故名為可憐愍者，雖勤精進，增益諸病，是故不能入清淨覺。」

此節言末世衆生所以不能入清淨覺者，蓋因誤認「四相」以爲佛性故也。四相不了，雖經多劫勤苦修道，但名「有爲」。「有爲」者，有漏是也。修行人若在四相中流轉，終屬有漏，不能了脫生死而成就聖果；聖果者，「無漏」是也，又名「無爲」。佛性無漏，無取無證，乃是「絕對者」；而四相有漏，有取有證，乃是「相對者」。「正法末世」者，言邪見盛行，正法不彰也。蓋因一切修行人多誤認我相爲涅槃，有證有悟，自以爲成就矣，豈知認賊作子，家財終不能保也。何以然乎？蓋我相未除，有愛有憎，有我愛者，亦愛涅槃，故此時所證之「涅槃相」，皆愛憎所成就也。又有憎我者，則亦憎生死矣，不知愛憎之本身即生死之根也，故名「不解脫」。

然則不解脫果何因乎？曰：「末世衆生修道之時，錯認腦筋所證境界爲『涅槃』，故未能盡我相根本，有人讚其則生歡喜，便欲濟度；有人誹謗其所得者，便生瞋恨。故知我相堅執潛伏根內，支配諸根，如同遊戲，不捐間斷。」

「修道之人若不除我相，則無法入於清淨圓覺本體，不能解脫。若知我相本空，則何有毀譽？有我說法，無有是處，衆生、壽命，亦復如是。四相不除，便成四病，以病爲法，實可憐愍，雖勤精進，諸病益增，因是之故，不入圓覺。」

「善男子！末世衆生不了四相，以如來解及所行處為自修行，終不成就。或有衆生未得謂得，未證謂證，見勝進者，心生嫉妒，由彼衆生未斷我愛，是故不能入清淨覺。善男子！末世衆生希望成道，無令求悟，唯益多聞，增長我見。但當精勤降伏煩惱，起大勇猛，未得令得，未斷令斷，貪瞋、愛慢、諂曲、嫉妒對境不生，彼我恩愛一切寂滅，佛說是人漸次成就，求善知識，不墮邪見；若於所求，別生憎愛，則不能入清淨覺海。」

此節言衆生未了四相，而欲以腦筋揣測自性及諸佛行處，如此修行有若黑房裏捉黑貓，終無成就。更誤認自己所證之四相爲圓覺境界，未得謂得，未證謂證，見他人勝進便生嫉妒之心，皆因未斷我愛之故，故不能入清淨圓覺。倘衆生希望成道，應勿向腦筋測度，勿求多聞，增長我見，但一心精勤向無始無明用功夫，並先起大勇猛心，集中意念，下必得必斷之決心，此時貪瞋、愛慢、諂曲、嫉妒等妄心，對境不生，彼我恩愛皆歸寂滅，如此專一用功，必能漸次成就。但必須求善知識指導，方不墮於邪見，若於用功時貪圖便宜捷徑，別生憎愛之心，則不能入清淨覺海矣。

爾時，世尊欲重宣此義，而說偈言：

「淨業汝當知：一切諸眾生，皆由執我愛，無始妄流轉，未除四種相，不得成菩提。愛憎生於心，諂曲存諸念，是故多迷悶，不能入覺城。若能歸悟剎，先去貪、瞋、癡，法愛不存心，漸次可成就。我身本不有，憎愛何由生？此人求善友，終不墮邪見。所求別生心，究竟非成就。」

此分佛闡明衆生修行時最難通過之四種境界，即我、人、衆生、壽者四相是也。此四種境界，最易被誤認爲佛性境界，故佛特爲闡明之，其義本極明顯，而後世之人未能明瞭，多加曲解，致佛之本意不彰，修行者迷悶難入，良可慨歎。

「我相」者，即我執是也，此之謂「我」，非謂「小我」，乃屬「大我」。小乘人將六根斷盡，小我已滅，入於大我境界，此時心量擴大，有充滿宇宙之象；宋儒所謂「我心宇宙」，西洋哲學及耶教所謂「大我」、「上帝」，婆羅門所謂「梵我」，即「我相」是也，皆我自己腦筋創造也。

「人相」者，即法執是也，起一念破除「我相」是也。

「衆生相」者，人、我俱遣，落於第三念，仍未離於法執，所謂「前念已滅，後念未起，中間是」是也，孔子曰：「喜怒哀樂未發之謂中。」《尚書》云：「人心惟危，道心惟微，惟精惟一，允執厥中。」道家所謂「太極」，亦即是此境界，即「衆生相」是也，二乘人所謂之境界即此境界，較小乘已進一籌，然去佛境界當不遠也。

「壽命相」者，即空執是也，我、人、衆生相俱除，猶如命根，空無所有，而尚存續，故名「壽命」。祖師謂「無明窠臼」、「漆黑桶底」，道家所謂「無極」，即此境界也，此相一破，則可見本來自性。

人每謂三教同源，若能了此四相精義，則知三教相隔不啻天淵矣；至西洋哲學家所究，尚不能跳出「我相」範圍，尤卑乎其卑矣。

於是普覺菩薩在大眾中，即從座起，頂禮佛足，右繞三匝，長跪叉手而白佛言：「大悲世尊！快說禪病，令諸大眾得未曾有，心意蕩然，獲大安隱。世尊！末世眾生去佛漸遠，賢聖隱伏，邪法增熾，使諸眾生求何等人？依何等法？行何等行？除去何病？云何發心？令彼羣盲，不墮邪見。」作是語已，五體投地，如是三請，終而復始。爾時，世尊告普覺菩薩言：「善哉！善哉！善男子！汝等乃能諮問如來，如是修行，能施末世一切眾生無畏道眼，令彼眾生得成聖道。汝今諦聽，當為汝說。」時，普覺菩薩奉教歡喜，及諸大眾默然而聽。

四相既明，修行不致錯走路途，然用功之時弊病極多，仍須明白，方能有進，故普覺菩薩聞佛闡明四相之後，請佛快說禪病，使修行者獲大安隱（穩）。良以修行用功之時弊病極多，致使行者不能安隱（穩）前進，此乃最有經驗者所提出之重要問題也。

「善男子！末世眾生將發大心，求善知識欲修行者，當求一切正知見人，心不住相，不著聲聞、緣覺境界，雖現塵勞，心恒清淨，示有諸過，讚歎梵行，不令眾生入不律儀，求如是人，即得成就阿耨多羅三藐三菩提，末世眾生見如是人，應當供養，不惜身命。彼善知識四威儀中，常現清淨，乃至示現種種過患，心無憍慢，況復摶財、妻子、眷屬。若善男子，於彼善友不起惡念，即能究竟成就正覺，心華發明，照十方剎。」

學者欲明修行弊病，須先親近明眼善知識，明眼善知識乃悟後之人，故能心不住相，不落二乘境界，雖處塵勞之中，而佛性如如不動，對於修行正途及歧途極爲明顯，所有弊病無不親歷，學者得其指引，則可獲事半功倍之效，故應當不惜身命以供養之。昔石霜楚圓禪師在汾陽善昭禪師處參學，屢遭訶　，命操勞役，終不退悔，終證大道，成就正覺，學者宜以爲範。

「善男子！彼善知識所證妙法，應離四病。云何四病？一者作病，若復有人作如是言：『我於本心作種種行，欲求圓覺。』彼圓覺性非作得故，說名為病。二者任病。若復有人作如是言：『我等今者，不斷生死，不求涅槃，涅槃生死，無起滅念，任彼一切隨諸法性，欲求圓覺。』彼圓覺性非任有故，說名為病。三者止病。若復有人作如是言：『我今自心永息諸念，得一切性，寂然平等，欲求圓覺。』彼圓覺性非止合故，說名為病。四者滅病。若復有人作如是言：『我今永斷一切煩惱，身心畢竟空無所有，何況根塵虛妄境界？一切永寂，欲求圓覺。』彼圓覺性非寂相故，說名為病。離四病者，則知清淨。作是觀者，名為正觀；若他觀者，名為邪觀。」

四病就是作、任、止、滅四種。分別闡明如下：

一、作病　修行者爲求圓覺佛性，操心太急，用腦筋去揣量測度，或執意修種種善行，心中起一惡思想時，即刻意改作一段好思想；不怕妄起，祇怕覺遲；以妄除妄，捨妄取真；觀有爲空，觀空爲有；前念已滅，後念未起，中間是。其實佛性非由造作而得，這是參禪用功時之毛病。

二、任病　修行者知道著意用功，勞而無益，於是一切放任，不求斷生死，亦不求證涅槃；任思想起亦好，滅亦好；不執著一切相，不住一切相；對境無心，一切無礙，認爲如此便可證圓覺。其實圓覺佛性非由放任而有，此仍是禪病。

三、止病　修行者知道愈是放任，妄念愈多，於是又將諸念停止，使心境寂然平等，如海水不起波，無一點浮漚，以爲如此便可證圓覺。其實妄念停止，不過是見、聞、覺、知中的淨緣，永不能合於佛性，故仍是禪病。

四、滅病　修行者知道妄念雖不起，仍有知有覺，受外境刺激仍能起念，於是索性將一切思想滅盡，無知無覺，根塵俱滅，虛妄永寂，以爲如此便可證圓覺。其實是落在無明窠臼中，永難見佛性，故仍是禪病。

修行者若能離此四病，便不誤入歧途，最爲重要。

「善男子！末世眾生欲修行者，應當盡命供養善友，事善知識，彼善知識欲來親近，應斷憍慢，若復遠離，應斷瞋恨。現逆順境，猶如虛空，了知身心畢竟平等，與諸眾生同體無異，如是修行，方入圓覺。

善男子！末世眾生不得成道，由有無始自他憎愛一切種子，故未解脫。若復有人觀彼怨家如己父母，心無有二，即除諸病，於諸法中自他憎愛亦復如是。善男子！末世眾生欲求圓覺，應當發心，作如是言：『盡於虛空一切眾生，我皆令入究竟圓覺，於圓覺中無取覺者，除彼、我、人一切諸相。』如是發心，不墮邪見。」

言佛宣示親近善知識之重要，以此爲獲得真正修行門徑，與避免用功諸病之關鍵，欲親近善知識，須先明佛性平等道理，明此道理，則心無憍慢，於善知識所示，方能領受。末世眾生所以不得成道，乃因有「無明自他憎愛一切種子」（即無始無明）把佛性遮障，若能明佛性平等之理，則怨親平等，諸病自除，因佛性中平等不二，無有諸病也。又修此大乘法門時，不僅發心自度，且須發心度人，證圓覺之後，則知圓覺中無取無得，故曰「無取覺者」，不住相而度眾生，故雖度盡眾生，而眾生實無度者，如此發心修行，則不墮邪見矣。

爾時，世尊欲重宣此義，而說偈言：

「普覺汝當知：末世諸眾生，欲求善知識，應當求正見。心遠二乘者，法中除四病，謂作、止、任、滅。親近無憍慢，遠離無瞋恨，見種種境界，心當生希有，還如佛出世。不犯非律儀，戒根永清淨，度一切眾生，究竟入圓覺。無彼我人相，當依正智慧，便得超邪見，證覺般涅槃。」

此分因普覺問禪病，佛指示欲除禪病，須親近明眼善知識，欲親近明眼善知識，須去憍慢瞋恨等心，視善知識爲佛出世，生希有難逢之感，然後禪病可除，正道可循。又須發度己度人之大心，不住四相，不犯律儀，則可超邪見而證圓覺矣。

於是圓覺菩薩在大眾中，即從座起，頂禮佛足，右繞三匝，長跪叉手而白佛言：「大悲世尊！為我等輩廣說淨覺種種方便，令末世眾生有大增益。世尊！我等今者已得開悟，若佛滅後，末世眾生未得悟者，云何安居修此圓覺清淨境界？此圓覺中三種淨觀以何為首？唯願大悲，為諸大眾及末世眾生施大饒益。」作是語已，五體投地，如是三請，終而復始。爾時，世尊告圓覺菩薩言：「善哉！善哉！善男子！汝等乃能問於如來如是方便，以大饒益施諸眾生，汝今諦聽，當為汝說。」時，圓覺菩薩奉教歡喜，及諸大眾默然而聽。

圓覺菩薩白佛言：「世尊！既已爲我等廣說佛性妙理及種種用功之法，實在使我等輩獲莫大之利益。現在我等已經開悟，但將來佛滅度後，我等如欲教導衆生未悟者修行，應該怎樣教法？譬如安居修持及作三種淨觀（即奢摩他、三摩鉢提、禪那三種）等行，應怎樣修法方合大乘軌則？」

「善男子！一切眾生，若佛住世，若佛滅後，若法末時，有諸眾生具大乘性，信佛祕密大圓覺心，欲修行者，若在伽藍安處徒眾，有緣事故，隨分思察，如我已說。若復無有他事因緣，即建道場，當立期限，若立長期百二十日、中期百日、下期八十日，安置淨居。若佛現在，正當思惟；若佛滅後，施設形像。心存目想，生正憶念，還同如來常住之日。懸諸旛華，經三七日，稽首十方諸佛名字，求哀懺悔，遇善境界，得心輕安。過三七日，一向攝念。若經夏首三月安居，當為清淨菩薩止住，心離聲聞，不假徒眾。至安居日，即於佛前作如是言：『我比丘、比丘尼、優婆塞、優婆夷某甲，踞菩薩乘，修寂滅行，同入清淨實相住持，以大圓覺為我伽藍，身心安居平等性智，涅槃自性無繫屬故。今我敬請，不依聲聞，當與十方如來及大菩薩，三月安居，為修菩薩無上妙覺大因緣故，不繫徒眾。』善男子！此名菩薩示現安居，過三期日，隨往無礙。善男子！若彼末世修行眾生，求菩薩道入三期者，非彼所聞一切境界，終不可取。」

佛示言：「若有衆生具大乘性，深信佛所說之真如妙理，欲求明心見性，如在伽藍中住，則時時皆可參究。有塵緣雜事時亦可用功，隨分思察，時時提撕，照我以上所說的去做；倘無塵事，則建立道場，長期百二十日，中期百日，下期八十日。若佛住世，則正思惟；若佛已滅，則施設佛像，心存目想，如同佛尚在一樣。經三七日懺悔，心得輕安，過三七後，亦時時攝念勿懈，一到初夏時，天氣漸熱，不能出門，則三月安居，先於佛前發願，修行者經過三期之後，則心得輕安，道力堅固，隨往何地，皆無所礙矣。」

入三期修行者，除佛所示方法之外，一切邪道境界皆應破除，惟照佛所指示者用功。

「善男子！若諸眾生修奢摩他，先取至靜，不起思念，靜極便覺，如是初靜，從於一身至一世界，覺亦如是。善男子！若覺徧滿一世界者，一世界中有一眾生起一念者，皆悉能知；百千世界，亦復如是。非彼所聞一切境界，終不可取。」

此示修奢摩他時，不起雜念，單用至靜一念往下直看，功夫成熟無明窠臼打破，便見佛性現前。自一身以至一世界，無非佛性，佛性徧滿一世界，此世界中有一眾生起一念者，皆同於佛性，故曰「皆悉能知」，百千世界，莫不皆然，此乃修奢摩他之情形也。至若外道邪師所言一切境界，皆不可取信。

「善男子！若諸眾生修三摩鉢提，先當憶想十方如來、十方世界一切菩薩，依種種門，漸次修行勤苦三昧，廣發大願，自薰成種。非彼所聞一切境界，終不可取。」

修三摩鉢提時，先要明白諸佛、菩薩皆用般若三昧自修自證，用意根統率五根，單刀直入向內看，功夫成熟無明窠臼囫的打破，便可看見佛性，此爲修三摩鉢提明心見性之方法。至若外道邪師所說境界，不足取信。

「善男子！若諸眾生修於禪那，先取數門，心中了知生、住、滅念，分齊頭數，如是周徧四威儀中，分別念數，無不了知。漸次增進，乃至得知百千世界一滴之雨，猶如目睹所受用物，非彼所聞一切境界，終不可取，是名三觀初首方便。若諸眾生徧修三種，勤行精進，即名如來出現於世。」

修禪那時，六根並用往內直看，功夫成熟觸著機緣，無明窠臼打破，便可明心見性。有由耳根音聲而悟道者，有由眼根見色相而悟道者，一根還源則六根皆解脫矣。如香巖聞擊竹而明心，靈雲見桃花而悟道是也，其他諸根莫不皆然。生、住、滅念皆知落處，行、住、坐、臥不離真如，一頭了知則頭頭無不了知，一念了知則念念無不了知，乃至百千世界一滴之雨，亦皆灼然了知，此修禪那明心見性之法也。參禪用功即是此法，六根還源，佛性現前，便是如來出世。

「若後末世鈍根眾生，心欲求道，不得成就，由昔業障，當勤懺悔，常起希望，先斷憎愛、嫉妒、諂曲、求勝上心；三種淨觀，隨學一事，此觀不得，復習彼觀，心不放捨，漸次求證。」

以上所示三種淨觀：一、修奢摩他，不起雜念，單用至靜一念，往內直看。二、修三摩鉢提，用意根統攝五根，向內直看。三、修禪那，是六根並用，向內直看。此三種方法，無論那一種，功夫純熟觸著機緣，皆可悟道，此觀不得，復習彼觀，不可放棄，終得成就。但末世眾生宿業深重，須先懺悔，斷除憎愛、嫉妒、諂曲之心，使身心輕安，方能修此三種觀行。

爾時，世尊欲重宣此義，而說偈言：

「圓覺汝當知：一切諸眾生，欲求無上道，先當結三期，懺悔無始業。經於三七日，然後正思惟，非彼所聞境，畢竟不可取。奢摩他至靜，三摩正憶持，禪那明數門，是名三淨觀，若能勤修習，是名佛出世。鈍根未成者，常當勤心懺，無始一切罪，諸障若消滅，佛境便現前。」

此分佛示圓覺菩薩以教導末世衆生修行之法，先結三期，懺悔無始以來宿業，使心身輕安，然後修三種淨觀，任修一種，皆可成道，無始無明打破，諸障消滅，則佛性現前矣。

於是賢善首菩薩在大眾中，即從座起，頂禮佛足，右繞三匝，長跪叉手而白佛言：「大悲世尊！廣為我等及末世眾生，開悟如是不思議事。世尊！此大乘教名字何等？云何奉持？眾生修習得何功德？云何使我護持經人？流布此教至於何地？」作是語已，五體投地，如是三請，終而復始。爾時，世尊告賢善首菩薩言：「善哉！善哉！善男子！汝等乃能為諸菩薩及末世眾生，問於如來如是經教功德名字。汝今諦聽，當為汝說。」時，賢善首菩薩奉教歡喜，及諸大眾默然而聽。

此最後一分乃流通分也，示此經原委及功德因緣。

「善男子！是經百千萬億恆河沙諸佛所說，三世如來之所守護，十方菩薩之所歸依，十二部經清淨眼目；是經名《大方廣圓覺陀羅尼》，亦名《修多羅了義》，亦名《祕密王三昧》，亦名《如來決定境界》，亦名《如來藏自性差別》，汝當奉持。善男子！是經唯顯如來境界，唯佛如來能盡宣說，若諸菩薩及末世眾生依此修行，漸次增進，至於佛地。」

佛云此經乃如來最高境界，發揮絕對妙理，故有此了義等名，唯佛乃能宣說，若依此而修，漸次增進，可至佛地。

「善男子！是經名為頓教大乘，頓機眾生從此開悟，亦攝漸修一切羣品。譬如大海不讓小流，乃至蚊蝱及阿修羅，飲其水者皆得充滿。」

佛云，此經乃屬大乘頓教法門，頓機衆生可從此而開悟，但亦能攝漸修衆生，一切修此經者無不獲益。如大海不讓小流，乃至蚊蝱飲其水者，皆得充滿。此經是頓教經典，所發揮道理與禪宗祖師所發揮者相通，修習此經者再學參禪最易契入。

「善男子！假使有人純以七寶積滿三千大千世界以用布施，不如有人聞此經名及一句義。善男子！假使有人教百恆河沙眾生得阿羅漢果，不如有人宣說此經分別半偈。善男子！若復有人，聞此經名，信心不惑，當知是人非於一佛、二佛種諸福慧，如是乃至盡恆河沙一切佛所種諸善根，聞此經教。汝善男子！當護末世是修行者，無令惡魔及諸外道惱其身心，令生退屈。」

此示大乘經典之功德，修此經者可獲明心見性，故其功德實不可思議。

爾時，會中有火首金剛、摧碎金剛、尼藍婆金剛等八萬金剛，並其眷屬，即從座起，頂禮佛足，右繞三匝而白佛言：「世尊！若後末世一切眾生，有能持此決定大乘，我當守護，如護眼目；乃至道場所修行處，我等金剛自領徒眾，晨夕守護，令不退轉；其家乃至永無災障，疫病消滅，財寶豐足，常不乏少。」爾時，大梵天王、二十八天王，並須彌山王、護國天王等，即從座起，頂禮佛足，右繞三匝而白佛言：「世尊！我亦守護是持經者，常令安隱，心不退轉。」爾時，有大力鬼王名吉槃茶，與十萬鬼王即從座起，頂禮佛足，右繞三匝而白佛言：「世尊！我等亦守護是持經人，朝夕侍衛，令不退屈；其人所居一由旬內，若有鬼神侵其境界，我當使其碎如微塵。」

此示持經者之利益。

佛說此經已，一切菩薩、天、龍、鬼、神、八部眷屬，及諸天王、梵王等一切大眾，聞佛所說，皆大歡喜，信受奉行。

流通分竟。

稽首入於妙神通，大光明藏釋迦文。
三昧正受不思議，光嚴住持佛境界。
是諸眾生清淨覺，身心寂滅歸平等。
圓滿十方徧隨順，於不二境現淨土。
為諸菩薩演大乘，普令信解以修證。
我今幸逢勝妙法，如獲摩尼之至寶。
自利之後欲利他，隨文疏釋此了義。
見聞悉發菩提心，同入如來大圓覺。

金剛經註疏

本來無佛無衆生
世界未曾見一人
究竟瞭解是這箇
自性還是自己生

金剛經釋要

人生於世，莫不有死，因有生焉，故亦有死。孔子有云：「未知生，焉知死？」死後如何？更無人知。然而死之大事實值得吾人精心研究。中國研究死生問題者，始自莊子，莊子有云：「方死方生，方生方死。」意即今日死去，明日又生。然而明日生於何處？則非吾人所知。此義雖謂正確，然無實在憑據。莊子又云：「以死生爲晝夜。」

莊子《南華經》中有云：「死生亦大矣，豈不痛哉！」晉朝王羲之〈蘭亭集序〉亦引用此語。老子說：「吾所以有大患者，爲吾有身！」孔子告顏回曰：「我與爾皆夢也！」李白云：「天地者，萬物之逆旅；光陰者，百代之過客。而浮生若夢，爲歡幾何？」陳子昂云：「前不見古人，後不見來者，念天地之悠悠，獨愴然而涕下！」自六朝以至於清朝，中國之一切文人，皆以死生大事爲憂。生死問題在知識界雖值得研究，然從無人覓得一條正路可供吾人研討，是故「如何能在此生前明瞭解決生死事」，仍爲吾人現前所共有之一大問題。

兩千餘年以來，解釋死生最透徹者，唯釋迦如來一人而已。釋迦佛云：「人人皆有佛性，佛性永離生死，且人於當生即有可能得見佛性。」一切人之佛性與釋迦之佛性平等一如。釋迦佛闡述明心見性之語，自六朝迄清朝見佛性者，實有證據可考（見《傳燈錄》語錄），如六祖惠能大師已見佛性，此爲人所共知。然其最值得吾人崇拜者，即於此生便有可能得見佛性。再者，吾人之佛性並不低於釋迦之佛性，而釋迦之佛性亦並不比吾人之佛性高。釋迦佛說：「見性成佛。」一見佛性即是成佛矣。《梵網經》云：「自知我是未成之佛，諸佛是已成之佛。發菩提心，念念不去心，若起一念二乘外道心者，犯輕垢罪。」

釋迦佛所說明心見性之法甚多，吾人祇須依其所傳之任何一法即可得之。《金剛經》乃得見佛性方法之一，五祖弘忍大師教人受持《金剛經》即可明心見性，六祖聽《金剛經》至「應無所住而生其心」，乃豁然開朗，得見佛性。吾人若依《金剛經》修持，則亦可明心見性。然而《金剛經》義旨深奧，應將其提要指出方能明瞭。茲先提出金剛般若討論之：

第一、解釋金剛般若：金剛般若亦名「實相般若」。

「金剛」譬喻絕對佛性，能轉萬物而不爲萬物所轉。佛性絕對之義，能破一切相對之義而不爲相對義所破，堅固明利，故名「金剛」。

梵語「般若」，此云「妙智」，亦云「妙慧」，專指能徹悟絕對佛性之智慧而言，非世俗之聰明智慧也。般若有三義：一曰實相佛性，二曰觀照腦根，三曰方便眼、耳、鼻、舌、身、意。

梵語「波羅蜜多」，譯爲「到彼岸」，彼岸喻絕對，此岸喻相對。全題之意義即以智慧照破無始無明，脫離相對之此岸，而達絕對之彼岸。相對者，生死輪迴也；絕對者真，如佛性也。

釋迦所言佛性之語諸多差別，如佛性、真如、法身、淨智妙圓、菩提自性、佛身、空如來藏、圓覺等等，名詞雖異，其義則同。

然則佛性是何狀態？茲依釋迦世尊於諸大乘經中所示者摘錄如後。金剛般若即真如，在《華嚴經》中佛舉出九十九箇譬喻，故佛性非空洞無物。

金剛般若既名「佛性」，又名「真如」，《梵網經》云：「一切衆生皆有佛性。」真如無緣起，《維摩詰經》云：「法常寂然，滅諸相故；法離於相，無所緣故。」真如不受薰染，《華嚴經》云：「法性清淨，無染無亂。」又云：「法身無染，究竟清淨。」梁武帝問達摩祖師：「如何是真功德？」師對曰：「淨智妙圓，體自空寂。」六祖云：「菩提自性，本來清淨，但用此心，直了成佛。」《華嚴經》云：「佛身充滿於法界，普現一切衆生前，隨緣赴感靡不周，而常處此菩提座。」《勝鬘經》云：「世尊！空如來藏，若離若脫，若異一切煩惱藏。」《大梵天王問佛決疑經》云：「世尊在靈山會上拈花示衆，衆皆罔措，惟迦葉破顏微笑。世尊云：『吾有正法眼藏，涅槃妙心，實相無相，微妙法門，不立文字，教外別傳，直指人心，見性成佛。』」

《華嚴經》云：「譬如真如，偏一切處，無有邊際……；譬如真如，真實爲性……；譬如真如，恒守本性……；譬如真如，以一切法無性爲性……；譬如真如，無相爲相……；譬如真如，若有得者，終無退轉……；譬如真如，一切諸佛之所行處……；譬如真如，離境界相而爲境界……；譬如真如，能有安立……；譬如真如，性常隨順……；譬如真如，無能測量……；譬如真如，充滿一切……；譬如真如，常住無盡……；譬如真如，無有比對……；譬如真如，體性堅固……；譬如真如，不可破壞……；譬如真如，照明爲體……；譬如真如，無所不在……；譬如真如，偏一切時……；譬如真如，性常清淨……；譬如真如，於法無礙……；譬如真如，爲衆法眼……；譬如真如，性無勞倦……；譬如真如，體性甚深……；譬如真如，無有一物……，譬如真如，性非出現……，譬如真如，離衆垢翳……，譬如真如，性無與等……，譬如真如，體性寂靜……，譬如真如，無有根本……，譬如真如，體性無邊……，譬如真如，體性無著……，譬如真如，無有障礙……，譬如真如，非世所行……，譬如真如，體性無住……，譬如真如，性無所作……，譬如真如，體性安住……，譬如真如，與一切法而共相應……，譬如真如，一切法中性常平等……，譬如真如，不離諸法……，譬如真如，一切法中畢竟無盡……，譬如真如，與一切法無有相違……，譬如真如，普攝諸法……，譬如真如，與一切法同其體性……，譬如真如，與一切法不相捨離……，譬如真如，無能映蔽……，譬如真如，不可動搖……，譬如真如，性無垢濁……，譬如真如，無有變易……，譬如真如，不可窮盡……，譬如真如，性常覺悟……，譬如真如，不可失壞……，譬如真如，能大照明……，譬如真如，不可言說……，譬如真如，持諸世間……，譬如真如，隨世言說……，譬如真如，徧一切法……，譬如真如，無有分別……，譬如真如，徧一切身……，譬如真如，體性無生……，譬如真如，無所不在……，譬如真如，徧在於夜……，譬如真如，徧在於晝……，譬如真如，徧在半月及以一月……，譬如真如，徧在年歲……，譬如真如，徧成壞劫……，譬如真如，盡未來際……，譬如真如，徧住三世……，譬如真如，徧一切處……，譬如真如，住有無法……，譬如真如，體性清淨……，譬如真如，體性明潔……，譬如真如，體性無垢……，譬如真如，無我我所……，譬如真如，體性平等……，譬如真如，超諸數量……，譬如真如，平等安住……，譬如真如，徧住一切諸衆生界……，譬如真如，無有分別……，普住一切音聲智中……，譬如真如，永離世間……，譬如真如，體性廣大……，譬如真如，無有間息……，譬如真如，體性寬廣，徧一切法……，譬如真如，徧攝羣品……，譬如真如，無所取著……，譬如真如，體性不動……，譬如真如，是佛境界……，譬如真如，無能制伏……，譬如真如，非是可修，非不可修……，譬如真如，無有退捨……，譬如真如，普攝一切世間言音……，譬如真如，於一切法無所希求……，譬如真如，住一切地……，譬如真如，無有斷絕……，譬如真如，捨離諸漏……，譬如真如，無有少法而能壞亂，令其少分是非覺悟……，譬如真如，過去非始，未來非末，現在非異……，譬如真如，於三世中無所分別……，譬如真如，成就一切諸佛菩薩……，譬如真如，究竟清淨，不與一切諸煩惱俱……。」《圓覺經》云：「善男子！無上法王有大陀羅尼門，名爲『圓覺』，流出一切清淨真如、菩提涅槃及波羅蜜，教授菩薩；一切如來本起因地，皆依圓照清淨覺相，永斷無明，方成佛道。」

此乃佛祖就其親證之真如佛性境界，用語言方便以昭示衆生，衆生聞之或茫茫然不知所之，或約略知其大意，然不可遂謂已明心見性也。聞之而能瞭解，謂之「解悟」，尚須自參自證，親見其境，始可謂「證悟」。因所證與佛無異，故名「見性成佛」。譬如黃山雁蕩之景，天下之奇觀也，然此景乃出之天然，非人力所能創造，欲到此境必須親到親見。諸佛祖師不過先到此境、先見此境而已，吾人苟能篤信諸佛之所指示，勇猛修持，終必有實到此境、實見此境之一日。迨已到已見之後，方知此境本爲古今人人之所共有，既非古佛所能創作，亦非今佛所能改造，此等奇景終古不改。凡曾親到此山者，其所見即無一不同，千萬年以前曾見此山者，所說如是，千萬年以後凡見此山者，所說亦必如是，絕不能於實際增益分毫，亦絕不能於實際減削分毫，以稍增減即非本然也。諸佛所傳之道亦猶是矣，佛性既無二，既不變，但能明心見性，則與諸佛無別。雖然，欲見佛性，必須真參實證，非徒能誦經說法便謂明心見性也。

然則，明心見性究有何益？曰：「見佛性已，則無死生輪迴，得大自在。」因有如是益處，故吾人應當苦修以證之。

第二、解釋觀照般若：觀照般若在新學者謂之「腦筋」，古學者謂之「靈性」。思想感覺者，佛經中謂之「煩惱」。思想感覺分兩種：一、妄念之生起（即思想感覺）。二、妄念不起（亦思想感覺）。普通一般研究佛學者祇知妄念起纔是有生死輪轉，而不知妄念不起亦是生死輪轉。妄念起是一念無明，妄念不起是無始無明，《勝鬘經》中發揮此理最明白。從前人以爲將妄念斷盡即是佛性，此乃大錯，妄念斷盡乃是無始無明，而非佛性，妄念是由無始無明所生起，而非從佛性生起。有經典印證。

《勝鬘經》云：「有煩惱是阿羅漢、辟支佛所不能斷。煩惱有二種，何等爲二？謂住地煩惱及起煩惱。住地有四種，何等爲四？謂見一切住地、欲愛住地、色愛住地、有愛住地，此四種住地生一切起煩惱，起者剎那心剎那相應。世尊！心不相應無始無明住地。世尊！此四住地方，一切上煩惱依種，比無明住地，算數譬喻所不能及。世尊！如是無明住地力，於有、愛、數四住地，無明住地其力最大。譬如惡魔波旬，於他化自在天，色力壽命，眷屬衆具，自在殊勝，如是無明住地力，於有、愛、數四住地，無明住地其力最勝，恆沙等數上煩惱依亦令四種煩惱久住，阿羅漢、辟支佛智所不能斷，惟如來菩提智之所能斷。如是，世尊！無明住地爲最大力。」

「世尊！若無明住地不斷究竟者，不得一味等味，謂明解脫味。何以故？無明住地不斷不究竟者，過恆沙等所應斷法不斷不究竟，過恆沙等所應斷法不斷故，過恆沙等法應得不得，應證不證，是故無明住地積聚，生一切修道斷煩惱上煩惱。彼生心上煩惱、止上煩惱、觀上煩惱、禪上煩惱、正受上煩惱、方便上煩惱、智上煩惱、果上煩惱、得上煩惱、力上煩惱、無畏上煩惱，如是過恆沙等上煩惱，如來菩提智所斷，一切皆依無明住地之所建立。一切上煩惱起，皆因無明住地緣無明住地。世尊！於此起煩惱，剎那心剎那相應。世尊！心不相應無始無明住地。世尊！若復過於恆沙如來菩提智所應斷法，一切皆是無明住地所持所建立。譬如一切種子，皆依地生，建立增長，若地壞者，彼亦隨壞。如是過恆沙等如來菩提智所應斷法，一切皆依無明住地生，建立增長；若無明住地斷者，過恆沙等如來菩提智所應斷法皆亦隨斷。如是一切煩惱上煩惱斷，過恆沙等如來所得一切諸法，通達無礙，一切智見，離一切過惡，得一切功德法王法主而得自在，登一切法自在之地，如來應等正覺，正獅子吼，我生已盡，梵行已立，所作已辦，不受後有。」

唐朝窺基法師所著《瑜伽師地論略纂》卷九有云：「《勝鬘經》說有五住地：一、

見一處住地。二、欲愛住地。三、色愛住地。四、有愛住地。五、無明住地。前四煩惱障，後一所知障。彼經自說無明住地，聲聞、辟支佛所不能斷，唯爲如來佛菩提智所能斷故，由此定知是所知障。《唯識．第九》與經說同，煩惱障四中，初一見道斷，後三修道斷。《對法論》說，發業無明有二：一、真實義愚發福不動行。二、異熟愚發非福行。此二皆唯見道所斷。《緣起經》說：『諸聖有學，不共無明已永斷，故不造新業。』《唯識》亦言：『正發業者，唯見所斷，助者不定，故唯取彼見一處住地所有無明。』然此有三：一、唯發總業。二、唯發別業。三、通發二業。今取初、後二業無明，故言唯取能發正感後世善惡業者。然此有四：一、相應。二、不共。三、纏。四、隨眠。皆能發業，外道內道異生，放逸不放逸，其所應用四無明發業皆別，如《緣起經》自廣分別。」又卷十四云：「無明中皆言前際者，發業無明名爲『前際』，而觸受俱能起受取，潤生無明名爲『後際』。」

按窺基法師所說無明：一、唯發總業，即前際，即無始無明，亦名發業無明。二、唯發別業。三、通發二業，即後際，即妄念無明，亦名潤生無明。《楞嚴經》云：「汝等必欲發菩提心，於菩薩乘生大勇猛，決定棄捐諸有爲相，應當審詳煩惱根本，此無始來發業潤生，誰作誰受？阿難！汝修菩提，若不審觀煩惱根本，則不能知虛妄根塵何處顛倒，處尚不知，云何降伏，取如來位？阿難！汝觀世間解結之人，不見所結，云何知解？不聞虛空被汝隳裂，何以故？空無形相，無結解故。則汝現前眼、耳、鼻、舌及與身、心，六爲賊媒，自劫家寶，由此無始衆生世界生纏縛故。」論此一大段經語，明明將發業、潤生兩無明舉出，「發業無明」即無始無明，「潤生無明」即妄念無明。上文窺基法師亦已明白舉出，則其區別彰彰明甚。見、聞、覺、知出《維摩詰經》，經云：「法不可見、聞、覺、知，若行見、聞、覺、知，是則見、聞、覺、知，非求法也。」讀此可知見、聞、覺、知全是腦根作用，與佛性相離甚遠，縱見、聞、覺、知不著妄念，祇到無始無明境界。《阿含經》以「補特伽羅」內分四部（見聞覺知），外分六根，斷六根使之清清淨淨，是小乘所修之果，均未見佛性也，禪宗祖師叫做：「無明窠臼。」

《楞嚴經》云：「爾時世尊開示阿難及諸大衆，欲令心入無生法忍，於師子座摩阿難頂而告之言：『如來常說，諸法所生，惟心所現，一切因果世界微塵因心成體。阿難！若諸世界一切所有，其中乃至草葉縷結，詰其根元，咸有體性，縱令虛空，亦有名貌，何況清淨妙淨明心，性一切心而自無體？若汝執悋分別覺觀，所了知性必爲心者，此心即應離諸一切色、香、味、觸諸塵事業別有全性。如汝今者承聽我法，此則因聲而有分別，縱滅一切見聞覺知，內守幽閑，猶爲法塵分別影事。我非敕汝執爲非心，但汝於心微細揣摩，若離前塵有分別性，即真汝心；若分別性離塵無體，斯則前塵分別影事，塵非常住，若變滅時，此心則同龜毛兔角，則汝法身同於斷滅，其誰修證無生法忍？』即時阿難與諸大衆默然自失。佛告阿難：『世間一切諸修學人，現前雖成九次第定，不得漏盡成阿羅漢，皆由執此生死妄想，誤爲真實。是故汝今雖得多聞，不成聖果。』」讀此可知，縱滅一切見、聞、覺、知，內守幽閑，仍未能破無始無明，不能證無生法忍。

《楞嚴經》又云：「阿難白佛言：『世尊！我昔見佛與大目連、須菩提、富樓那、舍利弗四大弟子共轉法輪，常言：「覺知分別心性，既不在內，亦不在外，不在中間，俱無所在，一切無著，名之爲心。」則我無著，名爲心不？』佛告阿難：『汝言覺知分別心性，俱無在者，世間虛空、水陸飛行，諸所物象，名爲一切，汝不著者，爲「在」？爲「無」？無則同於龜毛兔角，云何不著？有不著者，不可名「無」。無相則無，非無則相，相有則在，云何無著？是故應知，一切無著名覺知心，無有是處。』」

觀照般若即吾人所謂有感覺之腦筋，可分兩面而論：一、起思想。二、不起思想。思想感覺從何而起？從無思想感覺之處而起。吾人之思想感覺未生起之前已有「見、欲、色、有」存在，前面所提之「住地」意即在吾人思想不起以前已有內在之性情存在。「見一切住地」意即人人有知見，而此知見人人各不同。所謂「知見」者，《華嚴經》云：「衆生種種心性，種種知見，種種執著，種種迷悶。」即指人生在世有聰明、蠢笨等種種不同之性情。所謂「住地」，即無思想感覺以前就存在著；所謂「欲」，即人之性欲，在思想感覺尚未發生以前已存在裏面，譬如嬰孩，長大以後其性欲自然發出，無須人教；所謂「色」，即凡人都必愛好種種形色，並各有其不同之所好；所謂「有」，即人之所有權，如言此物爲我所有者。

見、欲、色、有四者是從無始無明住地而來，所謂「無始無明」即吾人思想感覺之潛勢力，其狀態爲無知無覺、昏昏闇闇，是故名爲「無明」。由於吾人之徧照虛空之佛性，久爲無始無明所籠罩，故不得顯現，然而無始無明是可破除者，若此無始無明一旦被破，便能得見佛性。如經云：「阿羅漢、辟支佛所不能斷。」因爲這兩等人是修小乘、中乘法者，故不能斷，要修大乘法門纔能破除無始無明。關於修大乘法門，在《金剛經》中稱爲「入無餘涅槃」，此點待於後面繼續討論。

第三、何爲「方便般若」，方便般若又名「文字般若」，即指吾人現前之眼、耳、鼻、舌、身而言。眼、耳、鼻、舌、身是外在之浮塵根，而其內在之能力則爲見、聞、覺、知。眼所見者，印象於腦筋中見之一部份；耳所聽者，印象於腦筋中聞之一部份；鼻所嗅者、舌所嚐者、身所觸者，印象於腦筋中覺之一部份；意識之感覺者，印象於腦筋中知之一部份。若吾人欲見佛性，便得依方便般若破除無始無明，方能得見之。

現在開始講何爲修大乘法門，破無始無明得見佛性。

《金剛經·第十五分》說：「如來爲發大乘者說，爲發最上乘者說。」《金剛經·第三分》說：「我皆令入無餘涅槃而滅度之。」入無餘涅槃即是修大乘法門。佛法分小乘、中乘、大乘、最上乘四箇階段，而此四箇階段，彼此之間大有差別，且是差之毫釐，失之千里。釋迦牟尼佛之所以用辯證法，乃要將其所講之法辯得清清楚楚。佛經亦分小乘、中乘、大乘、最上乘四種經典，若以小乘、中乘經典來解釋大乘、最上乘經典，則是大錯。修小乘法者及中乘法者名「有餘涅槃」，修大乘者則名「無餘涅槃」，若欲明白修大乘之無餘涅槃，必先明瞭小乘、中乘之有餘涅槃，辨明此點方不致於修錯。

現在次第講修小乘、中乘以及大乘法門。

人死之後狀態，祇是靈魂離開肉體。《楞嚴經》云：「補特伽羅，如中陰身，自求父母，陰信冥通，如胎已成。」又云：「妄隨七趣沈溺，補特伽羅，各從其類。」

中乘辟支佛修十二因緣，在《涅槃經》及《大寶積經》有詳解其大意。補特伽羅（舊譯「人」或「眾生」，新譯曰「數取趣」，「數」者，取五趣而輪迴之義。案梵本「補」此云「數」，「特伽」此云「取」，「羅」此云「趣」。謂「數數往來諸趣」也）舊譯亦作「弗伽羅」，翻名為「人」，言捨天陰入人陰，捨人陰入畜生陰是也。補特伽羅起一念，名曰「無明」，無明即迷昧不明之意，看見男女交合便動念進行參加，此即為「行」；一參加便即墮落胎中，此即是過去之「無明」及「行」，皆屬集諦；「識」是業識，就是陰身，被業牽動，而來投胎；「名色」是在胎中時，色身尚未成就，受、想、行、識四陰祇有名目，而無色質；「六入」即在胎中開張，六塵所入之處，此即六根具足時期；「觸」即出胎之後，六根著六塵；「受」即領受順逆之境，此五項是今世所得之果，即現在所感受之苦諦。「愛」即於塵境有所愛好；「取」即取著所歡喜之事物；「有」即業之意；此三項是現在所造之業，招感將來之果報，即煩惱業行之集因。「生」即隨所播之種子而得再來受生，而「老死」亦將隨之，此二項乃來世當受之果，即未來之一切苦患果苦諦。吾人之過去、現在、未來，皆因一念無明而受生死輪迴，若能將此一念無明滅除，則觸滅、行滅、受滅、愛滅，乃至生、老、死皆滅矣。

以上所述，係中乘破妄念無明境界，滅時名破，然一動念無明又生，是故中乘之斷妄念乃暫時之滅而非永破，此與破無始無明見佛性迥然不同。妄念無明亦名「潤生無明」。

修大乘者既不斷六根亦不斷妄念，故與修小乘、中乘者不同。大乘人利用六根妄念以破住地煩惱。此有三種法門，《圓覺經》云：「善男子！無上妙覺，偏諸十方，出生如來與一切法，同體平等。於諸修行，實無有二，方便隨順，其數無量，圓攝所歸，循性差別，當有三種。」佛言無上妙覺，徧滿十方，一切如來妙法，皆由此本體流出，其性平等。就本體言，修行實無二法；若就方便而言，則其法無數無量，然可歸納爲三種：即「奢摩他」——寂靜，「三摩鉢提」——攝念，「禪那」——靜慮是也，下文逐次解釋此三種修行法門。「善男子！若諸菩薩悟淨圓覺，以淨覺心，取靜爲行，由澄諸念，覺識煩動，靜慧發生，身心客塵從此永滅，便能內發寂靜輕安，由寂靜故，十方世界諸如來心於中顯現，如鏡中像。此方便者，名奢摩他。」「奢摩他」即寂靜之意，又譯爲「正定」，昔人有譯爲「止」者未盡確當，因「止」爲四病之一，並非正法。普覺菩薩問佛，佛曾詳細宣示，現不依「止」字解釋，欲免衆生誤解也。三世所攝四諦十二因緣表：

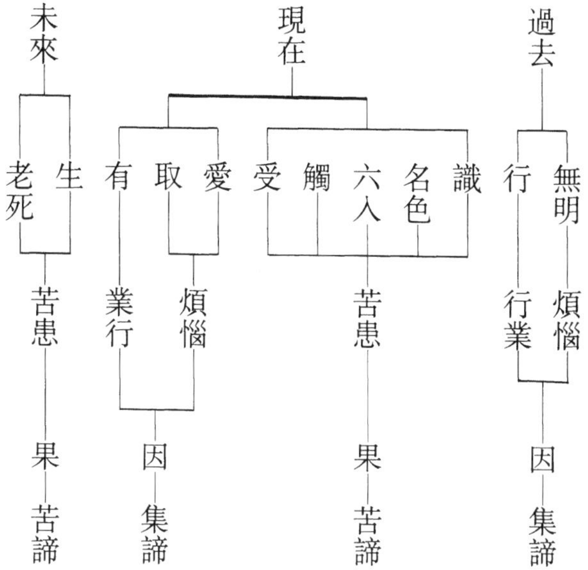

此即言若諸菩薩能解悟「淨圓覺」之理，以淨覺心取靜爲行，則一切舉止威儀皆在靜中，由根、塵、識所生之妄念煩動已歸澄汰，此時便達無始無明境界，繼續用功，一旦靜慧發生，因緣時至無明窠臼囫的打破，身心客塵從此永滅，獲得自在，便能內發寂靜輕安，由寂靜故，十方世界如來心皆於中顯現，此心即是法界本體，法界不離此心，如鏡中像，了了皆是佛性，此種方便名「奢摩他」。即不起雜念，單以寂靜，六根齊用往下直看，功夫純熟無始無明一破，便是本來面目。

《圓覺經》云：「善男子！若諸菩薩悟淨圓覺，以淨覺心，知覺心性及與根塵皆因幻化，即起諸幻，以除幻者，變化諸幻，而開幻衆，由起幻故，便能內發大悲輕安。一切菩薩從此行起，漸次增進，彼觀幻者，非同幻故，非同幻觀，皆是幻故，幻相永離，是諸菩薩所圓妙行，如土長苗。此方便者，名三摩鉢提。」

「三摩鉢提」譯爲「攝念」，言以眼根統攝五根，集中其力量向無始無明進攻，一步緊似一步，漸次增進，如苗出土一般，因緣時至無明窠臼囫的打破，豁然貫通，徹天徹地的看見本來面目。此種起幻力量，謂之「未覺幻力」，即起諸幻以除諸幻者，是指以眼根統攝五根以打破無始無明。「變化諸幻，而開幻衆」者，即將根、塵、識境界皆轉變爲佛性，如六祖所云「自性衆生誓願度」之謂也。「大悲輕安」者，謂心不散亂也。「彼觀幻者，非同幻故，非同幻觀，皆是幻故」，言六根不可破，而無始無明可破，故有不同，然此二者究竟皆屬幻化，無始無明一經打破，六根變爲佛性，幻相永離，此時便無所謂六根，無所謂無始無明，幻相已滅，實相現前，而菩薩之妙行圓矣。此種方便名曰「三摩鉢提」，乃以眼根統率五根，直往內看，無明窠臼一破，便見佛性。

《圓覺經》云：「善男子！若諸菩薩悟淨圓覺，以淨覺心，不取幻化及諸靜相，了知身心皆爲罣礙，無知覺明不依諸礙，永得超過礙無礙境，受用世界及與身心，相在塵域，如器中鍠，聲出於外，煩惱、涅槃不相留礙，便能內發寂滅輕安，妙覺隨順寂滅境界，自他身心所不能及，衆生、壽命皆爲浮想。此方便者，名爲禪那。」

「禪那」譯爲「靜慮」，言諸菩薩若能解悟淨圓覺之理，以淨覺心（指腦筋），不取幻化及諸靜相，不斷六根，不止一念，視由它視，聽由它聽，動由它動，靜由它靜，但心裏抱定一箇念頭，了知身心爲礙，皆是我執、法執，無知覺明（即無始無明）雖不依諸礙，然落於空執，便是無始無明境界，於是向此處著力，一旦因緣時至，囫的無始無明打破，徹天徹地皆是佛性，永得超過礙無礙境，雖肉身仍在塵域，而法身自性則充滿十方，內外無隔，打成一片，如器中鍠，聲出於外，無有間隔，煩惱、涅槃（即我執、法執）不相阻礙，便能內發寂滅輕安，達於妙覺隨順寂滅境界。此種境界非他人身心所能及，所謂唯悟與悟乃能知之，此時回視肉身，如海中一漚、空中一塵，衆生、壽命皆爲浮想矣。此種方便名爲「禪那」，乃六根互用往內察看，觸著機緣豁然貫通便見佛性。

《圓覺經》云：「善男子！此三法門皆是圓覺親近隨順，十方如來因此成佛，十方菩薩種種方便，一切同異，皆依如是三種事業，若得圓證即成圓覺。善男子！假使有人修於聖道，教化成就百千萬億阿羅漢、辟支佛果，不如有人聞此圓覺無礙法門，一剎那頃隨順修習。」

此言以上所敍三種法門，皆是修圓覺之最好方法，一切如來因此成佛，一切菩薩種種方便，皆不出此三種事業，無論修那一種皆可以明心見性。倘有人聞此法門，祇要修習一剎那功夫，已勝過成就百千萬億阿羅漢、辟支佛矣。修大乘法門者，行、住、坐、臥皆要用功，馬祖云：「禪不屬坐，坐即有著。」

最上乘法門，如《大梵天王問佛決疑經》云：「世尊在靈山會上，拈花示衆，衆皆罔措，惟迦葉破顏微笑。世尊云：『吾有正法眼藏，涅槃妙心，實相無相，微妙法門，不立文字，教外別傳，直指人心，見性成佛。』」

最上乘法門即爲「透三句」。

百丈禪師云：「夫教語皆三句相連，謂初、中、後。若祇說一句，便令衆生入地獄；若三句一時說，渠自入地獄，不干教主事。」「透三句」如《金剛經》云「如來說世界」是初句，「非世界」是中句，「是名世界」是後句。最上乘法門並非用功的話，乃是說明心見性以後之話。《楞嚴經》云：「山河大地，皆是如來妙明真性；五蘊六塵，無非菩提本來自性。」古德云：「青青翠竹盡是真如；鬱鬱黃花無非般若。」《般若經》云：「色無邊，般若亦無邊。」

最上乘者，即第六度般若禪。佛法在本來自性上說，本是無言無說，無佛可成，無衆生可度，無生死可了，無涅槃可證，但有言說，都無實義，言語道斷，心行處滅。德山和尚云：「窮諸玄辯，若一毫置於太虛；竭世樞機，似一滴投於巨壑。」語言、文字、聰明、智慧，一概都用不著，故釋迦佛說法四十九年，未曾說著一字。最上乘法是唯證與證乃能知之，是過來人的話，既已證得後，宇宙山河、世間萬物都在佛性光明之下。未見佛性前，上明下闇，本來佛性譬如太陽，無始無明如烏雲，太陽本有之光明不能發現，祇因被烏雲所遮障，若吾人用功，一旦打破無明窠臼，譬如大風吹散烏雲，則太陽光明徧滿宇宙，充塞十方，而宇宙萬物皆在佛性之中。故古德云：「甚麼是佛？石頭瓦塊、露柱燈籠、翠竹黃花、青山綠水，無一不是佛性。」

最上乘法，如兩箇同鄉人見面時所說鄉土風光，唯他們兩人如甜如蜜，旁人聽之如聾如啞。最上乘法，惟過來人與過來人所講乃能知之，未證悟之人聽見證悟之人說東說西，千萬不可毀謗。古人云：「毀謗般若，罪過無邊。」假如你未悟，任憑你怎樣說都不是；假若你悟後，怎樣說都是。心中七通八達，從自己胸襟中流露出來，說般若禪，教外別傳，直指人心，見性成佛，和盤托出。或瞬目揚眉、問東扯西、瞋喜打　、說是說非、擎拳舉指；或行棒喝、豎拂拈槌；或持叉張弓、輥毬舞笏；或拽石搬土、打鼓吹角；或一默一言、一噓一笑，乃至種種方便，皆是親切爲人，然祇因太親切，故人多罔措。瞥然見者，不隔絲毫；其或沈吟，迢迢萬里。欲明道者，宜無忽焉！祖祖相傳，至今不絕，祇怕不悟，不怕悟後無語。

關於最上乘「透三句」之意，應當詳細解釋。釋迦如來三十歲時得見佛性，八十歲乃入涅槃，迄今兩千餘年，其佛性既是徧滿虛空，充塞宇宙，故無生死亦無來去。六祖二十四歲得見佛性，七十七歲入於涅槃，迄今一千餘年，其佛性亦是無生死、無來去。《傳燈錄》中所載千千萬萬已見佛性之古人，亦復如是。

涅槃與死究竟有何差別？未見佛性即是死，死後如何？莫名其妙。「涅槃」二字乃表示佛性不生不死，不來不去，偏滿虛空，充塞宇宙，得見佛性之益處，即永無生死輪轉。若就佛性而發揮，則一切見欲色有、見聞覺知、六根、六塵、六識，以及宇宙萬物，皆是佛性。

按佛性而論，吾人肉體之死亡，正如一隻茶杯之破碎，對於佛性兩不相干。《金剛經》中專論「透三句」之意，藉此三句以反覆指明吾人之佛性本來無言無說，隨便舉一物可以代表佛性。

最初三句論釋迦佛拈花示衆，「佛說拈花，即非拈花，是名拈花」，第一句是花；第二句由佛性本體而發揮，故非花；第三句印證花即佛性。

次三句如《金剛經．第五分》云：「若見諸相非相，即見如來。」第一句「若見諸相」，諸相即吾人眼所見之一切事物；第二句「非相」，意即吾人佛性中本無一物，故言「非相」；第三句「即見如來」，意即吾人所見之一切山河大地，都是妙明真性中物，見山河大地即見佛性也。

《金剛經．第十三分》云：「佛說般若波羅蜜，即非般若波羅蜜，是名般若波羅蜜。」第一句即佛說之智慧到彼岸；第二句即指佛性本無此岸彼岸；第三句由佛性發揮則已到彼岸矣。

經云：「諸微塵，如來說非微塵，是名微塵。」「微塵」即指吾人心中之一切思想；佛性中本無一物；然由佛性發揮，則一切思想皆是佛性（唯心）。

經云：「如來說世界，非世界，是名世界。」「世界」即指吾人所能見之世界，眼所見者無非穢土；然由佛性而發揮，則此世界即爲淨土（唯物）。

經云：「如來說三十二相，即是非相，是名三十二相。」「三十二相」是指肉體而言；「即是非相」乃指吾人佛性中本無肉體；「是名三十二相」即由佛性發揮，則三十二相便是法身佛，亦即佛性。

《金剛經．第十四分》云：「如來說第一波羅蜜，即非第一波羅蜜，是名第一波羅蜜。」「波羅蜜」意即究竟成佛；第二句指佛性中既無佛亦無衆生；第三句是由佛性發揮，故第一波羅蜜即究竟到彼岸。

《金剛經．第十七分》云：「是故如來說一切法皆是佛法。須菩提！所言一切法者，即非一切法，是故名一切法。」「一切法」即指一切士、農、工、商日用應酬；「即非一切法」乃由佛性而論，佛性中本無一法；然由佛性發揮，則一切法，如起居、飲食、男女皆是佛法。《華嚴經》云：「佛法即世間法，世間法即佛法，不能以佛法分別世間法，亦不能以世間法分別佛法。」

經云：「人身長大，即爲非大身，是名大身。」「身」即吾人之肉體；若按佛性而論，本無肉體；然由佛性發揮，則吾人之身體即徧滿虛空、充塞宇宙，如是則是真正無所不在之大身也。

經云：「如來説莊嚴佛土者，即非莊嚴，是名莊嚴。」「莊嚴」者即將吾人肉眼所見之穢土變爲清淨佛土；然由佛性而論，佛性中本無淨穢之分；若由佛眼觀之，即此世界即爲莊嚴佛土，而非人類所造。

《金剛經．第十八分》云：「如來説諸心，皆爲非心，是名爲心。」「諸心」即指世人之一切思想；「非心」者意謂佛性中並無若何思想；然由佛性發揮，一切思想皆是佛性。依金剛般若而論，則既無過去心，亦無現在心，更無未來心，此即指佛性無過去、現在、未來之三際，然非不想過去、現在、未來也。

《金剛經．第二十分》云：「如來説具足色身，即非具足色身，是名具足色身。」「色身」意即指吾人之肉體；約佛性而言則無肉身；然由佛性發揮，則色身亦是佛性。

《金剛經．第二十三分》云：「所言善法者，如來說即非善法，是名善法。」「善法」即指無爲善法；如來說即非善法，從佛性而觀，則無爲之善亦無；然由佛性而發揮，則是真正之無爲善法，真正之自由平等，真正之大解脫也。

「如來說諸相具足，即非諸相，是名諸相。」「諸相」即宇宙中一切所能見者；「非相」意即佛性中本無諸相；然依佛性觀之，則一切諸相即是佛性。

〈第二十五分〉云：「凡夫者，如來說即非凡夫，是名凡夫。」「凡夫」即指一切世人；佛性中既無人之存在，則何凡聖之有哉？然由佛性而言，則凡夫即佛，佛與凡夫無有差別。

〈第三十分〉云：「佛說微塵衆，即非微塵衆，是名微塵衆。」「微塵」乃指吾人心中之種種思想而言；若按佛性而論，本無微塵想；然依佛性而觀，則一切微塵思想皆是佛性。

《圓覺經》云：「善男子！一切障礙即究竟覺，得念、失念無非解脫，成法、破法皆名涅槃，智慧、愚癡通爲般若，菩薩、外道所成就法同是菩提，無明、真如無異境界，諸戒、定、慧及淫、怒、癡俱是梵行，衆生、國土同一法性，地獄、天宮皆爲淨土，有性、無性齊成佛道，一切煩惱畢竟解脫，法界海慧，照了諸相，猶如虛空，此名如來隨順覺性。善男子！但諸菩薩及末世衆生，居一切時不起妄念，於諸妄心亦不息滅，住妄想境不加了知，於無了知不辨眞實。」

經云：「三千大千世界，即非世界，是名世界。」「三千大千世界」是指穢土而言；若由金剛般若之佛性觀之，則佛性中無世界；然依徧滿虛空之法身而言，則此世界即爲淨土。

經云：「一合相，即非一合相，是名一合相。」「一合相」是指身心徧滿虛空，充塞宇宙，法身即淨土，淨土即法身，宇宙森羅萬象皆是法身，皆是淨土。「即非一合相，是名一合相」，古往今來明心見性者之法身徧滿虛空，無所不在，世界有壞，金剛般若則永遠不壞。釋迦佛臨入涅槃，其弟子問曰：「佛涅槃後將在何處？」佛云：「我今安住常寂光，名大般涅槃。」「常寂光」即法身淨土之一合相，「大般涅槃」即不生不死，不來不去，徧滿虛空，充塞宇宙。

《金剛經》中之〈四句偈〉亦甚難懂，第一〈四句偈〉在〈第六分〉，如經云：「何以故？是諸衆生，無復我相、人相、衆生相、壽者相，無法相，亦無非法相。何以故？是諸衆生，若心取相，即爲著我、人、衆生、壽者；若取法相，即著我、人、衆生、壽者。何以故？若取非法相，即著我、人、衆生、壽者。」第二〈四句偈〉在

〈第十分〉，經云：「應如是生清淨心，不應住色生心，不應住聲、香、味、觸、法生心，應無所住而生其心。」第三〈四句偈〉在〈第十三分〉，經云：「佛說般若波羅蜜，即非般若波羅蜜，是名般若波羅蜜……須菩提！於意云何？三千大千世界……諸微塵，如來說非微塵，是名微塵。如來說世界，非世界，是名世界……如來說三十二相，即是非相，是名三十二相。」第四〈四句偈〉在〈二十一分〉，如經云：「說法者，無法可說，是名說法……衆生衆生者，如來說非衆生，是名衆生……乃至無有少法可得，是名阿耨多羅三藐三菩提。是法平等，無有高下，是名阿耨多羅三藐三菩提。」

《金剛經》最難明白者即四相，經云：「若菩薩有我相、人相、衆生相、壽者相，即非菩薩。」四相之道理，任吾人隨認一相即是錯認佛性，因為四相並非佛性。《涅槃經》云：「衆生如旅客，佛乃指路人，常於三岔路，等候人經過，指示其方向，以免入迷途。」錯路有四條，名曰「四病」，若人走錯即不能得見佛性，遠離此四條錯路，即是正當之路，此正路即佛在兩千餘年前已指示吾人者。所謂四條錯路，走錯即是四相。未見佛性，即我相、人相、衆生相、壽者相；見佛性已，即吾見、人見、衆生見、壽者見。

《金剛經．第三十一分》云：「世尊說我見、人見、衆生見、壽者見，即非我見、人見、衆生見、壽者見，是名我見、人見、衆生見、壽者見。」見即「知見」之意；佛性本無四相；然由佛性而發揮，則四相即佛性。未見佛性時乃錯認四相為佛性，見佛性後則四相即為佛性。

《金剛經．第三十一分》云：「所言法相者，如來說即非法相，是名法相。」法相即指人之知見；在佛性中本無任何知見，故曰「如來說即非法相」；然由佛性而發揮，則一切法相即是真知真見，故曰「是名法相」。《般若經》云：「見無所見即真見，知無所知即真知。」無所見、無所知者乃指佛性本體而言。

修大乘者用功不得其法，則會產生四種病，四病即作、止、任、滅。《圓覺經》云：「善男子！彼善知識所證妙法，應離四病。云何四病？一者作病。若復有人作如是言：『我於本心，作種種行，欲求圓覺。』彼圓覺性，非作得故，說名為病。二者任病。若復有人，作如是言：『我等今者，不斷生死，不求涅槃，涅槃生死，無起滅念，任彼一切，隨諸法性，欲求圓覺。』彼圓覺性，非任有故，說名為病。三者止病。若復有人，作如是言：『我今自心，永息諸念，得一切性，寂然平等，欲求圓覺。』彼圓覺性，非止合故，說名為病。四者滅病。若復有人，作如是言：『我今永斷一切煩惱，身心畢竟空無所有，何況根塵虛妄境界，一切永寂，欲求圓覺。』彼圓覺性，非寂相故，說名爲病。離四病者，則知清淨，作是觀者，名爲正觀；若他觀者，名爲邪觀。」

茲將四病分別闡明如下：

一、作病　修行者爲求圓覺佛性，操心太急，用腦筋去揣量測度，或執意修種種善行，心中每起一惡念時，即刻意改作一段好思想；不怕妄起，祇怕覺遲；染是識，淨是智；一念迷是衆生，一念悟是佛；捨妄取真；知之一字，衆禍之門，衆福之門。以上諸言非出於佛經，乃由孟子之「良知良能」脫胎而來。「以妄除妄」，佛經中並無此說，乃從《南華經》脫胎而來，《南華經》云：「遣之又遣。」即此意也。「真空妙有，妙有真空」，佛經中無此語。「小是有，始是空，終是不有不空，頓是即有即空，圓是不有而有，不空而空」，小、始、終、頓、圓之五教義，查各佛經無有載及，以上兩節皆由老子《道德經》脫胎而來，《道德經》云：「道之爲物，惟恍惟惚，惚兮恍兮，其中有象；恍兮惚兮，其中有物。」「由真起妄，返妄歸真」，佛經無此語，而是老子所說：「天下萬物生於有，有生於無。」「佛性如明鏡，妄念如灰塵，破一分無明，證一分法身」，佛經中無此說，也是由老子《道德經》脫胎者。「真如受薰染」，佛經中亦無此說，也是由老子《道德經》脫胎而來。「真如不守本性」，佛經中亦無此說。「真如緣起」，佛經中亦無，皆是由老子《道德經》而來。

以上五節皆出老子《道德經》，如「道生一，一生二，二生三，三生萬物，萬物負陰而抱陽。」

「心法雙忘，人法雙泯」，佛經無載，乃從《南華經》之「善惡兩忘」脫化出來。

「似有非有，似空非空」，佛經中無此說。乃從老子《道德經》之「窈兮冥兮，其中有精」脫化出來。

「隨緣不變，不變隨緣」，佛經中亦無此話，乃從《南華經》之「真人不變」脫化而來。

「寂寂惺惺，惺惺寂寂，寂而常照，照而常寂」，佛經無此語，從《南華經》之「動寂」脫化出來。

六朝高僧僧朗法師，以空、假、中解釋佛性，佛經中無此解釋，是從莊子《南華經》之「中道」脫化出來，《南華經》對「中道」之解釋「不要善，不要惡，祇要中間」，即爲中道。

「緣督以爲經」，「緣」是順，「督」是中，「經」是常道。普通所講中道，中因邊有，不落二邊，名爲中道。《大智度論》云：「因緣所生法，我說即是空，亦說是假名，亦名中道義。」此四句解釋因緣所生法是空是假，離開空、假便是中道，因緣所生者是生是滅，佛性是不生不滅者。《大涅槃經》云：「中道者，名爲佛性，以是義故，佛性常恆，無有變易。不得第一義空，不行中道。」得第一義空，即明心見性，佛性徧滿虛空，名爲「中道」。「第一義空」即見佛性之意（見《楞伽經》）。

「前念已滅，後念未起，中間是」，佛經中無此說，是從莊子《南華經》脫胎者。

二、止病　將一切思想勉强止住不起，如海水不起波，無一點浮漚。小乘斷六根，道家清淨寡欲、絕聖棄智，皆此病也。佛性非「止」而合。

三、任病　思想起也由他，滅也由他，不斷生死，不求涅槃，不執著一切相，不住一切相，對境無心，一切無礙，祇要我無心於萬物，不怕萬物常圍繞，佛經中無此等語，乃出《南華經》「天地與我並生，萬物與我爲一」脫胎而來。儒家之「樂天知命」、道家之「返自然，歸嬰兒」，以及《永嘉禪師集》中之「恰恰用心時，恰恰無心用；無心恰恰用，常用恰恰無」，皆此病也，佛經中並無此話，乃從《南華經》脫胎來，佛性非「任」而有。

四、滅病　將一切思想斷盡，空空洞洞，如同木石一般。中乘破一念無明、老子云「惚兮恍兮，窈兮冥兮」、莊子云「坐忘」、宋儒云「我心宇宙」，以及印度外道六師，皆此病也。佛性非「滅」而有。

參禪者錯用功夫，即犯以上四病，並錯認「四相」爲佛性。茲將「四相」分別闡明如後：

一、我　相　即我執。小乘人斷六根時，「小我」已滅，入於「大我」境界，此時心量擴大，有充滿宇宙之象，清淨寂滅。宋儒所謂「我心宇宙」，莊子所謂「坐忘」（出〈大宗師〉篇），希臘哲學家所謂「大我」、「上帝」，老子所謂「惚兮恍兮，其中有象；恍兮惚兮，其中有物；窈兮冥兮，其中有精」，皆是「我相」境界。

二、人　相　即法執。起後念以破前念。譬如前念有我，乃起後念之「否認我」以破之，繼而復起一念以破此「否認我」之念，如是相續，以至無我，破見仍存，悉為「人相」。莊子所謂「我今喪我」，即此相也。

三、眾生相　亦是法執。凡我相、人相所未到之境界，是眾生相，所謂「前念已滅，後念未起，中間是」是也。儒家謂「喜怒哀樂未發謂之中」，《尚書》云「惟精惟一，允執厥中」，此「中」字即「眾生相」境界。

四、壽者相　即空執。一切思想皆已停止，一切善惡是非皆已忘卻，其中空無所有，如同命根。六祖說是「無記憶空」，二乘誤認為涅槃境界，其實即「無始無明」，禪宗稱為「無明窠臼」、「湛湛黑闇深坑」，道家所謂「無極」，即此境界。

以上四相皆是有為法，皆非究竟，故《金剛經》云：「若取法相，即著我、人、眾生、壽者。」《圓覺經》云：「末世眾生，不了四相，雖經多劫，勤苦修道，但名『有為』，終不能成一切聖果。」《金剛經》云：「有我相、人相、眾生相、壽者相，即非菩薩。」乃指四種境界俱非正法也。淺識之流每謂「三教同源」，若能明此四相精義，則知三教相隔不啻天淵也。

因犯止、作、任、滅四病，便錯認見、聞、覺、知為佛性，以上所舉四項如能瞭解於心，則佛性斷非如一般人所測度玄之又玄，空而非空，無可尋著，然非以斷六根、破妄念、入於四病、墮於四相所能達到。

《圓覺經》云：「善男子！云何我相？謂諸眾生心所證者。善男子！譬如有人，百骸調適，忽忘我身，四肢弦緩，攝養乖方，微入鍼艾，即知有我，是故證取，方現我體。善男子！其心乃至證於如來，畢竟了知清淨涅槃，皆是我相。」然則何謂「我相」乎？「我相」者，即指眾生修行時心中所證之一種境界也，然此所證並非實證，乃誤證也，謂誤證「我相」境界以為「自性」也。譬如有人用功之時，停止六根作用，使不為外界事物所影響，此時百骸調適，四肢弦緩，忽忘我身，然用鍼艾刺炙方覺有此肉體，此種清淨舒適境界，其心自以為已證如來之「畢竟了知清淨涅槃」矣，其實皆是「我相」境界也。

《圓覺經》云：「善男子！云何人相？謂諸眾生，心悟證者。善男子！悟有我者，不復認我，所悟非我，悟亦如是，悟已超過一切證者，悉為人相。善男子！其心乃至圓悟涅槃，俱是我者，心存少悟，備殫證理，皆名人相。」然則「人相」果何如乎？亦是眾生修行時所悟證之一境界也。眾生初悟證「我相」，既而悟「我相」之非「自性」，乃又起一念不復認我，並將前所悟證之「非我」俱予遣除，自以為超過一切證者，已見自性，殊不知此境界悉為「人相」境界。甚至其心以為圓悟涅槃，亦是腦筋思想作用，皆名「人相」。

《圓覺經》云：「善男子！云何衆生相？謂諸衆生心自證悟所不及者。善男子！譬如有人作如是言：『我是衆生。』則知彼人說衆生者，非我非彼。云何非我？我是衆生，則非是我；云何非彼？我是衆生，非彼我故。善男子！但諸衆生了證了悟，皆爲我、人，而我、人相所不及者，存有所了，名衆生相。」然則衆生相又何如乎？「衆生相」者，乃衆生修行時，悟我相、人相之非，俱加屏（摒）遣，入於二相所不及之境界也。譬如有人作如是言「我是衆生」，既云「衆生」，則非我非彼矣。修行者腦筋所能證悟之境皆爲我、人，而我、人所不能及之境，則爲「衆生相」之境界。所謂「前念已滅，後念未起，中間是」是也。

《圓覺經》云：「善男子！云何壽命相？謂諸衆生，心照清淨，覺所了者，一切業智所不自見，猶如命根。善男子！若心照見一切覺者，皆爲塵垢，覺所覺者，不離塵故，如湯銷冰，無別有冰，知冰銷者，存我覺我，亦復如是。」然則「壽命相」又如何乎？「壽命相」者，謂衆生修行時，屏（摒）棄我相、人相、衆生相，入於空無所有境界，此境界乃一切業智所不能聞見，終如命根一樣，雖然空寂，終自存續，故名「壽命相」。蓋因前三相，既自覺其爲塵垢而去之，然此之覺相，亦未離於塵垢也，如湯銷冰，冰已不存，而湯仍存。所謂「厭流轉者，妄見涅槃」是也。《圓覺經》云：「善男子！末世衆生不了四相，雖經多劫勤苦修道，但名有爲，終不能成一切聖果，是故名爲正法末世。何以故？認一切我爲涅槃故，有證有悟，名成就故。譬如有人，認賊爲子，其家財寶終不成就。」

真妄先後辨

真如、無明，孰先孰後？曰：「真如、無始無明、見、欲、色、有、見、聞、覺、知、一念無明、六根乃同時而有者，故無先後之分。譬如金鑛，金石混合，同時而有；然若將金煉出，則金永不變鑛。衆生若斷除無明，則永遠爲佛，永不起妄。」《圓覺經》云：「金剛藏當知：如來寂滅性，未曾有始終，若以輪迴心，思惟即旋復，但至輪迴際，不能入佛海。譬如銷金鑛，金非銷故有，雖復本來金，終以銷成就，一成真金體，不復重爲鑛。生死與涅槃，凡夫及諸佛，同爲空華相，思惟猶幻化，何況詰虛妄？若能了此心，然後求圓覺。」

《金剛經》乃以「實相」爲體，「觀照」爲宗，「方便」爲用。往昔註解《金剛經》者，有人以「無相」爲體，「無住」爲宗，「離相」爲用，如此則完全落於空無所有。此理乃倣老子之「無能生有，有復歸無」之說。「不執著一切相」、「對境無心」、「一切無礙」，皆出莊子《南華經》。如云：「天地與吾並生，萬物與吾爲一」、「一念覺是佛，一念迷是衆生」，乃孟子「良知良能」之理。「知之一字，衆妙之門」、「能知真知妄，即真功夫」，出老子《道德經》。「無相、無住、離相」三句，佛經中無此語，吾人何能以不分別、不執著耶？木石則無分別，亦無執著。《維摩詰經》云：「能善分別諸法相，於第一義而不動。」（表見次頁）

講述佛法應以佛經解釋佛經方爲正確，若以老莊、孔孟之理解釋佛法，則終是錯誤，以腦筋來測度佛性亦屬錯誤。《圓覺經》云：「善男子！一切如來妙圓覺心，本無菩提及與涅槃，亦無成佛及不成佛，無妄輪迴及非輪迴。善男子！但諸聲聞所圓境界，身心語言皆悉斷滅，終不能至彼之親證所現涅槃，何況能以有思惟心，測度如來圓覺境界？如取螢火燒須彌山，終不能著；以輪迴心生輪迴見，入於如來大寂滅海，終不能至。是故我說：『一切菩薩及末世衆生，先斷無始輪迴根本（無始無明）。』」

此節再申明用腦筋思想窺測佛性之誤，言一切如來妙圓覺心，乃屬絕對者，非言語思想之可及，所謂菩提、涅槃、成佛、不成佛、輪迴、非輪迴等等，不過是方

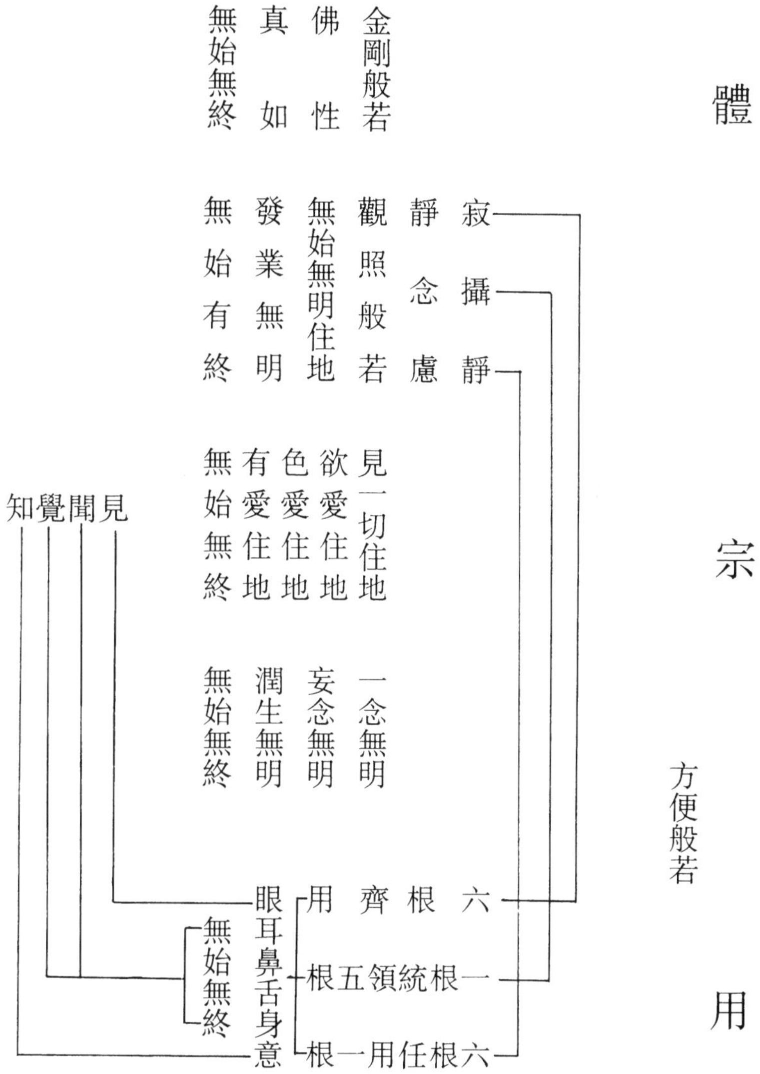

體
金剛般若
佛性
真如
無始無終
宗
寂靜
攝念
靜慮
觀照般若
無始無明住地
發業無明
無始有終
見一切住地
欲愛住地
色愛住地
有愛住地
無始無終
一念無明
妄念無明
潤生無明
無始無終
用
方便般若
六根齊用
一根統領五根
六根任用一根
眼耳鼻舌身意
無始無終
見聞覺知

便假名而已，佛性中本無此等事，亦無此等名也。莫說思惟無法測度佛性不思議境界，即使諸聲聞（即小乘）人以斷滅六根工夫所圓之境界，雖將身心語言斷滅而盡，亦終不能至彼之親證所現涅槃（指二乘淨緣境界，非無餘涅槃）境界，何況以普通思惟心，而欲測度「圓覺境界」者乎?此等人有如取螢火以燒須彌山，終不能燒著。故以輪迴之心，生輪迴之見，而妄冀能入如來大寂滅海，終不能至也。故說一切菩薩及末世衆生，應先斷無始輪迴根本（即無始無明）。

《金剛經》在中國民間乃最普通流行之一部經，凡爲信佛者，莫不誦讀此經，是故若言此經乃家喻戶曉者，亦未嘗不可也。然因《金剛經》乃解決死生大事之要訣，且其文義尤爲詰詘深奧，故須細心審詳研討，切勿以文長而生厭倦。爲欲了悟生死而破無明，則非麤心大意念誦一徧，或匆促流覽一過所能得也，學者宜黽勉之。

以上《金剛般若波羅蜜經》題解釋已畢，茲開始講述經之本文。

金剛般若波羅蜜經疏

姚秦三藏法師鳩摩羅什譯

此經自傳入我國，凡經五代六師翻譯：一、羅什於姚秦時居草堂寺，所譯名「金剛般若」。二、菩提留支於元魏時住永寧寺，所譯與什同名。三、真諦於陳朝時住廣州制止寺，所譯名亦同上。四、笈多於隋朝住東都上林園，所譯名「金剛能斷般若」。五、玄奘於唐貞觀十九年還國，太宗迎住西京弘福寺，譯名「能斷金剛般若」。六、義淨於天后證聖乙未還國，至睿宗景雲二年，譯名與奘師同。今所傳本，乃羅什弘始四年居草堂寺譯者也。梵語「鳩摩羅」，此云「童壽」，謂童年有耆德；「什」乃華言，即善識此方文字之意。華梵合舉，故曰「羅什」。

法會因由分第一

《金剛經》之三十二分，乃梁昭明太子所分。法會因由者，即《金剛經》法會之起始經過也。

如是我聞：一時，佛在舍衛國祇樹給孤獨園，與大比丘眾，千二百五十人俱。

釋迦如來臨入涅槃時，其弟子問佛曰：「佛滅度後，佛所說一切教法應以何語爲首？」佛告彼曰：「應以『如是我聞』而爲開首。」意即「我聞於佛者如是，非私意也」。

「舍衛國」，此云「聞物」，亦名「豐德」，又云「名稱」，乃波斯匿王之都，以文物豐盛馳名遐邇。其國人最重哲理，如古之希臘然。「祇」即祇陀，此云「戰勝」，太子之名。波斯匿王與外國交兵，得勝之日生此太子，因賜是名，如此方叔孫勝敵，以名其子。樹乃太子所施，故名「祇樹」。「給孤獨」，梵語「須達多」，此云「樂施」，園主之名。蓋舍衛王臣，初未知佛，因須達多入王舍城，寄止珊檀那家，時珊檀那中夜而起，莊嚴宅舍，營辦餚膳。須達多聞已，即起問言：「大士欲請國王耶？」答言：「請佛，無上法王。」須達多聞已，身毛皆豎。復問：「何以名佛？」珊檀那遂廣爲說佛功德。須達多言：「善哉大士！所言佛者，功德無上。今在何所？」珊檀那曰：「在王舍城竹林精舍。」爾時須達多遂往見佛。佛爲說法，須達多聞已，獲須陀洹。因請佛曰：「惟願臨顧，至舍衛國，受我微供。」世尊受請。達多回國，布金買園，祇陀因而發心施樹，故云「祇樹給孤獨園」也。

「比丘」，梵語，此云「乞士」，亦云「怖魔」，又云「破惡」。梵語「僧伽耶」，此云「和合衆」。

爾時世尊食時，著衣持鉢，入舍衛大城乞食，於其城中，次第乞已，還至本處。飯食訖，收衣鉢，洗足已，敷座而坐。

佛性絕對，超越世間，至尊至重，故曰「世尊」。佛制出家之士，過午不食，今食時者，即午前應食之時也。次第者，不揀貧富，無分淨穢，挨次而乞也；已者，不論有緣無緣，七家則已；又或不限人家，滿鉢則已。

以上序分竟，下正宗分開始。

善現啓請分第二

即須菩提問佛關於明心見性之事。

時長老須菩提，在大眾中，即從座起，偏袒右肩，右膝著地，合掌恭敬。

梵語「須菩提」，亦名「蘇補底」，此云「空生」，或云「善現」，又名「善吉」，或云「妙生」。以初生時，寶藏頓空，相者占之，此子「善吉」；七日之後，家珍復現，故云「善現」。因含多義，存梵不翻。「長老」者，即以其德臘俱高也。乃舍衞國人，鳩留長者之子，解空第一。此經發揮真空絕對妙理，故非須菩提無以激發唱酬也。

偏袒右肩者，乃彼方儀制，以表敬也。

而白佛言：「希有世尊！如來善護念諸菩薩，善付囑諸菩薩。世尊！善男子、善女人，發阿耨多羅三藐三菩提心，云何應住？云何降伏其心？」

諸菩薩對於真如絕對妙理，或解悟、或證悟，皆已入大乘之門，無須再談調伏之事。惟爲使一般善男信女、初發大乘心者，易於趨向起見，故仍有此問。問應該如何修行纔能使此心得到安住，破相對而入絕對。

發「阿耨多羅三藐三菩提」，乃梵語，此翻「無上正等正覺」，即謂佛性無有任何物可比，是絕對之意，即無生死、無來去，偏滿虛空，充塞宇宙。如《華嚴經》云：「譬如真如，無有比對。」相對者即有生死。「云何應住」？意即吾人應該如何去住。「云何降伏其心」？意即如何纔能解決死之問題。

佛言：「善哉！善哉！須菩提！如汝所說，如來善護念諸菩薩，善付囑諸菩薩，汝今諦聽，當為汝說。善男子、善女人，發阿耨多羅三藐三菩提心，應如是住，如是降伏其心。」「唯然，世尊！願樂欲聞。」

佛讚須菩提，並答言：「汝所問者即如何能見佛性，如何解決生死問題，現在吾將汝所提之問題一一解答。」發即尋覓之意，若人欲見佛性，即應如是去做，如是降伏其心，即指解決生死問題。「唯然，世尊！願樂欲聞」，即彼等以欣喜之心而聽佛所開示。

大乘正宗分第三

《金剛經》乃大乘法，而明非小乘、二乘。修小乘斷六根，修中乘斷一念無明，修大乘者入無餘涅槃，不斷六根，亦不斷一念無明，而惟破無始無明，得見佛性；小乘、二乘名有餘涅槃。

佛告須菩提：「諸菩薩摩訶薩，應如是降伏其心。所有一切眾生之類：若卵生、若胎生、若濕生、若化生、若有色、若無色、若有想、若無想、若非有想、非無想，我皆令入無餘涅槃而滅度之，如是滅度無量無數無邊眾生，實無眾生得滅度者。何以故？須菩提！若菩薩有我相、人相、眾生相、壽者相，即非菩薩。」

佛告須菩提：「若人欲解決生死問題，應先明瞭佛性。」卵者想生，胎從情欲，濕生合感，化生應離，「有色」即眼所見之一切，「無色」即眼所不能見者，「有想」即心中所想者，「無想」即心中不想，「非有想」即不著一切想，「非無想」即一切思想皆斷，空無所有。如此用功皆非見佛性之道，必須修大乘法門，入於無餘涅槃，方能得見佛性。修大乘法門，則如前所講。「實無衆生得滅度者」，意即依佛性而看，則實無佛可成，亦無衆生可度，佛性本來是佛，不須頭上安頭，若人誤認四相爲佛性者，則非菩薩。四相之討論已如前述，茲不再敘。

「一切衆生之類，若卵生……」等，皆相對者也。有色是一念無明，無色是無始無明；有想是一念無明，無想是無始無明。有無是相對者，捨有歸無，由無生有，循環返復，便是輪迴生死，無有了期，故應破之，使入於絕對。一切相對皆還原爲絕對，無能例外，故曰：「我皆令入無餘涅槃而滅度之。」然一切相對者皆是腦筋妄想、四相作用，如空華夢境，本無體性，一經打破還原爲絕對，則恍然大悟，原來除絕對之外，本無所謂相對，衆生本來是佛，佛性圓滿現成，無證無得，不假造作，故曰：「如是滅度無量無數無邊衆生，實無衆生得滅度者。」何以故？菩薩已明心見性，一切皆是佛性作用，而非腦筋作用；倘若菩薩仍有腦筋作用，則有我、人、衆生、壽者四相，此四相乃相對者，相對未除，則不能入於絕對，既未自度，則不能度人，故亦不能名爲菩薩。佛性乃絕對者，其中無四相，四相即腦筋作用，然若故意不加分別，則仍是腦筋作用而非佛性。

昔有法師講《金剛經》，解釋「無人相、無我相」即不分別、不執著你我，適有龐居士發問曰：「若無我相，誰人講《金剛經》？若無人相，誰人聽《金剛經》？」講者莫能答，欲下座，居士送一偈曰：「無我亦無人，怎麼有親疏？金剛般若性，外絕一纖塵。勸君休離座，何以直求真？我聞並信受，總是假名呈。」

妙行無住分第四

妙行無住，約吾人之佛性發揮，則一切不住。云何一切不住？曰：「終日說法，佛性無話可說；終日度衆生，佛性無衆生可度。」佛說：「吾四十九年說法，未曾說著一字。」若見佛性已，則日日度生說法，而明瞭佛性是無言無說者。

「復次，須菩提！菩薩於法應無所住，行於布施，所謂不住色布施，不住聲、香、味、觸、法布施。須菩提！菩薩應如是布施，不住於相。何以故？若菩薩不住相布施，其福德不可思量。須菩提！於意云何？東方虛空，可思量不？」「不也，世尊！」「須菩提！南、西、北方，四維上下虛空，可思量不？」「不也，世尊！」「須菩提！菩薩無住相布施，福德亦復如是，不可思量。須菩提！菩薩但應如所教住。」

何謂「應無所住，行於布施」？即由佛性所流露之佛法，不住色布施，不住聲、香、味、觸、法布施。釋迦佛所指出之止、作、任、滅四條錯路，應當遠離。四條錯路已如前述，茲講修大乘之三種法門，即普度衆生之三種布施：一、財布施。二、法布施。三、無畏布施是也。菩薩布施不住於相，終日說法，無法可說，佛性不說法、不布施，亦不度衆生，此之謂「無畏布施」。

腦筋是相對者，故有相有住；佛性是絕對者，故無相，亦無所住。有相有住是有限；無相無住，則是無限。是故住相布施，功德有限；而不住相布施，則是由絕對佛性流露出來之大慈大悲，乃不可思議之無限功德。布施爲六波羅蜜之首，故舉一以概其餘。

昔梁武帝問達摩曰：「朕自即位以來，造寺寫經，度僧不可勝數，有何功德？」達摩曰：「無有功德，此但人天小果，有漏之因。」蓋謂其爲住相布施也。六祖云：「見性是功，平等是德。」蓋謂佛性絕對，故功德亦絕對，不可限量也。

如理實見分第五

若欲見佛，然佛之三十二相乃必壞之肉體，吾人之肉體必將壞滅，非屬我者。釋迦佛問波斯匿王曰：「將來汝欲如何見佛？」波斯匿王曰：「我觀我身中之實相。」實相即佛性，無前際，無中際，無後際；前際已過，中際不住，後際未來，見佛亦然。釋迦乃稱讚王曰：「如是則汝真正見佛矣。」

「須菩提！於意云何，可以身相見如來不？」「不也，世尊！不可以身相得見如來。何以故？如來所說身相，即非身相。」佛告須菩提：「凡所有相，皆是虛妄；若見諸相非相，即見如來。」

此段乃釋迦佛以如來身相為題，考驗須菩提之心得，然後印證須菩提已見佛性矣。

佛問須菩提言：「見肉體是否佛耶？」須菩提答云：「不也。」佛法可分兩類：一、世事無常，即宇宙人生皆爲有生有滅者。二、常樂我淨，無有生滅，宇宙萬物可壞，而此常樂我淨之佛性永遠不壞。若見「諸相」，即宇宙萬象，「非相」即指佛性，由佛性發揮，則宇宙萬物皆融化爲佛性矣，如是宇宙萬物即爲如來，此即如前所講最上乘之「透三句」。

「身相」即肉身，是相對者；「如來」即法身，是絕對者，相對不能表象絕對，故「不可以身相得見如來」。至若如來法身，徧滿十方，無所不在，故非身相。若有身相可見，則是相對者，因爲凡所有相，皆腦筋見聞覺知之作用，變幻無準，可以比較度量而知，故非真實。倘能打破無始無明，一切相對皆還原爲絕對，則見「諸相非相」，離四句，絕百非，自性如如不動，不受薰染，無有變易，即見如來法身矣。

正信希有分第六

何謂正信及非正信？大乘、最上乘即正信，小乘、二乘即非正信。明白大乘與最上乘者甚爲希有也。

須菩提白佛言：「世尊！頗有眾生，得聞如是言說章句，生實信不？」佛告須菩提：「莫作是說，如來滅後，後五百歲，有持戒修福者，於此章句能生信心，以此為實，當知是人，不於一佛、二佛、三、四、五佛而種善根，已於無量千萬佛所，種諸善根，聞是章句，乃至一念生淨信者，須菩提！如來悉知悉見。是諸眾生，得如是無量福德。何以故？是諸眾生，無復我相、人相、眾生相、壽者相，無法相，亦無非法相。何以故？是諸眾生，若心取相，即為著我、人、眾生、壽者；若取法相，即著我、人、眾生、壽者。何以故？若取非法相，即著我、人、眾生、壽者，是故不應取法，不應取非法。以是義故，如來常說：『汝等比丘，知我說法，如筏喻者，法尚應捨，何況非法？』」

若佛滅度五百年後尚有人能瞭解《金剛經》者，則此人已得無量福德，無量福德即指金剛般若佛性，萬德莊嚴，此人即無四相。「無法相」即指有生有滅，有生滅者，即是小乘、二乘之法；「亦無非法相」即指無不正當之法門；「若心取相，即爲著我、人、衆生、壽者」，人若以腦筋測度佛性，即是四相；「若取法相」即走錯路而修止、作、任、滅，如是即著四相；「若取非法相」即若修不正當之法門，亦是著四相。絕對法身既不可以身相見，亦不可以腦筋推測或言語表達，故淺根衆生不易信入。佛住世時，修小乘者居多；佛滅度後五百年，則小乘善根增長，於是大乘勃興。能信絕對真理者，蓋已於多世種種善根，機緣成熟，一念相應，便見本源自性，與如來同一法身，故如來悉知悉見。佛性絕對，無可限量，故其福德亦無可限量。

此等修大乘法門明心見性之衆生，將相對還原爲絕對，故無我相、人相、衆生相、壽者相，以及法相與非法相，因爲一切相對之相，皆已還原爲絕對。未明心見性之衆生，用腦筋以推測佛性，起心取相不離四相範圍。認諸法爲實，概屬四相；認諸法爲妄，亦屬四相。何以故？皆腦筋作用也。

凡所謂法，皆是相對者。所以不應取法，亦不應取不正當之非法。法譬若渡筏，可藉以渡過相對之海，而到達絕對之彼岸，既達絕對便須捨筏，若仍戀著於筏，則無法可達真正之彼岸，即爲法所縛不能脫身。佛之正法最後尚應否定，何況外道之非法耶？

無得無說分第七

何謂無得無說？釋迦佛再次考試須菩提：「佛性有無得耶？」頭上無須再安頭，故須菩提答言：「不也。」佛性無有言語可說，但有言說都無實義。趙州和尚云：「佛之一字，吾不喜聞。」經云：「若有人言，如來有所說法，即爲謗佛。」

「須菩提！於意云何，如來得阿耨多羅三藐三菩提耶？如來有所說法耶？」須菩提言：「如我解佛所說義，無有定法名『阿耨多羅三藐三菩提』，亦無有定法如來可說。何以故？如來所說法，皆不可取，不可說、非法、非非法。所以者何？一切賢聖，皆以無為法而有差別。」

釋迦佛再考驗須菩提，是否佛以外再有佛性？佛性是無可言說者。須菩提答云：「無、有、定法，皆是佛性。」昔有人問曰：「何爲佛？」古德指向虛空，此意即「無」；「有」是佛性者，即宇宙萬物皆是佛性；「定法」者，即無有變更，此即無上正等正覺之佛性也；「無說法」，如釋迦佛一次閉目不言而說《心經》，舍利弗問觀音曰：「佛是何意？」觀音答曰：「佛說《心經》。」

世尊因外道問：「不問有言，不問無言。」世尊良久，外道歎曰：「世尊大慈大悲，開我迷雲，令我得入。」作禮而去。阿難問佛：「外道得何道理，稱讚而去？」世尊曰：「如世良馬，見鞭影而行。」世尊一日陞座，迦葉白椎曰：「世尊說法竟。」下座。世尊一日，因文殊在門外立，乃曰：「文殊！文殊！何不入門來？」文殊曰：「我不見一法在門外，何以教我入門？」世尊一日陞座，大衆集次，文殊白椎曰：「諦觀法王法，法王法如是。」世尊便下座。

僧問古德云：「青青翠竹盡是法身，鬱鬱黃花無非般若。有人不許，云是邪說；亦有信者，云不思議。不知若爲？」師曰：「此蓋普賢、文殊境界，非諸凡小而能信受，皆與大乘了義經意合。故《華嚴經》云：『佛身充滿於法界，普現一切衆生前，隨緣赴感靡不周，而常處於菩提座。』翠竹既不出於法界，豈非法身否？又《般若經》云：『色無邊，故般若亦無邊。』黃花既不越於色，豈非般若乎？深遠之言，不省者難爲措意。」

有法可說者，如黃檗禪師，曾散衆於洪州開元寺。裴相國休，一日入寺行次，見壁畫，問寺主：「這畫是甚麼？」寺主曰：「高僧真儀。」公曰：「真儀可觀，高僧何在？」寺主無對。公曰：「此間有禪人否？」曰：「近有一僧，投寺執役，頗似禪者。」公遂請相見，曰：「休適有一問，諸德吝辭，今請上人代酬一語。」師曰：「請相公垂問。」公舉前語，師朗聲曰：「裴休！」公應諾，師曰：「在甚麼處？」公當下知旨，如獲髻珠。

潙山靈祐禪師上堂：「夫道人之心，質直無僞，無背無面，無詐妄心，一切時中，視聽尋常，更無委曲，亦不閉眼塞耳，但情不附物即得。從上諸聖，祇說濁邊過患，若無如許多惡覺情見想習之事，譬如秋水澄渟，清淨無爲，澹泞無礙，喚他作道人，亦名無事人。」

「如來所說法」者，即佛性乃偏滿虛空，充塞宇宙者，非如茶杯器皿可以示人，要人自己明心見性後方能知之。「不可說」者，佛性是偏滿虛空，充塞宇宙，無有言辭，若用語言文字以發揮佛性，則無有是處。經云：「止！止！不須說，我法妙難思。」「非法」者，即佛經以外之一切法。若見佛性後，則佛經以外之一切問東拉西、瞋喜打　、說是說非、擎拳舉指，或行棒喝、豎拂拈槌，皆變爲佛性矣。「非非法」者，即人情上通不過之一切法，不能以道理而論。《維摩詰經》云：「菩薩行於非道，是名佛道。」非道者，即非以道理可講者，是由佛性所流露出來者。無道理可講即是佛性，由世尊拈花微笑一派傳下來，悟後說最上乘法，不可用腦筋思想去測度人情上通不過去之事，更千萬不可毀謗，而是悟後方知。

南泉普願禪師，因東西兩堂各爭貓兒，師遇之，白衆曰：「道得即救貓兒，道不得斬卻也。」衆無對，師便斬之。趙州自外歸，師舉前語示趙州，趙州乃脫履安頭上而去，師曰：「汝適來若在，即救得貓兒也。」蓋南泉殺貓，乃說最上乘法，與釋迦佛拈花示衆無異。

歸宗智常禪師，刈草次，有座主來參，值師鋤草，忽見一條蛇，師以鋤便钁，座主曰：「久嚮歸宗，到來祇見箇麤行沙門。」師云：「是你麤？是我麤？」主云：「如何是麤？」豎起鋤頭，主云：「如何是細？」師作斬蛇勢，主云：「與麼則依而行之。」師云：「依而行之即且置，你甚麼處見我斬蛇？」歸宗斬蛇，乃說最上乘法門，與釋迦拈花示衆無別。

丹霞天然禪師，遇天大寒，師取木佛焚之，人或譏之，師曰：「我燒取舍利。」人曰：「木頭何有舍利？」霞曰：「無則再取兩箇燒。」院主聞云，鬚眉墮落。蓋丹霞燒木佛，乃說最上乘法門，與釋迦拈花示衆無別。

昔日有僧問一大德：「南泉斬貓、歸宗斬蛇，意旨如何？」大德用拄杖趕僧，即呼僧名，僧回首應曰：「喏！」大德即告僧曰：「南泉斬貓、歸宗斬蛇，即此意旨。」

「一切聖賢，皆以無爲法而有差別」，何謂無爲法及有爲法？小乘、中乘名有爲法，世間法亦屬有爲法，有生死變壞者即有爲法；若人得見佛性，超脫生死，即名無爲。

絕對佛性是自己原因，非因他原因而有，亦非因他原因而無，本來即絕對完全，故無所謂「得」，亦無可說。若說如來得阿耨多羅三藐三菩提，則佛性乃爲可得之物，既爲可得，則亦可失，若然，則爲有定、有限、相對之物，而非絕對無限者矣；若佛性可以思想語言而表達者，則其應有一定之狀態可以形容，若然，便爲有限者、相對者，而非絕對者矣。

釋迦佛說法，皆由自性絕對本體流出，絕對本體本自圓成，故不可取捨，不可言說，亦不屬於法與非法。何以故？因一切明心見性之賢聖，皆以自性本心發揮妙理，說法不離自性，故曰「無爲」；雖是無爲，而不盡有爲，佛性雖無差別，而能善分別諸法，使差別者銷歸於絕對之無差別本體，一切皆還原爲絕對也。

依法出生分第八

依照大乘法門而修，即可得見佛性。

「須菩提！於意云何，若人滿三千大千世界七寶以用布施，是人所得福德寧為多不？」須菩提言：「甚多，世尊！何以故？是福德，即非福德性，是故如來說福德多。」「若復有人，於此經中受持，乃至四句偈等，為他人說，其福勝彼。何以故？須菩提！一切諸佛，及諸佛阿耨多羅三藐三菩提法，皆從此經出。須菩提！所謂佛法者，即非佛法。」

滿三千大千世界七寶，其數雖多，然可以數量計算，仍是有限者、相對者，故其福德亦是相對者；至若此經所說，雖一字一句，皆是自性流露，是絕對者，不可以數量計算，故是無限者，凡因聞此經而證入絕對者便可成佛，故功德無可限量。然絕對佛性本來圓成，佛法如指，是相對者；佛性如月，是絕對者。因指見月，指之本身非月也；指是相對者，而月是絕對者；由相對以入絕對，既入絕對之後，則相對者應捨棄，故曰：「所謂佛法者，即非佛法。」

一相無相分第九

「一相」即指金剛般若之佛性，「無相」是指四果。四果皆屬假名，須陀洹爲初果，譯爲「入流」。何謂「入流」？曰：「思想一起即有眼、耳、鼻、舌、身、意，而變爲色、聲、香、味、觸、法。」是故「入流」即吾人思想一起，即已轉變，思想一起乃一切善惡皆生，世間種種形色，千變萬化無有一定，然思想有千變萬化，而佛性乃永無變化者。

「須菩提！於意云何，須陀洹能作是念：『我得須陀洹果』不？」須菩提言：「不也，世尊！何以故？須陀洹名為『入流』，而無所入，不入色、聲、香、味、觸、法，是名『須陀洹』。」

名「須陀洹」此云「入流」，以根不入塵故；又名「預流」，以初至聖流故；亦名「逆流」，以逆生死流故；復名「抵債」，謂不受業債故。有出有入，是相對者，即腦筋作用。若自己想念：「我之根不入塵。」則仍是自己腦筋作用，有出入相，未見佛性。見佛性者，根、塵皆還原爲佛性，故無有出入，任其根也好，塵也好，佛性如如不動，出同無出，入同無入，往來自由，無罣無礙，是真明心見性者。此明初果無所得。

二果名「斯陀含」，譯爲「一來」。何謂一來？思想起已，再將思想拉回來，如是名爲「一往來」；而「實無往來」者，即金剛般若佛性，既無去，亦無來。

「須菩提！於意云何，斯陀含能作是念：『我得斯陀含果』不？」須菩提言：「不也，世尊！何以故？斯陀含名『一往來』，而實無往來，是名『斯陀含』。」

梵語「斯陀含」，此云「一來」，思想一度往來，故名「一來」。不過一度起念，便斷惑證果，此亦是腦筋作用，是相對者；佛性絕對本體不起念，無惑可斷，無往無來，念同無念，起念亦是佛性。故斯陀含果，實無所得；若有所得，便落四相窠臼，而非見性。此明二果非絕對。

三果「阿那含」，即「不來」。何謂不來？即思想起已，不要其返來；實無不來，即金剛般若佛性，本無來去。然而所思想起已，不要其返來，此與佛性毫無關係。

「須菩提！於意云何，阿那含能作是念：『我得阿那含果』不？」須菩提言：「不也，世尊！何以故？阿那含名為『不來』，而實無不來，是故名『阿那含』。」

阿羅漢爲四果，何謂阿羅漢？即將眼、耳、鼻、舌、身、意六根斷滅。經云「殺賊」，意即將六賊完全消滅，即將心中思想斷滅，而成爲空無所有境界。「實無有法」，即指金剛般若佛性，本無思想及以六根，而可斷者非佛性也。將思想斷而不起，乃我相；思想一起乃人相；前念已滅，後念不起，中間是者，衆生相；六根皆斷，乃壽者相。此四相即四果也。

「須菩提！於意云何，阿羅漢能作是念：『我得阿羅漢道』不？」須菩提言：「不也，世尊！何以故？實無有法，名『阿羅漢』。世尊！若阿羅漢作是念：『我得阿羅漢道。』即為著我、人、衆生、壽者。」

阿羅漢果，乃落於空執，凡所謂果者，皆是相對，絕對佛性平等不二，無有四果。若有果者，即落四相，永不見性。

「世尊！佛說：『我得無諍三昧，人中最為第一，是第一離欲阿羅漢。』世尊！我不作是念：『我是離欲阿羅漢。』世尊！我若作是念：『我得阿羅漢道。』世尊則不說：『須菩提是樂阿蘭那行者。』以須菩提實無所行，而名『須菩提是樂阿蘭那行』。」

「三昧」，此云「正定」、「正受」、「正見」。三昧之名甚多：有念佛三昧、華嚴三昧等。有名稱之三昧即有諍三昧；無諍三昧者，即金剛般若佛性，本無名稱，故曰「無諍」。「離欲阿羅漢」，與上所云之阿羅漢有異，離欲阿羅漢即已見金剛般若佛性者，此即無生滅之意。「實無所行」即指佛性中無阿羅漢，亦無阿蘭那行。

「無諍」即絕對之意。「阿蘭那」此云「寂聲」，是無諍之義。佛性絕對，故最爲第一，無能逾越，亦不可以思念測度。若自念：「我得阿羅漢。」便落於有諍，則是相對矣。若有人說：「我見佛性。」斯則未見佛性，因爲佛性乃無所見，無所行，非思想言語所可及者。

莊嚴淨土分第十

若以肉眼觀此世界，乃爲五濁惡世，其中有戰爭，有以强凌弱者，有貧富懸殊，有刀兵水火，有饑饉瘟疫，互相鬥爭；然以金剛般若佛性觀之，則此世界皆爲一片淨土。此淨土即法身淨土，無善惡，無罪福，亦無死生可分，淨土即是人間，而非另有淨土存在。以佛性觀之即是淨土，非以佛性觀之則非淨土。

佛告須菩提：「於意云何，如來昔在然燈佛所，於法有所得不？」「不也，世尊！如來在然燈佛所，於法實無所得。」「須菩提！於意云何，菩薩莊嚴佛土不？」「不也，世尊！何以故？莊嚴佛土者，即非莊嚴，是名莊嚴。」「是故，須菩提！諸菩薩摩訶薩，應如是生清淨心，不應住色生心，不應住聲、香、味、觸、法生心，應無所住而生其心。須菩提！譬如有人，身如須彌山王，於意云何，是身為大不？」須菩提言：「甚大，世尊！何以故？佛說非身，是名大身。」

昔然燈佛爲釋迦受記，典出《華嚴經》。釋迦佛原名爲「瞿曇」，一次然燈佛路過，路心有泥，於是釋迦佛佈髮掩泥爲供養，時釋迦佛將其心得說出，然燈佛乃印證之，並授記曰：「汝於將來成佛，號『釋迦牟尼』。」寒山有偈云：「嘗聞釋迦佛，親受然燈記，然燈與釋迦，祇論後前智。」何謂「於法實無所得」？印證即然燈佛證明釋迦佛已見佛性，而非別有任何法門可以傳與釋迦，故曰「印證」。然燈佛代表本源自性，自性現成，故無所得。佛性本來圓滿虛空，非因菩薩而莊嚴也，若有心求見佛性、求莊嚴佛土者，便是玷污佛性。其實佛性本來如是，不垢不淨，不增不減，故無所謂莊嚴與不莊嚴。

《楞嚴經》云：「一人發真歸源，十方世界悉皆消隕。」意謂若人能明心見性，山河大地皆銷歸自己，十方世界皆是法身，五濁惡世變爲莊嚴淨土，此乃悟後境界，譬喻之詞，非謂世界真箇銷歸烏有也。自古以來見性成佛「發真歸源」之人甚多，何以世界不自消隕？此乃大錯。十方世界悉皆消隕之境界，惟明心見性方能知之，非普通人所可想像揣量也。

「應如是生清淨心，不應住色生心，不應住聲、香、味、觸、法生心，應無所住而生其心。」此乃〈四句偈〉。「應如是生清淨心」，即應該如是而尋找佛性。「不應住色生心」，即吾人心中之生滅覺迷之境。所謂色者，如「前念已滅，後念不起，中間是」，儒家所謂：「喜怒哀樂未發之謂中。」《書經》云：「惟精惟一，允執厥中。」如是用功，皆非佛性也。「不應住聲、香、味、觸、法生心」，即一切思想皆已停止，一切善惡是非皆已忘卻，其中空無所有，如同命根，六祖說是「無記空」，二乘誤認爲涅槃境界，其實即「無始無明」，禪宗稱爲「無明窠曰」、「湛湛黑闇深坑」，道家謂「無極」，即此相境界。

「應無所住而生其心」，「應無所住」，即離卻止、作、任、滅四病；「而生其心」，即修大乘法門，破無始無明而見佛性。「應無所住」，即心中不想一法，是空洞無物，是無始無明；要起一思想（六根任起一根）而破無始無明，即見常住真心矣。六祖云：「善惡都莫思量，即應無所住，正與麼時，那箇是明上座本來面目？」怎麼用一念破無始無明？既不思善惡，怎麼再去看本來面目？六祖又云：「善惡莫思量，自然得入無餘涅槃。」善惡都不想，即空無所有，入無餘涅槃即前所講見佛性也，自然得入無餘涅槃即修大乘法門，破無始無明而見佛性。

昔日六祖挑柴經過一處，聽見有人誦讀《金剛經》，聽至「應無所住而生其心」，即豁然開悟明心見性，此即由耳根破無明見佛性，與釋迦佛夜睹明星，以眼根破無明見佛性乃一理。前所談及三種明心見性之法門，即指示人必須先用功，而後乃能明心見性，若非藉用功，則六祖何以聽人念至「應無所住而生其心」即能豁然明心見性耶？

縱使人身如須彌山王，乃是相對之大、有限之大；佛所說法身是絕對者，無相者，不可以身量，纔是絕對之大身。

無爲福勝分第十一

「須菩提！如恆河中所有沙數，如是沙等恆河，於意云何，是諸恆河沙寧為多不？」須菩提言：「甚多，世尊！但諸恆河尚多無數，何況其沙？」「須菩提！我今實言告汝：若有善男子、善女人，以七寶滿爾所恆河沙數三千大千世界以用布施，得福多不？」須菩提言：「甚多，世尊！」佛告須菩提：「若善男子、善女人，於此經中，乃至受持四句偈等，為他人說，而此福德勝前福德。」

福可分「有爲福」與「無爲福」，有爲福乃世福，是有盡者，有盡即有成有壞，是相對者，有富必有貧，富是由貧而來；無爲福即指金剛般若佛性，無成亦無壞，亦無貧富可分。福勝者即永久不壞之福，偏滿虛空，充塞宇宙，常樂我淨，一切世間之福實無可比。

恆河沙雖多，乃相對之多、有限之多，以河沙七寶布施，得福雖多，仍是相對者、有限者。

前相對布施所得之福德，乃有限者，落於因果報應之中，是有漏之福德；此經無一字一句不由自性流出，無一句離於絕對者，故爲他人說，使能證入絕對，則其福德亦是絕對者、無限者，故勝於相對之福德。

尊重正教分第十二

何謂正教？正教者即最上第一希有之法（即最上乘），如經中第二分以上之〈四句偈〉，吾人應當尊重而受持。

「復次，須菩提！隨說是經，乃至四句偈等，當知此處，一切世間、天人、阿修羅皆應供養，如佛塔廟，何況有人，盡能受持、讀誦？須菩提！當知是人，成就最上第一希有之法。若是經典所在之處，即為有佛，若尊重弟子。」

此經代表絕對佛性，故應與佛塔廟同受崇敬供養。此段插入讚歎，以助流通。如能徹底了達此經之義，便可明心見性。如六祖惠能大師聞人讀此經，即時開悟，證入絕對，胸中七通八達。

此經是法寶；由法悟道，便是佛寶；明心見性後度化衆生，接引後學，便是僧寶。三寶乃是一體者。

如法受持分第十三

若人明心見性已，便堪受持第十三分中最上乘之四個透三句。

爾時須菩提白佛言：「世尊！當何名此經？我等云何奉持？」佛告須菩提：「是經名為《金剛般若波羅蜜》，以是名字，汝當奉持。所以者何？須菩提！佛說般若波羅蜜，即非般若波羅蜜，是名般若波羅蜜。須菩提！於意云何，如來有所說法不？」須菩提白佛言：「世尊！如來無所說。」「須菩提！於意云何，三千大千世界所有微塵，是為多不？」須菩提言：「甚多，世尊！」「須菩提！諸微塵，如來說非微塵，是名微塵。如來說世界，非世界，是名世界。須菩提！於意云何，可以三十二相見如來不？」「不也，世尊！不可以三十二相得見如來。何以故？如來說三十二相，即是非相，是名三十二相。」「須菩提！若有善男子、善女人，以恆河沙等身命布施，若復有人於此經中，乃至受持四句偈等，為他人說，其福甚多。」

金剛般若波羅蜜，是絕對佛性，經中所說，無非發揮絕對妙理，使衆生開示悟入佛之知見，故凡未明心見性者皆當奉持。蓋須菩提解空第一，時雖解悟，尚未證悟。

「透三句」第一句言「波羅蜜」；第二句佛性中無衆生，無此岸，亦無彼岸，故曰「即非波羅蜜」；第三句由佛性發揮，則是真正成佛到達彼岸矣。對未明心見性者，故說般若波羅蜜；若已明心見性，則無所謂般若波羅蜜，因爲一切皆是絕對，無有名相，若能悟此，纔能真正瞭解般若波羅蜜之義。

佛性絕對，而說法乃相對者，佛爲引導衆生，故不惜利用相對法門，若衆生已明心見性，則相對之法不棄自棄，相對不能代表絕對也。故佛云：「我四十九年說法，未曾說著一字。」又云：「但有言說，都無實義。」因爲絕對佛性，本不可說，故隨說隨加否定，使入於無餘無漏涅槃。

第一句「微塵」，即代表吾人心中之思想；第二句如來說「非微塵」，是指佛性中本無思想；然由佛性發揮，則如第三句「是名微塵」，意即思想即是佛性。

第一句「世界」，即指吾人眼所見之世界；第二句「非世界」，乃說明我人佛性中本無世界；然由佛性發揮，即是第三句「是名世界」，即此世界已變爲法界矣，法界即是法身淨土。

此遣依報，依即衆生依止之處，共業相感之報；明心見性後，依報皆還原爲佛性，惟佛性是依，惟佛性是報，微塵以至世界，皆變爲佛性。故佛說非微塵，非世界，但有其名，非有其實，是相對者；見佛性之後，則皆銷歸絕對之本體矣。

「三十二相」即是肉體，即是非相者，乃指佛性之法身；是名三十二相者，乃由法身發揮，則三十二相之肉身，即化爲法身矣。

此遣「正報」，三十二相如來正報之身也，三十二相是相對者，故不能代表佛性；但明心見性後，則正報還原爲佛性，肉體即同法身。

以恒河沙身命布施，仍是相對者，不若以此絕對法門布施於人，則其福無量。「三十二相」具名「三十二大人相」。此三十二相不限於佛，總爲大人之相也。具此相者，在家爲轉輪王，出家則開無上覺，是爲天竺國人相說。《三藏法數．四十八》謂：

一、足安平相。二、千輻輪相。三、手指纖長相。
四、手足柔軟相。五、手足縵網相。六、足跟滿足相。
七、足趺高好相。八、腨如鹿王相。九、手過膝相。
十、馬陰藏相。十一、身縱廣相。十二、毛孔生青色相。
十三、身毛上靡相。十四、身金色相。十五、身光面各一丈相。
十六、皮膚細滑相。十七、七處平滿相。十八、兩腋滿相。
十九、身如獅子相。二十、身端直相。廿一、肩圓滿相。
廿二、四十齒相。廿三、齒白齊密相。廿四、四牙白淨相。
廿五、頰車如獅子相。廿六、咽中津液得上味相。
廿七、廣長舌相。廿八、梵音深遠相。廿九、眼色如金精相。
三十、眼睫如牛王相。卅一、眉間白毫相。卅二、頂肉髻成相。

法。

離相寂滅分第十四

《報恩經》云：「寂滅常樂。」若能得見佛性，則行住坐臥、一切應酬皆是佛法。

佛印禪師告訴蘇東坡說：「佛法在行住坐臥處、著衣吃飯處、屙屎撒溺處、没理没會處、死活不得處。」老龐居士說：「神通及妙用，運水與搬柴。」烏窠禪師在他衣上拈起一根布毛，向嘴邊一吹，告訴其徒弟說：「佛法我這兒亦有少許。」《華嚴經》云：「世間法即佛法，佛法即世間法；不能以世間法分別佛法，不能以佛法分別世間法。」見佛性已即離一切相，亦離生死輪迴，故曰「寂滅常樂」。

爾時，須菩提聞說是經，深解義趣，涕淚悲泣，而白佛言：「希有世尊！佛說如是甚深經典，我從昔來所得慧眼，未曾得聞如是之經。世尊！若復有人，得聞是經，信心清淨，即生實相，當知是人，成就第一希有功德。世尊！是實相者，即是非相，是故如來說名實相。世尊！我今得聞如是經典，信解、受持，不足為難；若當來世，後五百歲，其有眾生，得聞是經，信解、受持，是人即為第一希有。何以故？此人無我相、無人相、無眾生相、無壽者相。所以者何？我相即是非相；人相、眾生相、壽者相，即是非相。何以故？離一切諸相，即名諸佛。」佛告須菩提：「如是！如是！若復有人，得聞是經，不驚、不怖、不畏，當知是人，甚為希有。何以故？須菩提！如來說第一波羅蜜，即非第一波羅蜜，是名第一波羅蜜。須菩提！忍辱波羅蜜，如來說非忍辱波羅蜜，是名忍辱波羅蜜。何以故？須菩提！如我昔為歌利王割截身體，我於爾時，無我相、無人相、無眾生相、無壽者相。何以故？我於往昔節節支解時，若有我相、人相、眾生相、壽者相，應生瞋恨。須菩提！又念過去，於五百世作忍辱仙人，於爾所世，無我相、無人相、無眾生相、無壽者相。是故須菩提！菩薩應離一切相，發阿耨多羅三藐三菩提心，不應住色生心，不應住聲、香、味、觸、法生心，應生無所住心。若心有住，即為非住。是故佛說菩薩心，不應住色布施。須菩提！菩薩為利益一切眾生故，應如是布施。如來說一切諸相，即是非相。又說一切眾生，即非眾生。須菩提！如來是真語者、實語者、如語者、不誑語者、不異語者。須菩提！如來所得法，此法無實無虛。須菩提！若菩薩心住於法而行布施，如人入闇，即無所見；若菩薩心不住法而行布施，如人有目，日光明照，見種種色。須菩提！當來之世，若有善男子、善女人，能於此經受持、讀誦，即為如來以佛智慧，悉知是人，悉見是人，皆得成就無量無邊功德。」

「義趣」即最上乘之透三句。最上乘法甚難明瞭，古德云：「若明吹毛利，西來第一諦。」須菩提從未得聞如是最上乘佛法，故當其一聞此法，即感悟而流涕。「甚深經典」即指最上乘之透三句，須菩提以前但得解悟，及聞此經發揮絕對之理，始能透徹，故感激涕泣。

聞此經而得信入開悟，便能明心見性。佛說實相，其實是無所謂相，但有假名而已，故趙州云：「佛之一字，我不喜聞。」此遺實相。「實相」者，即實實在在有佛性存在；「即是非相」乃由佛性上看，則本無任何實相存在；然由佛性發揮，則一切皆是佛性。《傳燈錄》云：「隨拈一法，皆是佛法。」

佛住世時，聞經修法，明心見性尚不爲難；佛滅後五百年而能修大乘，明心見性則甚難，因爲此人能破四相而證絕對也。歸納一切諸相，而爲我、人、衆生、壽者四類，皆是相對者，應加否定。若能將此四相境界打破，便可見性成佛。

「如是」者，佛印可也。聞此經而不怖畏者，則其根基必深，故甚爲希有。

「第一波羅蜜，即非第一波羅蜜，是名第一波羅蜜」，此乃最上乘之透三句。「波羅蜜」，意即究竟成佛；第二句指佛性中既無佛亦無衆生；第三句乃由佛性發揮，故第一波羅蜜即究竟到彼岸。

法是絕對者，故釋迦所說法，即是透三句，即是實相；既說六度，又破六度，亦是透三句；欲使一字不留，銷歸無餘涅槃，始爲真正到達絕對之彼岸也。

「忍辱波羅蜜，即非忍辱波羅蜜，是名忍辱波羅蜜」，此亦爲最上乘之透三句。第一句忍辱波羅蜜，即行忍辱之道；第二句指佛性中並無若何忍辱及不忍辱；第三句乃由佛性發揮，故忍辱波羅蜜即究竟到彼岸。

釋迦佛以前之印度，人多喜用譬喻，故釋迦佛亦常用譬喻說法。《楞嚴經》云：「佛告阿難：『如來今日實言告汝，諸有智者要以譬喻而得開悟。』」

昔日釋迦佛爲忍辱仙人時，一次在山林中打坐，適歌利王遊獵，追趕一鹿，至仙人處，鹿乃失蹤。王問仙人曰：「汝見鹿趨向何方？」仙人自忖：「若實言鹿之趨向，則鹿必爲殺害；若言鹿非往彼方，則是妄語。」故仙人無答。國王又問：「汝是何人？」仙人曰：「修忍辱者。」於是國王乃以利刃將其身體一一支解割截。當時仙人唯觀佛性無我相、無人相、無衆生相、無壽者相，故無痛苦，亦無瞋恨。佛性無四相，見佛性已，即證無生法忍，故雖節節支解，與佛性無干，亦無可恨。

最上乘之透三句法，是由無上正等正覺所發揮者。「不應住色生心」乃由佛性而言，佛性本然，無有一切色、聲、香、味、觸、法；然由佛性發揮，則色、聲、香、味、觸、法即是佛性。

「應生無所住心」此言佛性本無所住，若心有所住，即爲非住，任汝說何等法，佛性終不住著。

「菩薩心」即是最上乘法，爲利益一切衆生故，應不住色、聲、香、味、觸、法而行布施。

若言佛性有所住者，便著相對之四相，即非絕對之佛性矣。未得明心見性者，見色住色，聞聲住聲，爲六塵所轉，爲四相所迷，自己做不得主，故名輪迴生滅；見性之後，則六塵即爲佛性，四相亦還原爲佛性，但住佛性，故住即無住。經云：「見無所見即真見。」布施亦然，住色布施，便是相對者，爲四相所限制；若住佛性布施，則是絕對平等之施，住同無住，施同無施，其施也屬絕對，故其福德亦是絕對者，不可限量也。

諸相及衆生，皆是假名而已，是相對者；明心見性後，皆變爲絕對佛性。

凡如來所說者，皆是真語、實語，因其語言皆從真如自性流出，故非誑惑人之語言，亦非顯異惑衆之語言。佛性是最究極之實在，不變不異，故隨拈一法皆是佛法。「如來所得法，此法無實無虛」，此言以真實破真實也。實與虛是相對者，佛性先天地而存，本來如是，故無虛實可言。法是相對者，應加否定，然後能入絕對；若住法布施，則爲法所縛，無法進入絕對，如人入闇，即無所見矣；若無所住而生其心，便是佛性作主，佛性能轉萬物，如太陽之光明，徧照一切。能受持此經者，即有明心見性之希望。明眼宗師，望見學人來，稍加勘驗，便知是人如何。

持經功德分第十五

若人依照《金剛經》而受持，即可明心見性。昔有人受持《金剛經》，及其明心見性後，乃曰：「終日念經文，如識舊時人。」

「須菩提！若有善男子、善女人，初日分，以恆河沙等身布施；中日分，復以恆河沙等身布施；後日分，亦以恆河沙等身布施；如是無量百千萬億劫，以身布施；若復有人，聞此經典，信心不逆，其福勝彼，何況書寫、受持、讀誦、為人解說？須菩提！以要言之，是經有不可思議、不可稱量、無邊功德，如來為發大乘者說、為發最上乘者說。若有人能受持、讀誦、廣為人說，如來悉知是人、悉見是人，皆得成就不可量、不可稱、無有邊、不可思議功德，如是人等，即為荷擔如來阿耨多羅三藐三菩提。何以故？須菩提！若樂小法者，著我見、人見、眾生見、壽者見，即於此經，不能聽、受、讀誦、為人解說。須菩提！在在處處，若有此經，一切世間、天人、阿修羅所應供養，當知此處即為是塔，皆應恭敬，作禮圍繞，以諸華香而散其處。」

以恆河沙身布施仍是相對，若能懂得此經，明心見性證悟絕對，則其福勝彼，然此法門非修小乘、二乘者所可領受也。受持此經，明心見性，然後可爲人說，則其旨與佛無別，其功德亦不可思議，如是即爲荷擔如來正法。

修小乘、中乘者，未能明心見性，著於四相，則仍在相對範圍之中，故既不能領悟絕對之理，亦不能聽受，何況爲人解說乎？

此經既發揮絕對妙理，故在在處處皆應供養。

能淨業障分第十六

佛性本無業障。古德云：「業障如霜露，慧日能消除。」若能明心見性，則罪福了無可得。

「復次，須菩提！若善男子、善女人，受持、讀誦此經，若為人輕賤，是人先世罪業，應墮惡道；以今世人輕賤故，先世罪業即為消滅，當得阿耨多羅三藐三菩提。須菩提！我念過去無量阿僧祇劫，於然燈佛前，得值八百四千萬億那由他諸佛，悉皆供養承事，無空過者；若復有人，於後末世能受持、讀誦此經，所得功德於我所供養諸佛功德，百分不及一，千萬億分，乃至算數譬喻所不能及。須菩提！若善男子、善女人，於後末世有受持、讀誦此經，所得功德我若具說者，或有人聞，心即狂亂，狐疑不信。須菩提！當知是經，義不可思議，果報亦不可思議。」

若人藐視讀誦《金剛經》者，則其罪業必墮惡道，因爲一切衆生皆有佛性，讀誦《金剛經》者即等於佛，若人藐視此人，即同藐視佛陀。然而此人今世雖爲人輕賤，而其先世罪業悉皆消滅，並於將來必得阿耨多羅三藐三菩提。

佛性絕對，無因無果，故證悟佛性者，先世罪業即時消隕，如湯沃雪。

供養過去無量數諸佛，不如供養自佛，自佛者即明心見性是也。供養過去諸佛，其功德雖大，然是相對者、有爲者；若能打破無始無明，明心見性，證悟絕對，則功德勝前千萬矣。此經發揮絕對妙理，故其功德亦屬絕對。

究竟無我分第十七

「究竟」者，即指佛性而言；佛性以外不立一法，故曰「無我」。佛性無得，無衆生可度，亦無法可說。有人問一大德：「何謂慈悲？」大德答言：「無佛可成爲慈，無衆生可度爲悲。」

爾時，須菩提白佛言：「世尊！善男子、善女人，發阿耨多羅三藐三菩提心，云何應住？云何降伏其心？」佛告須菩提：「善男子、善女人，發阿耨多羅三藐三菩提心者，當生如是心：『我應滅度一切眾生，滅度一切眾生已，而無有一眾生實滅度者。』何以故？須菩提！若菩薩有我相、人相、眾生相、壽者相，即非菩薩。所以者何？須菩提！實無有法，發阿耨多羅三藐三菩提心者。須菩提！於意云何，如來於然燈佛所，有法得阿耨多羅三藐三菩提不？」「不也，世尊！如我解佛所說義，佛於然燈佛所，無有法得阿耨多羅三藐三菩提。」佛言：「如是，如是。須菩提！實無有法，如來得阿耨多羅三藐三菩提。須菩提！若有法如來得阿耨多羅三藐三菩提者，然燈佛即不與我授記：『汝於來世，當得作佛，號釋迦牟尼。』以實無有法得阿耨多羅三藐三菩提，是故然燈佛與我授記，作是言：『汝於來世，當得作佛，號釋迦牟尼。』何以故？如來者，即諸法如義。若有人言：『如來得阿耨多羅三藐三菩提。』須菩提！實無有法，佛得阿耨多羅三藐三菩提。須菩提！如來所得阿耨多羅三藐三菩提，於是中無實無虛，是故如來說一切法，皆是佛法。須菩提！所言一切法者，即非一切法，是故名一切法。須菩提！譬如人身長大。」須菩提言：「世尊！如來說人身長大，即為非大身，是名大身。」「須菩提！菩薩亦如是。若作是言：『我當滅度無量眾生。』即不名菩薩。何以故？須菩提！實無有法名為菩薩。是故佛說一切法，無我、無人、無眾生、無壽者。須菩提！若菩薩作是言：『我當莊嚴佛土。』是不名菩薩。何以故？如來說莊嚴佛土者，即非莊嚴，是名莊嚴。須菩提！若菩薩通達無我法者，如來說名真是菩薩。」

此分開首，須菩提問佛：「善男子、善女人，發阿耨多羅三藐三菩提心，云何應住？云何降伏其心？」與第二分之文相類同。第二分乃問如何用功方能明心見性，然此分之意則在見性後應如何普度衆生。佛性本來無法可說，亦無衆生可度，若未見佛性而說法者，則必落於四相，若見性則已離四相。故四相未還原爲佛性者，不可稱爲明心見性之菩薩。

佛性本來現成，故無有法發菩提心，無修無證。

佛性不可取，亦不可得，故如來於然燈佛所實無所得，若有所得，則是相對，非絕對也。若有法可得，則四相未除，不能見性成佛，故然燈佛必不與授記；四相已除，證悟絕對，則知佛性現成圓滿，無得無證，故然燈佛爲之授記也。

「如來」意即本來如此，佛性本來如此，不變不異，無得無證，故無有菩提可得，若有可證可得，便非本來如此。明心見性證悟絕對之理後，則知絕對佛性中無實無虛，本來如此，一切皆是佛性，故隨拈一法皆是佛法。然佛爲度衆生而說一切法者，欲以相對破相對也，使進入絕對，故所言一切法，即非一切法，但假名爲一切法而已。

凡能長大者，皆是相對者、有相者，故非絕對之大身；法身絕對，無相可見，乃真大身，故大身者，不過假名而已。四相皆空，衆生本來成佛，若說當滅度一切衆生，則未離四相，不是真菩薩；真正明心見性之菩薩，知一切法皆是相對，皆是假名，連菩薩亦是假名而已。故佛要人打破四相，否定一切相對之法。佛土絕對，本來莊嚴，不須再加莊嚴，若言：「我當莊嚴佛土。」便是頭上加頭，畫蛇添足，是相對者，而非絕對者矣。若能破我執、法執，通達無我、無法者，則是真菩薩，然當須打破空執，始能成佛也。

未得明心見性而說法者，譬如人未曾到過北京，若令其講述北京街道市面一切情況，終無是處。從前我親自見過兩人談話問答，甲問曰：「汝曾到過廣州否？」乙答曰：「到過。」甲又問：「南海縣在廣州何處？」答曰：「離廣州四十里。」又問：「番禺縣在廣州何處？」答曰：「離廣州八十里。」其實兩人都未曾到過廣州。講述佛法亦復如是，若明眼人在座，則能分辨是非。釋迦佛云：「未出輪迴（指未曾明心見性）而辨圓覺（指佛性），彼圓覺性即同流轉，若免輪迴無有是處。」佛說此段經文，即指未曾明心見性，而講述佛性妙理，終無是處；若人未曾到過北京、廣州，而講述彼處情況，亦終無是處。此喻非常明瞭。

一體同觀分第十八

一體者即佛性，若能以佛性發揮，則隨處於任何環境皆可得安住。佛性譬如牧童，見欲色有、見聞覺知、一念無明，以及六識譬如耕牛；如牛喫草，牧童乃任其覓食，然若食稻，牧童便將其牽走矣。佛性中本無三世，而非無三世即佛性也。

「須菩提！於意云何，如來有肉眼不？」「如是，世尊！如來有肉眼。」「須菩提！於意云何，如來有天眼不？」「如是，世尊！如來有天眼。」「須菩提！於意云何，如來有慧眼不？」「如是，世尊！如來有慧眼。」「須菩提！於意云何，如來有法眼不？」「如是，世尊！如來有法眼。」「須菩提！於意云何，如來有佛眼不？」「如是，世尊！如來有佛眼。」「須菩提！於意云何，如恆河沙中所有沙，佛說是沙不？」「如是，世尊！如來說是沙。」「須菩提！於意云何，如一恆河中所有沙，有如是沙等恆河，是諸恆河所有沙數佛世界，如是寧為多不？」「甚多，世尊！」佛告須菩提：「爾所國土中，所有衆生，若干種心，如來悉知。何以故？如來說諸心，皆為非心，是名為心。所以者何？須菩提！過去心不可得，現在心不可得，未來心不可得。」

肉眼者，凡夫也；天眼者，小乘也；慧眼者，中乘也；法眼者，大乘也；佛眼者，最上乘也。明心見性者五眼具足，故能知衆生種種心性而滅度之。明心見性具五眼，能知衆生種種心性，因爲絕對者能知相對，而相對者則不能知絕對也。恆河沙世界中衆生雖多，其心性如來可以用「相對」二字盡之。何以故？因爲衆生起心動念，皆在相對範圍中，過去、現在、未來皆不可得，變幻莫定，非絕對真心。絕對真心超越三界，故無得失；絕對真性無過去心、無現在心，亦無未來心。

鼎州德山宣鑑禪師，簡州周氏子，二十歲出家，依年受具，精究律藏，於性相諸經，貫通旨趣；常講《金剛般若》，時謂之「周金剛」。常謂同學曰：「一毛吞海，海性無虧；纖芥投鋒，鋒利不動；學與無學，惟我知焉。」後聞南方禪席頗盛，師氣不平，乃曰：「出家兒千劫學佛威儀，萬劫學佛細行，不得成佛，南方魔子敢言：『直指人心，見性成佛！』我當摟其窟穴，滅其種類，以報佛恩。」遂擔《青龍疏鈔》出蜀。至澧陽路上見一婆子賣餅，因息肩買餅點心，婆子指擔曰：「這箇是甚麼文字？」師曰：「《青龍疏鈔》。」婆曰：「講何經？」師曰：「《金剛經》。」婆曰：「我有一問，你若答得，施與點心；若答不得，且別處去。《金剛經》道：『過去心不可得，現在心不可得，未來心不可得。』未審上座點那箇心？」師無語，遂往龍潭。至法堂，曰：「久嚮龍潭，及乎到來，潭又不見，龍又不現。」潭引身曰：「子親到潭。」師無語，遂棲止焉。一夕侍立次，潭曰：「更深，何不下去？」師珍重便出，卻回曰：「外面黑。」潭點紙燭度與師，師擬接，潭復吹滅，師於此大悟。

法界通化分第十九

未見佛性之前，世界即世界；見佛性後，以佛性而觀，則此世界即爲法界。法界乃法身淨土，偏滿虛空，充塞宇宙。

「須菩提！於意云何，若有人滿三千大千世界七寶以用布施，是人以是因緣，得福多不？」「如是，世尊！此人以是因緣，得福甚多。」「須菩提！若福德有實，如來不說得福德多，以福德無故，如來說得福德多。」

福德若有，便是相對者、有限者，故不爲多；若絕對之佛性，則無所謂福德，無所謂多少，以其不可計量，故說爲多。

離色離相分第二十

金剛般若佛性本無色相，見佛性後由佛性而發揮，佛性是定慧，由定發慧，則一切色相皆爲佛性。

「須菩提！於意云何，佛可以具足色身見不？」「不也，世尊！如來不應以具足色身見。何以故？如來說具足色身，即非具足色身，是名具足色身。」「須菩提！於意云何，如來可以具足諸相見不？」「不也，世尊！如來不應以具足諸相見。何以故？如來說諸相具足，即非諸相具足，是名諸相具足。」

如來說具足色身者，即指人之肉體；約佛性而言，則無肉體；然由佛性發揮，則色身亦是佛性。「諸相」者，即宇宙中一切所能見者；「非相」者，意即佛性中本無諸相；然依佛性觀之，則一切諸相即是佛性。

非說所說分第二十一

佛之與法，孰先孰後？若法在先，此法何佛所說？若佛在先，其承何法而成佛道？法有兩種：一、語言文字法。二、寂滅法。以語言文字法而論，即佛在先，法在後；若據寂滅法，則是法在先，佛在後，一切諸佛皆因寂滅法而得成佛。經云：「諸佛所師即爲法也，得成道已，然始廣說十二部經，引化衆生。」衆生承佛教法，修行乃得成佛，即是佛先法後也。

寂滅法乃離語言文字之法，石頭瓦塊隨拈一法皆是佛法。故經云：「說法者，無法可說，是名說法。」若能明白無情說法，則可續佛慧命矣。無情說法者，例如釋迦佛夜睹明星而成大道，明星乃無情者；又如釋迦佛拈花示衆，花亦無情者。

〈二十一分〉以前須菩提之名未冠以慧命，而此分則冠以「慧命」二字，乃示須菩提從此已知無情說法矣。

「須菩提！汝勿謂如來作是念：『我當有所說法。』莫作是念。何以故？若人言如來有所說法，即為謗佛，不能解我所說故。須菩提！說法者，無法可說，是名說法。」爾時慧命須菩提白佛言：「世尊！頗有眾生，於未來世，聞說是法，生信心不？」佛言：「須菩提！彼非眾生，非不眾生。何以故？須菩提！眾生眾生者，如來說非眾生，是名眾生。」

此段佛告須菩提言：「若有人謂佛說法者，即爲誹謗佛也。」「無法可說，是名說法」者，即人若能明白無情說法，纔爲真正說法；能明白無情說法者，則能續佛慧命，此即正法眼藏。以上諸分須菩提之名未冠以「慧命」，而此處冠以「慧命」者，即指須菩提已得正法眼藏矣。

須菩提問佛言：「將來世界是否有人能明白無情說法之理？」佛答曰：「彼非衆生，非不衆生。」「彼非衆生」者，即指能明白無情說法者，彼人即非衆生也，因其知見已與佛無二無別矣；「非不衆生」者，謂其肉體雖爲衆生，而實不能當其爲衆生也。

袁州仰山南塔光涌禪師，依仰山剃度，北遊謁臨濟，復歸侍山，山曰：「汝來作甚麼？」師曰：「禮覲和尚。」山曰：「還見和尚麼？」師曰：「見。」山曰：「和尚何似驢？」師曰：「某甲見和尚亦不似佛。」山曰：「若不似佛，似箇什麼？」師曰：「若有所似，與驢何別？」山大驚曰：「凡聖兩忘，情盡體露。吾以此驗人二十年，無決了者，子保任之！」山每指彼謂人曰：「此子肉身佛也。」

「衆生衆生者」，前一衆生是指普通衆生；後一衆生乃指見佛性之衆生；依佛性而觀之，則實無衆生可言；然由佛性發揮，則衆生即是佛也。

澧州龍潭崇信禪師，渚宮人也，其家賣餅，師少而英異。初悟和尚，爲靈鑑潛請居天皇寺，人莫之測。師家於寺巷，常日以十餅饋之，天皇受之，每食畢，常留一餅曰：「吾惠汝，以蔭子孫。」師一日自念曰：「餅是我持去，何以反貽我耶？其別有旨乎？」遂告而問焉，皇曰：「是汝持來，復汝何咎？」師聞之頗曉玄旨，因投出家。皇曰：「汝昔崇福善，今信吾言，可名『崇信』。」由是服勤左右。一日問曰：「某自到來，不蒙指示心要？」皇曰：「自汝到來，吾未嘗不指汝心要。」師曰：「何處指示？」皇曰：「汝擎茶來，吾爲汝接；汝行食來，吾爲汝受；汝和南時，吾便低頭。何處不指示心要？」師低頭良久，皇曰：「見則直下便見，擬思即差。」師當下開解。復問：「如何保任？」皇曰：「任性逍遙，隨緣放曠；但盡凡心，別無聖解。」

無法可得分第二十二

見佛性已，無須再修，若有修者，便是頭上加頭；譬如有人，欲由上海而詣香港，若其已至，則無可復至矣。釋迦佛云：「菩薩及末世衆生，修習此心得成就者（即指見性成佛），於此無修。」已得成就，便不須再修，亦再無佛可成。

須菩提白佛言：「世尊！佛得阿耨多羅三藐三菩提，為無所得耶？」佛言：「如是，如是。須菩提！我於阿耨多羅三藐三菩提，乃至無有少法可得，是名阿耨多羅三藐三菩提。」

須菩提問佛：「明心見性後無可再修耶？」佛答云：「然也，明心見性後再無少法可得矣。」

見佛性之法門，並非要人日日修行，修至老死爲止。譬如釋迦佛三十歲見性成佛，以後便再無行可修矣；六祖二十四歲見佛性，以後亦再無行可修。破無始無明見佛性祇有一次，彈指之間即可破也，如同釋迦佛睹明星見性成佛，六祖聽《金剛經》豁然見性。世界萬物有壞，唯此佛性永無變壞。古德云：「一生辛苦千萬年，祇在禪家瞬息間。捉著瞿曇心振子，回頭打破祖師關。」此一四句偈乃指剎那間明心見性已，則以後萬萬年無須再修矣。

淨心行善分第二十三

善可分爲兩種：一、有爲之善，即有因果輪迴之善，種善因必得善果。二、無爲之善，即指常樂我淨之佛性，即無輪迴，亦超越因果報應。

「復次，須菩提！是法平等，無有高下，是名阿耨多羅三藐三菩提；以無我、無人、無眾生、無壽者，修一切善法，即得阿耨多羅三藐三菩提。須菩提！所言善法者，如來說即非善法，是名善法。」

佛性是自由平等者，無高下、無來去、無生滅、無新舊，亦無我、人、衆生、壽者四相，故爲無上正等正覺。此處所提之善法，即指無爲之善；如來說即非善法，因爲從佛性而觀之，則無爲之善法亦無；然由佛性發揮，則是真正之無爲善法，真正之自由平等，真正之大解脫。

福智無比分第二十四

福可分爲有漏之福與無漏之福兩種，有漏之福乃有得必有失者，無漏之福則是永久無遺失者，故無任何世福可比。

「須菩提！若三千大千世界中，所有諸須彌山王，如是等七寶聚，有人持用布施；若人以此《般若波羅蜜經》，乃至四句偈等，受持、讀誦、為他人說，於前福德，百分不及一，百千萬億分，乃至算數、譬喻所不能及。」

三千大千世界所有諸須彌山王，如是等七寶聚，乃相對者，故其功德亦屬相對；佛性絕對，故其功德亦是絕對者。

所謂〈四句偈〉者，即「說法者，無法可說，是名說法；衆生衆生者，如來說非衆生，是名衆生；乃至無有少法可得，是名阿耨多羅三藐三菩提；是法平等，無有高下，是名阿耨多羅三藐三菩提」。

化無所化分第二十五

化者即指釋迦佛說法度衆生，無所化者乃指金剛般若佛性，故無衆生可度。

「須菩提！於意云何？汝等勿謂如來作是念：『我當度眾生。』須菩提！莫作是念。何以故？實無有眾生如來度者，若有眾生如來度者，如來即有我、人、眾生、壽者。須菩提！如來說有我者，即非有我，而凡夫之人以為有我。須菩提！凡夫者，如來說即非凡夫，是名凡夫。」

釋迦佛對須菩提言：「汝勿以爲如來有度衆生之念，因爲金剛般若佛性中，實無衆生可度，若言佛性有衆生可度，則已落於四相。如來所言我者，乃指真如自性之我，而非肉體之我，而凡夫則認爲佛性有我。凡夫者即指一切世人，佛性中既無人之存在，則何凡聖之有？然由佛性而言，則凡夫即如來，如來與凡夫無有差別。」

法身非相分第二十六

釋迦佛有三十二相，印度之轉輪聖王亦有三十二相。法身乃金剛般若之佛性，佛性本無相，有相者乃肉身也。

「須菩提！於意云何，可以三十二相觀如來不？」須菩提言：「如是，如是，以三十二相觀如來。」佛言：「須菩提！若以三十二相觀如來者，轉輪聖王即是如來。」須菩提白佛言：「世尊！如我解佛所說義，不應以三十二相觀如來。」爾時世尊而說偈言：

「若以色見我，以音聲求我，
是人行邪道，不能見如來。」

若以三十二相觀如來，則轉輪聖王亦有三十二相，故轉輪聖王亦應是佛。於是須菩提乃明佛旨，即言：「不應以三十二相觀如來。」佛性無色，亦無音聲，若人但觀色相、音聲，則永無法得見如來。然則如何纔能得見如來耶？曰：「衆生之佛性與諸佛之佛性無二無別，若人明心見性，始爲真正得見佛也。」

無斷無滅分第二十七

何謂具足相？具足相者即佛性、見欲色有、一念無明、六根也。此四項乃從無始而有，且亦無有終盡，永不能斷滅；然若見佛性已，即此四項皆轉變爲佛性矣。唯有無始無明是無始有終者，亦是可破可斷者，一旦被破則永無復續。

「須菩提！汝若作是念：『如來不以具足相故，得阿耨多羅三藐三菩提。』須菩提！莫作是念：如來不以具足相故，得阿耨多羅三藐三菩提。須菩提！汝若作是念，發阿耨多羅三藐三菩提心者，説諸法斷滅相，莫作是念。何以故？發阿耨多羅三藐三菩提心者，於法不説斷滅相。」

若有人言：「具足相者非佛。」則此人不明無上正等正覺，勿以爲具足相非無上正等正覺，若言具足相非正等正覺者，則是斷滅見。何以故？證無上正等正覺實非斷滅，因爲具足相即是無上正等正覺。

不受不貪分第二十八

佛性日日説法度生，而終不受報應，是故佛性不受不貪，亦不受果報。未見佛性前，有作如是因，必受如是果報，佛性所作之福德，乃超越因果者，故曰「不受不貪」。

「須菩提！若菩薩以滿恆河沙等世界七寶，持用布施；若復有人知一切法無我，得成於忍，此菩薩勝前菩薩所得功德。何以故？須菩提！以諸菩薩不受福德故。」須菩提白佛言：「世尊！云何菩薩不受福德？」「須菩提！菩薩所作福德，不應貪著，是故說不受福德。」

恆河沙世界七寶布施之功德，不若有人能知一切法無我之功德，因爲一切法無我即是具足相；得成於忍，即證無生法忍也，如是功德則超過以前所講一切布施之功德，佛性乃超越因果輪迴者。須菩提問：「何故菩薩不受福德？」曰：「菩薩所作福德乃由佛性而作者，故無所受。」

明心見性得無生法忍，無生者，即無生無滅；法忍者，萬德莊嚴。一切法皆是佛性，皆是絕對，故不受福德之報，因福德乃相對者，佛性乃絕對者，故明心見性之功德最勝。

威儀寂靜分第二十九

威儀者，即行住坐臥之四威儀也。吾人之佛性，行住坐臥間皆是如如不動，故曰：「威儀寂靜。」

「須菩提！若有人言：『如來若來若去，若坐若臥。』是人不解我所說義。何以故？如來者，無所從來，亦無所去，故名『如來』。」

如來者，本來佛性也。佛性無所不住，不去不來，本來如此，故名「如來」；若有來去坐臥，則是相對，而非絕對矣。

一合理相分第三十

佛性即淨土，淨土即宇宙，故曰「一合理相」。佛性是徧滿虛空者，法身淨土亦是偏滿虛空者，若人此刻得見佛性，此刻即生淨土矣；譬如釋迦佛三十歲見佛性，當時即生淨土矣；六祖二十四歲見佛性，其亦當時即生淨土，法身淨土永無變壞。

「須菩提！若善男子、善女人，以三千大千世界，碎為微塵，於意云何，是微塵眾寧為多不？」須菩提言：「甚多，世尊！何以故？若是微塵眾實有者，佛即不說是微塵眾。所以者何？佛說微塵眾，即非微塵眾，是名微塵眾。世尊！如來所說三千大千世界，即非世界，是名世界。何以故？若世界實有者，即是一合相，如來說一合相，即非一合相，是名一合相。」「須菩提！一合相者，即是不可說，但凡夫之人，貪著其事。」

佛說微塵衆，乃指吾人心中之種種思想而言；若按佛性而論，本無微塵思想；然依佛性而觀，則一切微塵思想皆是佛性。

《圓覺經》云：「善男子！一切障礙即究竟覺，得念、失念無非解脫，成法、破法皆名涅槃，智慧、愚癡通為般若，菩薩、外道所成就法同是菩提，無明、真如無異境界，諸戒、定、慧及淫、怒、癡俱是梵行，衆生、國土同一法性，地獄、天宮皆為淨土，有性、無性齊成佛道，一切煩惱畢竟解脫，法界海慧，照了諸相，猶如虛空，此名『如來隨順覺性』。善男子！但諸菩薩及末世衆生，居一切時不起妄念，於諸妄心亦不息滅，住妄想境界不加了知，於無了知不辨真實。」

一合相乃無言無說，不能以文筆形容，但有言說都無實義，惟悟與悟乃能知之。可是一般人終想看看佛性，然此實不可能。譬如有人未到北京，卻想看看北京風景，縱使望穿眼珠，竭盡思慮，終不可得。

知見不生分第三十一

《般若經》云：「見無所見即真見，知無所知即真知。」見佛性已，由佛性而發揮，則一切知見皆屬佛性；未見佛性，以腦筋發揮，則一切知見俱是生死輪迴。

「須菩提！若人言：『佛說我見、人見、衆生見、壽者見。』須菩提！

於意云何，是人解我所說義不？」「不也，世尊！是人不解如來所說義。何以故？世尊說我見、人見、眾生見、壽者見，即非我見、人見、眾生見、壽者見，是名我見、人見、眾生見、壽者見。」「須菩提！發阿耨多羅三藐三菩提心者，於一切法，應如是知、如是見、如是信解，不生法相。須菩提！所言法相者，如來說即非法相，是名法相。」

見者，知見也，佛性本無四相，然由佛性而發揮，則四相即佛性。未見佛性時，乃錯認四相爲佛性；見佛性後，則四相即爲佛性。

吾人對佛性應當如是了知，佛性乃本無法相，若能知此理，則是真知見。所謂法相者，即指人之知見；在佛性中本無任何知見，故曰「即非法相」；然由佛性發揮，則一切法相皆是真知真見，故曰「是名法相」。

石霜慈明禪師法會下，有僧日誦《金剛經》百徧，師聞之，召謂曰：「汝日誦經，究竟經義否？」曰：「未曾。」師曰：「汝當日誦一徧，參究佛意，若一句下悟去，如飲海水一滴，便知百川之味。」僧如教，一日誦至「如是知、如是見、如是信解，不生法相」處，驀然有省，遂以向師，師遽指牀前狗子云：「狗子嚇。」僧無語，師便打出。

應化非眞分第三十二

法可分無爲法與有爲法兩種，腦筋所思想者，以及眼所見之宇宙萬象，皆屬有爲法。有爲者，即有生滅、有來去、有成壞也；無爲法者，即指佛性，佛性無生滅、無來去、無成壞。應化非真者，即指一切有爲法，皆非真實者也。

「須菩提！若有人以滿無量阿僧祇劫世界七寶，持用布施，若有善男子、善女人，發菩提心者，持於此經，乃至四句偈等，受持、讀誦、為人演說，其福勝彼。云何為人演說？不取於相，如如不動。何以故？一切有為法，如夢幻泡影，如露亦如電，應作如是觀。」

明心見性其福最勝，見性後爲人演說，亦不取於相，惟自佛性上發揮，不離絕對；未明心見性者說法，皆是有爲法，是相對者，如夢幻泡影，變化無定，故福德有限。

佛說是經已，長老須菩提，及諸比丘、比丘尼、優婆塞、優婆夷，一切世間、天人、阿修羅，聞佛所說，皆大歡喜，信受奉行。

釋迦佛所規定之講大乘及最上乘經之四不依：

一、依智（佛性）不依識（腦筋之思想感覺）。

二、依法（大乘及最上乘法）不依人（小乘及二乘人）。

三、依了義（最上乘經及大乘經）不依不了義（中乘經及小乘經）。

四、依義（第一義諦，即佛性由體發用）不依字（又譯為「語」，即不能照字面解釋也）。

古人云：「依文解義，與佛作冤；離經一字，即同魔說。」

（編案：本書係以香港興亞印務所承印之《月溪法師講金剛經釋要》為底本。法師另有《月溪法師講金剛經》一書，因內容與本書相近，故暫不考慮編入）

心經註疏

本來無佛無衆生
世界未曾見一人
究竟瞭解是這箇
自性還是自己生

心經印心疏原序

摩訶般若波羅蜜　最尊最上最第一
無住無往亦無來　三世諸佛從中出

般若波羅蜜多法門，爲三世諸佛所護持，功德不可思議。五祖忍公以之印證後學，六祖能公繼之，更爲弘揚光大，荷澤會公承餘緒，遞傳勿墮，以迄今日。良以此法門乃萬法之根，萬行之本，菩薩依之而證涅槃，諸佛依之而證阿耨多羅三藐三菩提，至矣上矣，無以加矣。然一切衆生皆具如來德性，皆具般若體智，本來現成，祇因被無始無明遮蔽，不能自見，故釋尊設此法門，令衆生依法修習，便可破除無明，見性成佛。修習此法，仍須返求自心，自心譬如寶藏，無始無明譬如緊閉之門戶，般若法門譬如開門之鑰匙，愚人得此鑰匙，呆坐門旁，徒寶此匙，不知應用，終不得寶；智者得匙之後，即加應用，打開門戶，一切珍寶皆是己物，鑰匙即可棄置，故《六祖壇經》云：

「三世諸佛、十二部經，在人性中本自具有，不能自悟，須求善知識指示方見；若自悟者，不假外求；若一向執謂須他善知識，望得解脫者，無有是處。何以故？自心內有知識自悟。若起邪迷，妄念顛倒，外善知識雖有教授，救不可得；若起真正般若觀照，一剎那間，妄念俱滅；若識自性，一悟即至佛地。善知識！智慧觀照，內外明澈，識自本心，若識本心即得解脫，若得解脫即是般若三昧，般若三昧即是無念。何名無念？若見一切法，心不染著，是爲無念；用即徧一切處，亦不著一切處。但淨本心，使六識出六門，於六塵中無染無雜，來去自由，通用無滯，即是般若三昧。」又曰：「用自真如性，以智慧觀照，於一切法不取不捨，即是見性成佛。」故證般若三昧者，須求諸自性，於法實無可得，故名「般若三昧」。

《心經》乃般若法門之總綱也，雖非釋尊所親說，而曾經釋尊印可，欲證般若三昧者，捨此莫從。良以此經全自如來性海流出，與宗門所傳心要若合符節，所謂最尊最上，莫之與京。奘師譯本，文簡義備，千載而還，家喻戶曉，裨益含識，亦云溥矣。

自來疏經說法者，每通教而不通宗，舉唱宗風者則多通宗而不通教，其實宗教如車之兩輪，相輔而行，缺一不可。惟吾師月公能貫通宗教而無遺。月師十九出家，徧覽三藏，二十四歲參鐵巖禪師，打破漆桶。得意之後，以說法度生爲己任，偏主南北講席，凡四十年。癸未避亂滇中，端居多暇，於機聲彈影之間，爲不肖講述不綴，恩逾父母，無以爲報。因輯纂緒餘，而成此疏，蛇足之譏，曷云能免。

癸未臘月釋冰谷識於昆明香海菴

行深般若波羅蜜多圖

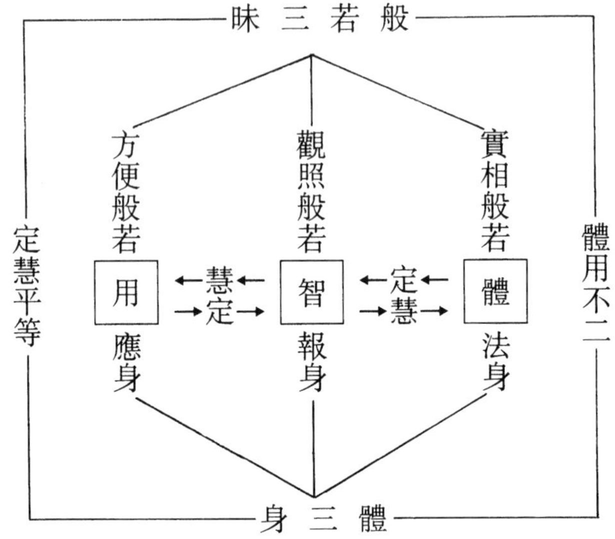

般若功用圖

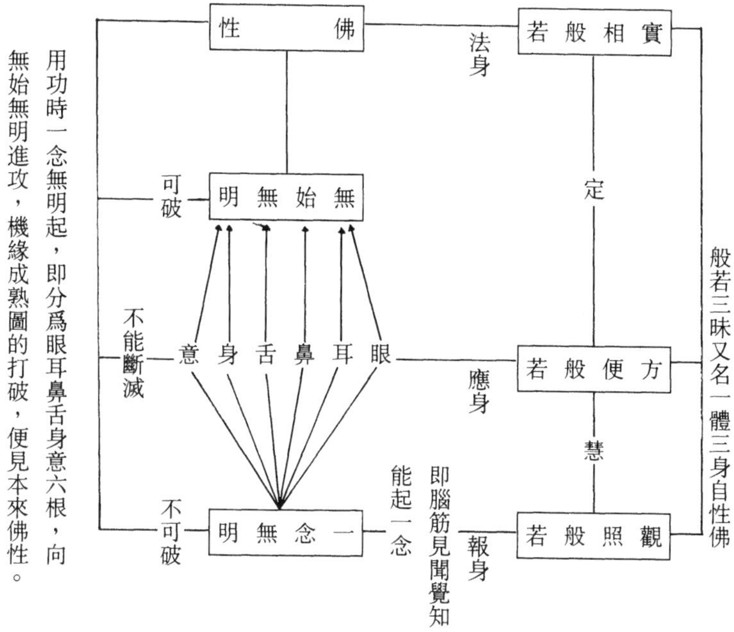

【說明】

一、一念無明是忽然起了一個念頭，亦名一念妄動性，前念後念生滅相代，無法停止。

二、無始無明是從無始以來便昏闇不明遮蔽佛性，一經打破便見佛性。

三、六根不能斷滅，倘強加斷滅，則般若智慧無從發揮妙用，如同木石。

四、見佛性之後，無始無明、六根、一念無明、以至宇宙萬物皆變爲佛性，謂之無餘涅槃。

五、證實相之後，方便、觀照皆變爲實相，體用一如，定慧相等，名「般若三昧」。

六、證法身之後，應身、報身皆是法身，名「一體三身」。

七、見佛性、證實相、證法身，名異而實同。

心經印心疏

般若波羅蜜多心經

「般若」譯爲智慧，「波羅蜜多」譯爲定能到彼岸，「心」者自性本體，「經」者徑也。全題意義即「運用智慧力，定能達到彼岸，證自性本體」是也。

般若有三種：一、實相般若。二、觀照般若。三、方便般若。實相爲體，觀照爲智，方便爲用。體是佛性（即法身），智是思想（即見、聞、覺、知，報身），用是六根（即眼、耳、鼻、舌、身、意，應身）。一切《般若經》用功法門，均由觀照般若出發，運用方便般若，打破無始無明，證實相般若。換言之，即是由思想智慧，主使六根任何一根，打破無始無明，見本來佛性。無明打破之後，方便般若、觀照般若，皆變爲實相般若，三即一，一即三。換言之，即一切見、聞、覺、知、根、塵、識，皆變爲佛性（名「一體三身」）。此時惟有一圓滿具足之實相，徧滿十方，圓裹三世，妙用恆沙，無欠無餘。長沙岑禪師有偈曰：「摩訶般若照，解脫甚深法。法身寂滅體，三一理圓常。欲識功齊處，此名常寂光。」昔之無明五蘊，莫不銷歸此一。故〈證道歌〉云：「無明實性即佛性，幻化空身即法身。」《六祖壇經》云：「明與無明，凡夫見二，智者了達，其性無二，無二之性，即是實性。實性者，處凡愚而不減，在賢聖而不增，住煩惱而不亂，居禪定而不寂，不斷不常，不來不去，不在中間，及其內外，不生不滅，性相如如，常住不遷，名之曰道。」

眾生未見佛性時，全由無始無明五蘊作主，故漂泊於生死流中，如失舵扁舟，淩驚濤，溯駭浪，顛簸流轉，罔知所止，自己絲毫做不得主；既見佛性，則如登安全之彼岸，無有恐怖，無有罣礙，安閑自在，一切現成，回顧昔之驚濤駭浪、生死流轉，猶如作夢矣。

「心」可分兩種：一爲真心，一爲妄心。真心包括見、聞、覺、知、根、塵、識、宇宙萬物，妄心亦包括見、聞、覺、知、根、塵、識、宇宙萬物，但其間隔之毫釐，差以天淵。妄心乃無明五蘊作主，而真心則佛性作主。無明作主，故流轉生死，泛濫而無與歸，所謂一假皆假；佛性作主，故體用互攝，圓滿而具足，所謂一真皆真。見性之後，真妄一如，不能以妄心辨別真心，不能以真心辨別妄心，妄心變爲真心，真心之外不復有心。

觀世音菩薩知見與佛無二，故此經所說之「心」，乃妙明真心，即自性本體是也。又名「真如實相」、「實相般若」、「圓覺真性」、「一真法界」、「法身淨土」、「本來面目」、「法界體性智」、「自心現量」、「究竟堅固」、「如來藏心」、「大光明藏」、「常樂我淨」、「本有自我」、「寂滅最樂」、「自性彌陀」、「常住真心」、「無生法忍」、「無餘涅槃」、「毗盧遮那」如此等稱，皆是假名。至於心之真實境界，乃思想所不能測度，言語所不能形容，惟有親切證悟方能明了。世尊在雪山所悟者祇此，四十九年引導衆生者爲此，迦葉見拈花而微笑者因此，達摩西來者以此，故知「心」者乃宇宙之根源，萬法之總持也。修行人本分大事，即在明心見性。《楞伽經》云：「佛語心爲宗，無門爲法門。」能喻此旨，則茲經之重要，不復待言矣。

「經」之一字，梵語「修多羅」，原意爲「線」，即助記憶之線索是也。世尊生時，說法度生全憑口語，並無經卷文字，迨滅度後，諸大弟子恐流傳失真，故有三藏之結集。然佛性本體，「言語道斷，心行處滅」，非文字所能表現。故曰：「我四十九年說法，未曾說著一字。」而默然端坐之際，觀世音菩薩則謂爲說法，此其故可得而思矣。昔有東印度國王問般若多羅祖師：「何不看經？」祖曰：「貧道入息不居陰界，出息不涉衆緣，常轉如是經百千萬卷。」六祖示誦經僧法達偈曰：「心迷《法華》轉，心悟轉《法華》，誦經久不明，與義作讎家。」又百丈懷海禪師曰：「夫讀經看教語言，皆須宛轉歸就自己。但是一切言教，祇明如今鑑覺自性，但不被一切有無諸境轉，是汝導師，能照破一切有無境，是金剛慧，即有自由獨立分。若不能恁麼會得，縱然誦得十二韋陀典，祇成增上慢，卻是謗佛，不是修行。」古靈神贊禪師見蜂子投窗紙求出，因諷看經者曰：「世界如許廣闊不肯出，鑽他故紙做甚麼？」又作偈曰：「空門不肯出，投窗亦太癡。百年鑽故紙，何日出頭時？」學者宜於此三致意焉。

唐三藏法師玄奘奉詔譯

玄奘法師，唐貞觀時人，通達三藏經典，故稱「三藏法師」。本姓陳名禕，洛州緱氏人，於唐太宗貞觀三年八月前往印度取經，歷十七年，貞觀十九年四月始歸中土，帶回梵本經論六百五十七部，奉詔就弘福寺翻譯，梁國公房玄齡專知監護。此經姚秦什師譯之於前，至是奘師更爲重譯，前後譯家譯本有七種，以奘師此本文簡意溥，最爲傑出，故流傳至廣。

《心經》緣起

當時佛在舍衛國城外靈鷲山說《般若經》，舍衛國王波斯匿率大臣、長者、居士等凡七萬餘人來會聽講。佛跏趺坐，默然無語，現滿月相，入妙明月輪三昧，示現法身淨土。時十大弟子中以舍利弗小乘智慧第一，見佛默然，未喻妙旨，知觀世音菩薩知見與佛無別，故啓請開示，觀世音謂曰：「佛正說法耳。」即爲大衆闡明默然之旨，而成此經。講畢，世尊印可曰：「觀世音之旨，與我無二無別。」

冰谷按：妙明月輪三昧即無諍三昧，其旨與拈花示衆無別。舍利弗雖小乘智慧第一，未能喻此不二境界，況餘衆乎？此境本不可說，觀世音菩薩爲引導聲緣二乘，冀其迴小向大，故爲方便開示心要。昔毗耶一會，文殊師利唱不二法門之旨，一時三十二哲之説皆非究竟，獨淨名默然無語，文殊讚曰：「善哉！善哉！乃至無有文字語言，是真入不二法門。」（出《維摩詰經・入不二法門品》）故知如來妙境，離於言詮，古德所謂「談玄説妙隔天淵」是也。兹舉一事證明之：昔有太原孚上座，初在揚州光孝寺講《涅槃經》，有禪者阻雪，因往聽講，至「三因佛性，三德法身」，廣談法身妙理，禪者失笑。師講罷，請禪者喫茶，白曰：「某甲素志狹劣，依文解義，適蒙見笑，且望見教。」禪者曰：「實笑座主不識法身。」孚曰：「如此解說，何處不是？」曰：「請座主更說一徧。」孚曰：「法身之理，猶若太虛，豎窮三際，橫亙十方，彌綸八極，包括二儀，隨緣赴感，靡不周徧。」禪者曰：「不道座主說的不是，祇是說得法身量邊事，實未識法身在。」孚曰：「既然如是，禪德當爲代說。」曰：「座主還信否？」孚曰：「焉敢不信！」禪者曰：「若如是，座主輟講旬日，於室內端然靜慮，收心攝念，善惡諸緣，一時放卻。」孚一依所教，從初夜至五更，聞鼓角聲，忽然契悟，便去叩門，禪者曰：「阿誰？」孚答曰：「某甲。」禪者咄曰：「教汝傳持大教，代佛說法，夜來爲甚麼醉酒臥街？」孚曰：「禪德！自來講經，將生身父母鼻孔扭捏，從今已去，更不敢如是。」禪者曰：「且去，來日相見。」孚遂罷講（出《指月錄》）。又法達禪師誦《法華》三千部，智通禪師看《楞伽》千餘徧，未能領旨，一經六祖指點，如飲甘露，當下知歸。故研誦《心經》者，不可拘泥文字，須於文字之外著力，觀切證入真心本體，方不負觀世音菩薩一片婆心也。

觀自在菩薩，行深般若波羅蜜多時，照見五蘊皆空，度一切苦厄。

觀自在者，於法無取無捨，於根、塵、境、識無障無礙，得大自在之謂也。非行深般若波羅蜜多，無由證實相，非證實相不能「觀自在」，故凡行深般若法門已證實相者，皆名「觀自在菩薩」。此四句是全經綱領，亦即一切般若法門最重要之點，良因舍利弗乃修小乘者，故觀世音菩薩一開始即說出大乘般若法門之要點，直截根源，一針見血，下文皆從此四句發揮而出。

般若有三種，前文已言之，惟證實相般若者，方稱爲「行深般若」。蓋無始無明已破，實相現前，徹底明了，則照見五蘊皆屬空寂，與佛性本體無異，五蘊既空，則一切苦厄，不待滅而自滅矣。

五蘊又名五陰、五衆、五大。蘊者，積聚蘊藏之意也；五者，色、受、想、行、識是也。簡單說明之，「色」，見到色相；「受」，印上腦筋；「想」，發生幻想；「行」，追求造作；「識」，造成現業。世界上一切善惡事業，皆必經此五種過程而完成，一切身心、性命、煩惱、歡樂，亦必經此五種過程而造就，故凡夫誤認以爲「自心」。其實五蘊乃以無明妄心爲主，以三毒十業爲用，以三世六道爲依，互相發揮，造孽作福，生死流轉，無有了期。故《華嚴經》云：「一切衆生界，皆在三世中。三世諸衆生，悉住五蘊中。諸蘊業爲本，諸業心爲本。」（出〈夜摩天宮

「空」之一字，最爲重要。荷澤禪師曰：「真如之體不可得，名爲『空』；能見不可得體，湛然常寂，有恆沙之用，故不言『空』。」故知經中言「空」非「頑空」之空，亦非「空洞」之空，乃真如之「體」，又名「第一義空」，即佛性是也。《大涅槃經》云：「中道者，名爲佛性；不得第一義空，不行中道。」小乘斷六根，是入「頑空」；中乘斷一念無明，是落「空洞」；大乘般若法門，不斷一念無明及六根，亦不除五蘊，惟由觀照般若，運用方便般若，打破無始無明，證實相般若；證實相之後，一念無明、六根、五蘊等皆變爲佛性，是爲得「第一義空」，故曰：「照見五蘊皆空。」皆空者，見五蘊本體即「真如本體」之意也。五蘊即變爲佛性，則一切苦厄亦皆變爲佛性，故不曰「斷滅」，而曰「照、度」。照、度者，自性能生萬法，能轉萬物之謂。六祖所謂：「自性衆生誓願度。」《維摩詰經》所謂：「現於涅槃，而不斷生死。」古德所謂：「能轉煩惱爲菩提，迴三毒爲三聚淨戒，轉無明爲大智。」照見五蘊爲佛性，亦此意也。

舍利子！色不異空，空不異色；色即是空，空即是色；受、想、行、識，亦復如是。

舍利子即舍利弗，原修小乘，小乘人不明五蘊即是佛性，不異佛性之理，故觀世音菩薩述說至此，特呼其名而告之，欲其注意也。

真如之體不可得，五蘊之體亦不可得，二者不異不別。故《華嚴經》云：「云何說諸蘊？諸蘊有何性？蘊性不可滅，是故說無生。分別此諸蘊，其性本空寂。空故不可滅，此是無生義。衆生既如是，諸佛亦復然。佛及諸佛法，自性無所有。能知此諸法，如實不顛倒。」（出〈夜摩天宮偈讚品第二十〉）《六祖壇經》曰：「蘊之與界，凡夫見二，智者了達，其性無二，無二之性，即是佛性。」

此之謂「空」，即是佛性本體。見性之後，佛性是體，五蘊是用，即體起用，即用歸體，用不異體，故曰：「色不異空。」體不異用，故曰：「空不異色。」受、想、行、識，亦同此義。故荷澤禪師曰：「心起即『色』，不可得故即『空』，法性妙有故即『色』，色妙無故即『空』。」不可得及妙無等字皆指佛性本體也。又曰：「爲未見性，是以說空；若見本性，空亦不有。」故知此之謂「空」，乃第一義空是也。

有僧問趙州從諗禪師曰：「承師有言：『未有世界，早有此性；世界壞時，此性不壞。』如何是此性？」師曰：「四大五陰。」僧曰：「此猶是壞底，如何是此性？」師曰：「四大五陰。」法眼禪師曰：「是一箇、兩箇？是壞、是不壞？且作麼生會？試斷看！」（出《五燈會元》）

舍利子！是諸法空相，不生不滅，不垢不淨，不增不減。

諸法空相者，諸法體空不可得，與佛性無二也。本體本來無生，故無滅；本來無垢，故無淨；本來圓滿，故無增減；於中一法不立，故名「空相」；於中一法不離，故名「實相」；空實一如，是爲妙明真心。

《六祖壇經》云：「何期自性，本自清淨！何其自性，本不生滅！何期自性，本自具足！何期自性，本無動搖！何期自性，能生萬法！」佛性是絕對，而生、滅、垢、淨、增、減是相對，絕對中無相對，相對入絕對皆變爲絕對。經謂：「如入薝蔔林，不聞異香。」又謂：「如大火聚，觸之不得。」古德謂：「如洪爐一點雪。」皆佛性絕對之譬也。絕對乃最終極之實在，不假對治，故大珠禪師云：「不脫對治門，是生死業。」生、滅、垢、淨、增、減俱對治門，皆生死業也，佛性中豈容立足乎！

是故空中無色，無受、想、行、識，無眼、耳、鼻、舌、身、意，無色、聲、香、味、觸、法，無眼界……乃至無意識界。

佛性絕對之旨已明，則知五蘊、六根、六塵，以至六識、十二處、十八界，皆無從於中立足，甚至心、佛、衆生亦是假名，亦不能立足。故趙州禪師云：「佛之一字，我不喜聞。」雖然如此，其性真實，無別無二，根、塵、識、界，不入斷滅，受、想、行、識，皆成妙用。未見性前，無明爲主，如同流寇，已見性後，譬如流寇已受招撫，全聽自性指揮，不復爲患，此時眼、耳、鼻、舌、身、意，盡是自性光明藏門戶，開闔自如，妙用無窮。故福州長慶大安禪師曰：「汝諸人各自有無價大寶，從眼門放光，照見山河大地；耳門放光，領采一切善惡音響；如是六門，晝夜常放光明，亦名放光三昧。」豈不見誌公和尚云：「內外推尋覓總無，境上施爲渾大有。」又司空山本淨禪師有偈曰：「見聞覺知無障礙，聲香味觸常三味。如鳥空中祇麼飛，無取無捨無憎愛。若會應處本無心，始得名爲觀自在。」又寶誌禪師云：「大道常在目前，雖在目前難睹。若欲悟道真體，未除聲色言語。」

真如本體不可得，諸法本體亦不可得，故曰「無」。「無」者，體性空寂是也，雖然常寂，而有本智妙用。故荷澤〈顯宗記〉云：「無念念者，即念真如；無生生者，即生實相。無住而住，常住涅槃；無行而行，即超彼岸。如如不動，動用無窮。」又曰：「是知即定無定，即慧無慧，即行無行，性等虛空，體同法界。」此之謂「無」，應作是解。

「無眼界……乃至無意識界」，此句是省略句法，即包括眼至意六識及十八界是也。與下文「無無明至無老死盡」句包括十二因緣同。

無無明，亦無無明盡……乃至無老死，亦無老死盡。

無明……老死十二因緣，乃中乘所修，修中乘人，名爲「緣覺」，但佛性本體上覓此名此法了不可得。十二者：「無明」緣「行」，「行」緣「識」，「識」緣「名色」，「名色」緣「六入」，「六入」緣「觸」，「觸」緣「受」，「受」緣

「愛」，「愛」緣「取」，「取」緣「有」，「有」緣「生」，「生」緣「老死」。此十二事乃包括過去、現在、未來三世，循環不息之因果歷程，感召果報爲因，互相牽纏爲緣。十二支中分過去二支因，現在五支果，現在三支因，未來二支果（參考《佛學辭典》）。

「無明」者，迷昧不明之意，此之謂「無明」，乃指「一念無明」，與「無始無明」不同。無始無明是根本便不明，一念無明又名一念妄動性，是不覺的起了念頭之謂；無始無明是「空執」，一念無明是「法執」；空執可破，而法執不可破，此點最爲重要，於下文詳爲說明。佛性乃絕對者，本來圓滿現成，無因無果，無取無證，不受後有，超過時間、空間，故無所謂過去、現在、未來，十二因緣根本無法立足，皆是假名，故亦無須加以對治。就體性上觀之，則因緣性空，空故「無盡」，「無盡」故不能斷。故《維摩詰經》云：「緣起是道場，無明乃至老死皆無盡故。」中乘人不明因緣本空，以爲一切輪迴苦惱皆起於此，非加滅盡不可；又以十二因緣乃由一念無明而起，故專斷一念無明。殊不知一念無明猶如龍潭出水，無法永斷，雖然暫時將一念停止，而落於空空洞洞之境，心灰志滅，如同木石，更靠甚麼來修行耶？故〈證道歌〉云：「喚取機關木人問，求佛施功早晚成。」其實未見性前，應利用一念無明以打破無始無明；已見性後，則一念無明已變爲佛性矣。時會中有修中乘者，故觀世音菩薩特爲訓示：「因緣本空，故不須斷滅；見性後因緣即是佛性，故不斷滅」之理，俾知所警策取捨。

《大智度論》云：「因緣所生法，我說即是空；亦名爲假名，亦名中道義。」《大涅槃經》云：「中道者，名爲佛性，不得第一義空，不行中道。」故知能行中道者，必已證實相般若，照見因緣所生諸法，本體與佛性無二無別，方名「中道」。每見人解釋「中道」云：「小乘著有，大乘著空，不著有、不著空，便是中道。」夫「不有不空」乃外道四句百非之餘毒，釋迦所呵斥者，今乃以之解釋中道佛性，所謂集九州之鐵鑄成大錯者也。

無苦、集、滅、道，無智亦無得。

「苦、集、滅、道」謂之四諦，小乘所修也，修小乘人謂之「聲聞」。「苦」是受報之苦，「集」是招果之因，「滅」是寂滅之樂，「道」是修持之法。簡言之，即是知苦、斷集、慕滅、修道之意。「諦」者，審實之謂也。然就絕對佛性本體上看，四諦與十二因緣同樣無法立足。

四諦有大小乘之別，大乘名「四聖諦」，與小乘不同。小乘四諦，有取有捨，有智有得，謂之「有爲法」；大乘四聖諦，無取無捨，無智無得，謂之「無爲法」。良以修小乘人，其動機在於厭生死煩惱而求清淨寂滅之樂，以爲煩惱由六根而生，故其方法乃將六根斷倒。六根（包括見、聞、覺、知）者，凡夫誤執以爲「我心」，名曰「我執」；六根斷，我執破，而清淨之一念仍存，此時耽著淨境，不肯放捨，遂落於「法執」，此乃小乘之境界也；中乘人知法執之非，淨境不可耽著，進一步而斷此清淨一念，法執已破，然落於空空洞洞之境，名曰「空執」，六祖說是「無記憶空」，禪宗所謂「無明窠臼」、「漆黑桶底」、「湛湛黑闇深坑，實可怖畏」，皆指此空執境界也；空執即「無始無明」，乃最後關頭，修大乘者須打破此牢關，方能見本來佛性。見性之後，不用再修，如遠客抵家，得大休歇，安閑自在，樣樣現成，不假外求，無須造作，此時無觀照般若、方便般若可用，無實相般若可證，故曰「無智無得」。《圓覺經》云：「修習此心得成就者，於此無修，亦無成就；圓覺普照，寂滅無二；於中百千萬億阿僧祇不可說恆河沙諸佛世界，猶如空花，亂起亂滅，不即不離，無縛無脫；始知衆生本來成佛，生死涅槃，猶如昨夢。」

以無所得故，菩提薩埵，依般若波羅蜜多故，心無罣礙，無罣礙故，無有恐怖，遠離顛倒夢想，究竟涅槃。

自「諸法空相」起，一路追撈將來，至「無所得」，便達佛性根源。至「究竟涅槃」，便是圓滿具足。故《金剛經》云：「若有所得，然燈佛即不與我授記。」六祖云：「我若言有法與人，即為誑汝。」

「菩提薩埵」譯為「成就有情衆生」，簡稱「菩薩」，修大乘人也。以上所講中乘人修十二因緣斷一念無明、小乘人修四諦斷六根，皆是有為法，不能得「究竟涅槃」；惟大乘菩薩，明白佛性於法本無所得，故不斷六根，不斷一念無明，專修般若法門，由觀照般若出發，運用方便般若向無明窠臼進攻，機緣時至無始無明囥的打破，得見本來面目，剎那間無量劫生死種子和盤托出，便入「究竟涅槃」，得大休歇，亦名「明心見性」，亦名「成佛」。此時心中無罣無礙，亦無恐怖顛倒夢想，自由自在，故水邊林下，隨緣度日，或說法利生，負米供衆，穿衣喫飯無非菩提，行住坐臥皆是三昧，語默動靜盡屬佛法。昔龍潭禪師參天皇禪師，居既久，啓曰：「某自到來，不蒙指示心要。」皇曰：「自汝到來，吾未曾不指汝心要。」師曰：「何處指示？」皇曰：「汝擎茶來，吾爲汝接；汝行食來，吾爲汝受；汝和南時，吾便低頭。何處不指示心要？」師低頭良久，皇曰：「見則直下便見，擬思即差。」師當下開解。

「究竟涅槃」即「無餘涅槃」，又名「無漏」，亦曰「無爲」，於法無得，故名「無爲」，乃大乘之所證；小乘人誤認清淨一念爲涅槃境界，中乘人誤認「無始無明」爲涅槃境界，皆非究竟，故名「有餘涅槃」，又名「有漏」，亦曰「有爲」，於法有得，故名「有爲」。誌公〈不二頌〉云：「無有一法可得，翛然自入無餘。」

小乘破「我執」而落於「法執」，中乘破「法執」而落於「空執」，惟大乘破「空執」始能見本來佛性。其實我執（即六根、見聞覺知）、法執（即一念無明）皆不可破，惟空執（即無始無明）可破。欲破空執反須利用一念無明及六根，即觀照般若及方便般若是也，此理上文言之屢矣，然須親自體驗，方能徹底明白。試靜坐室中，摒除雜念，眼不見、耳不聞，六根皆置勿用，入於清淨寂滅之境，此時自以爲無

「我」矣，殊不知尚有清淨之一念在也；於是更進一步將思想完全停止，連清淨之一念亦予斷倒，自以爲入涅槃境界矣。但此時果何如乎？豈非空空洞洞、渺渺冥冥之境乎？倘認此爲足貴，則有智識之上等動物，反不若渾渾噩噩之下等動物矣。況此種境界無法支持長久，普通人不過數十分鐘，印度婆羅門教徒可延長數日，然終歸有一天醒轉過來，毫無結果。故知六根及一念無明，除非肉體死亡，不能斷滅，强加斷滅，如同自殺，安足尚乎？大乘般若法門則不同，一念無明起即是觀照般若，起後分爲眼、耳、鼻、舌、身、意六根，便是方便般若，用任何一根統攝六根，或六根一齊並用，向無始無明窠臼照去，十二時中步步追搜，行住坐臥不稍放鬆，機緣時至囫的一聲豁然貫通，便證實相般若。

修小乘、中乘人錯認「止、作、任、滅」四病爲用功法門，錯認「我、人、衆生、壽者」四相爲自性本體（出《圓覺經》），故無法證實相般若，無法契會「蘊、根、塵、識、界」皆佛性之理，將「五蘊皆空」之「空」字，作空洞斷滅解，差之毫釐，失之千里，可不慎哉！茲將四病分析於下：

一、止病　將一切思想勉强止住不起，如海水不起波，無一點浮漚。小乘斷六根，道家清淨寡欲、絕聖棄智，皆此病也。佛性非「止」而合。

二、作病　捨妄取真，將一個壞念頭改爲一個好念頭；背塵合覺，背覺合塵；破一分無明，證一分法身。老子「常無欲以觀其妙，常有欲以觀其徼」、孔子「正心誠意」、宋儒「去人欲之私，存天理之正」，皆此病也。佛性非「作」而得。

三、任病　思想起也由他，滅也由他；不斷生死，不求涅槃；不執著一切相，不住一切相；照而常寂，寂而常照；對境無心；儒家「樂天知命」、道家「返自然，歸嬰兒」，皆此病也。佛性非「任」而有。

四、滅病　將一切思想斷盡，空空洞洞，如同木石一般。中乘破一念無明、老子「惚兮恍兮，窈兮冥兮」、莊子「坐忘」、宋儒「我心宇宙」，以及印度外道六師，皆此病也。佛性非「滅」而有。

「四相」亦極重要，自來解釋「四相」多誤解不執著我爲無我相，不執著汝爲無人相，不分別六道衆生爲無衆生相，不求長壽爲無壽者相。實屬大錯！修行人目的在見性成佛，倘甚麼事都不管，都不分別，豈非愈弄愈糊塗，安足貴乎？不執著不分別者，乃「任病」，非佛法也。古時有一法師講《金剛經》，至「無人相、無我相」，解爲不要執著汝我，下面有一龐居士問曰：「無我相，誰人講《金剛經》？無人相，誰人聽《金剛經》？」講者不能答（出《指月錄》）。故知釋迦說法，時時提出

「四相」以警大衆者（如《金剛》、《圓覺》等經），乃因當衆生用功時，「四相」最易被錯認爲佛性故也。茲分別釋之如次：

一、我　相　即我執。小乘人斷六根時，「小我」已滅，入於「大我」境界，此時心量擴大，有充滿宇宙之象，清淨寂滅。宋儒所謂「我心宇宙」，莊子所謂「坐忘」（出〈大宗師〉篇），希臘哲學家所謂「大我」、「上帝」，老子所謂「惚兮恍兮，其中有象；恍兮惚兮，其中有物；窈兮冥兮，其中有精」，皆是「我相」境界。

二、人　相　即法執。起後念以破前念，譬如前念有我，乃起後念之「否認我」以破之，繼而復起一念以破此「否認我」之念，如是相續，以至無我，破見仍存，悉爲「人相」。莊子所謂「吾念喪我」，即此相也。

三、衆生相　亦是法執。凡我相、人相所未到之境界，是衆生相。所謂「前念已滅，後念未起，中間是」是也，儒家謂「喜怒哀樂未發謂之中」、《尚書》云「惟精惟一，允執厥中」，此「中」字，即「衆生相」境界。

四、壽者相　即空執。一切思想皆已停止，一切善惡是非皆已忘卻，其中空無所有，如同命根。六祖說是「無記憶空」，二乘誤認爲涅槃境界，其實即「無始無明」，禪宗稱爲「無明窠臼」、「湛湛黑闇深坑」，道家所謂「無極」，即此相境界。

以上四相皆是有爲法，皆非究竟。故《金剛經》云：「若取法相，即著我、人、衆生、壽者。」《圓覺經》云：「末世衆生，不了四相，雖經多劫，勤苦修習，但名『有爲』，終不能成一切聖果。」《金剛經》云：「有我相、人相、衆生相、壽者相，即非菩薩。」乃指此四種境界俱非正法也。淺識之流每謂「三教同源」，若能明此四相精義，則知三教相隔不啻天淵也。

三世諸佛，依般若波羅蜜多故，得阿耨多羅三藐三菩提。

阿耨多羅三藐三菩提譯爲「無上正等正覺」。佛性本體，無取無證，無智無得，妙用恆沙，而平等不動，故名「無上正等正覺」。《金剛經》云：「須菩提白佛言：『世尊！佛得阿耨多羅三藐三菩提，爲無所得耶？』佛言：『如是，如是。須菩提！我於阿耨多羅三藐三菩提，乃至無有少法可得，是名阿耨多羅三藐三菩提。』」

過去、現在、未來諸佛，皆依般若法門修習，而證無上正等正覺。

故知般若波羅蜜多，是大神咒、是大明咒、是無上咒、是無等等咒，能除一切苦，真實不虛。

「咒」字譯爲「總持」。《心經》寥寥幾行，是一切般若法總持，菩薩依之而證涅槃，諸佛依之而登無上正等正覺，故知三藏十二部不爲多，而此寥寥幾行不爲少。趙州從諗禪師問僧：「一日看多少經？」曰：「或七、八，或十卷。」師曰：「闍黎不會看經。」曰：「和尚一日看多少？」師曰：「老僧一日祇看一字。」（出《五燈會元》）學者如今看《心經》，但解看一「心」字足矣，祇此一字，是諸佛本源，是一切神通妙用，但能深信勿疑，依此修習，一念相應便成正覺。荷澤禪師曰：「譬如一綟之絲，其數無量，若合爲繩，置於木上，利劍一斬，一時俱斷，絲數雖多，不勝一劍。發菩薩心人，亦復如是，若遇真正善知識，以巧方便直示真如，用金剛慧（即般若）斷諸地位煩惱（即無明），豁然曉悟，自見法性本來空寂，慧利明了，通達無礙，證此之時，萬緣俱絕，恆沙妄念，一時頓盡（即能除一切苦），無邊功德，應時等備。」

「大神咒」者，具大神通能轉萬物，不爲萬物所轉，即絕對之旨是也；「大明咒」者，能大放光明，照破一切生死昏闇是也；「無上咒」者，即最終極之實在，萬物之根源，無以復加是也；「無等等咒」者，實相平等不動，乃至八萬四千陀羅尼門平等不動，無有階級次第是也。此言般若總持，勝過一切經持，若人能證實相般若，一切生死煩惱，當下消滅。故〈證道歌〉云：「證實相，無人法，剎那滅卻阿鼻業。」此乃諸佛及觀世音菩薩親歷境界，故曰：「真實不虛。」昔歸宗智常禪師謂僧曰：「觀音妙智力，能救世間苦。」僧問：「如何是觀音妙智力？」師敲鼎蓋三下曰：「子還聞否？」曰：「聞。」師曰：「我何不聞？」僧無語，師以棒趁出（出《五燈會元》）。歸宗如此老婆心切，可憐箇鈍根阿師，不肯承當耳。

故說般若波羅蜜多咒，即說咒曰：「揭諦揭諦，波羅揭諦，波羅僧揭諦，菩提薩婆訶。」

《心經》是《般若經》總持，而此四句咒語，則是《心經》總持，包含無量義，成就一切智，如欲解說，窮劫不盡；倘能證悟實相，則雖十二部經、一千七百則公案，皆不值一笑耳。

冰谷按：自來講演《心經》者，多依晉．道安法師辦法，將全經分爲三分。自「觀自在菩薩」至「照見五蘊皆空」爲序分；「色不異空」至「得阿耨多羅三藐三菩提」爲正宗分；「故知般若波羅蜜多」至「菩提薩婆訶」爲流通分。其實此經一開頭便是正宗分，並無序文。又如《金剛經》三十二分中（梁昭明太子所分），一分說般若，一分是讚歎；即是一分正宗，一分流通；相互間插，無法分成三分。故道安此法，未盡適用。即其他古德所定格式，如天臺之「五重玄義」，賢首之「十門分科」，亦是如此。蓋世尊說法，皆從自性流出，如汪洋大海，無有涯岸，豈容妄定格式，而欲將無涯妙理納諸其中？無異舉瓢飲河、削足就履、將大海納於牛跡。古德云：「劍去久矣，汝方刻舟。」其是之謂乎？

佛性妙理，離於言詮，前文數數言之，而余如此刺刺不休，無非欲讀者得一明晰之概念而已，然已不免言詮之嫌，故讀者明白般若法門之後，仍須返求自心，體驗實證，須知真如實相，是自己娘生鼻孔，不能靠他人說與。昔香巖和尚在百丈禪師處，聰明靈利，問一答十，被溈山問：「父母未生時，試道一句看！」便爾茫然莫對，歸寮將平日看過文字，從頭要一句酬答，竟不能得，乃自歎曰：「畫餅不可充饑！」屢乞潙山說破，潙山曰：「我說給汝，汝以後一定　我。我說的是我的，終不干汝事。」香巖遂將平日所看言教燒卻，直過南陽，止於慧忠國師故居，參究多時。一日芟除草木，偶拋瓦礫，擊竹作聲，忽然省悟，遽歸沐浴焚香，遙禮潙山曰：「和尚大慈，恩逾父母，當時若爲我說破，何有今日之事？」（出《傳燈錄》）故趙州從諗禪師曰：「諸方難見易識，我這裡易見難識。」冰谷曰：「甚麼處是易見？甚麼處是難識？參！參！」

般若波羅蜜多心經註解

《心經》法會之因由

釋迦牟尼佛在舍衞城外靈鷲山，入深妙觀照品三昧，是時，復有聖觀自在菩薩摩訶薩，觀照般若波羅蜜多深妙行，照見五蘊皆自性空，於是壽命具足。舍利子承佛神力，白聖觀自在菩薩摩訶薩言：「善男子！若有欲修般若波羅蜜多深妙行者，作何修習？」觀聖自在遂爲說是經。說畢，薄伽梵從三昧起，告聖觀自在菩薩摩訶薩言：「善哉！善哉！是乃如是，是誠如是。」於是舍利子、觀世音曁諸眷屬、天人、阿修羅、乾闥婆等一切世間，皆大歡喜，宣讚佛旨。

釋經題

研究是經，須先明五種意義，即「釋名」、「顯體」、「明宗」、「論用」、「判教」是也，此隋智者大師所闡發者。玆先就釋名言之，而顯體、明宗、論用、判教，亦皆寓於其中矣。

「般若波羅蜜多」，梵語也。「般若」譯曰「智慧」；「波羅蜜多」譯曰「到彼岸」；「心」是顯示本有之佛性，即常住真心；「經」譯曰「徑」。統稱《般若波羅蜜多心經》者，言人生夢幻，須能發明真心，方可覺悟而到彼岸，但能發明此常住真心者，又非般若智不可，故有般若則能發明真心，依此路徑定能達到彼岸也。

心有數義：一、肉團心，即血心。二、六塵緣影心，即方便般若。三、一念妄動心，即一念無明。四、知覺思慮心，即觀照般若。五、清淨無為心，即根本無明。六、常住真心，即實相般若。

般若分三：一、實相般若。二、觀照般若。三、方便般若。

觀照般若即「阿賴耶識」，舊稱「靈性」，近代人謂之腦筋，《易經》「陰陽二動」、《中庸》「率性之命」、宋儒所謂「氣質」、王陽明所謂「良知良能」是也。內分見、聞、覺、知，有兩種作用：一是能起淨緣，即不起思想；一是能受染緣，即有善惡、是非、愛欲、喜怒等，是有漏的，人人的是不一樣。有漏者，即有為，換言之，思想忽起忽落之義也。依上所說，觀照般若是能一動一靜，不動即靜，不過動時多，靜時少耳。迦葉佛對觀照般若曾有偈曰：「欲生於汝意，意以思想生。二俱不可得，非色亦非心。」

見、聞、覺、知者，即目之所見、耳之所聞、鼻舌身之所知、意之所覺四部分也。可分爲「能緣」與「所緣」，意識曰「能緣」，其意識之所對曰「所緣」，簡稱「能、所」，亦即心境也。老宿云：「心本無生因境有。」言境爲心之所造，心爲境之所生，心、境息息相關，無時或間；如使心、境兩忘，即歸空洞，然非佛性之顯示耳。

觀照般若之作用，所謂「萬法唯心」是也。言一切之法，盡由心之所生，亦盡由境之所造，心能造出九法界，而九法界亦莫非此一顆心。如惡逆心重，造地獄界；慳貪心重，造餓鬼界；淫欲心重，造畜生界；作善修聖，造天界；早求離苦，造人界；瞋慢心重，造修羅界；斷我執（我執即我空，亦即方便般若），造小乘界；斷法執（法執即法空，亦即一念無明），造中乘界；不斷我執，不斷法執，利用我執、法執，破空執（空執即空，空亦即根本無明），造大乘界。據此則知九界全在心之裏面，無非觀照般若，心之所造耳。惟能破空執，則見心外之心即佛性（我執、法執、空執，出《楞伽經》），此心外之心者，是天然的，不假心意識之所造也。《心經》爲大乘法門，因地獄、餓鬼、畜生、天、修羅，凡夫不能見，故不俱論，專言小乘、中乘、大乘之區分，而三乘之所以區分者，亦皆由心之所造而已。大乘斷根本無明之說，見《勝王般若經》（根本無明即無始無明，出《勝鬘經》、《華嚴經》、《涅槃經》）吾人依此受持，斯真不二法門耳。

方便般若，一名「文字般若」，是觀照般若中所起之一念妄動性（即「末那識」，中名「傳送識」）起一念，即六根、六識、六塵，統稱曰「根識塵性」。眼、耳、鼻、舌、身謂之前五識，意謂之第六識。人既有六根、六識、六塵，故思想極多，物象雜陳；如能淨下不想，則一切銷歇，而裏面之無知覺淨性發現出矣。

無知覺淨性，即根本無明（即「無記性」，出《楞嚴經》；即「無記空」，出《六祖法寶壇經》），亦即「菴摩羅識」，漢語名「白淨識」。此儒家所稱之「先天無極」、《中庸》言「天命之謂性」、老子之「清淨無爲」、孟子之「浩然之氣」、宋儒之「吾心宇宙」是也。如能到此境界，是無知無覺、無生無滅的，然切須明白，此尚非實相般若（佛性），而世人往往誤認，殊大謬也！無知覺淨性，是無善惡、是非、煩惱等，是可以打破的，若將其打破，則真正佛性即顯現矣。

根本無明是暫有暫無、靜有動無的，且是無色無相、空洞縹緲、無知無覺、黑冥不明的，此係一種迷源，切須打破。然如何方可打破？即使用觀照般若，利用方便般若向裏面返看，行住坐臥無時或已，積之既久功夫一到，則豁然開朗倏然自破，而妙明自性即行顯示耳。古德有偈曰：「返看無明地，不管諸淨界。忽破白淨識，即證妙明性。」

妙明自性即「實相般若」，無青黃赤白、長短、方圓、大小等色相，是無生死、無來去，偏滿虛空，充塞宇宙，究竟快樂，不受薰染，無漏的，人人全是一樣的（真如不受薰染，真如恆守本性，真如不變易，出《華嚴經》）。所謂無漏者，即無爲。換言之，動亦在、靜亦在之義也。實相般若，本來具足，即三身、五智、五眼、六通也；法身、報身、應身謂之「三身」；法界體性智、大圓鏡智、平等性智、妙觀察智、成所作智，謂之「五智」；肉眼、天眼、慧眼、法眼、佛眼，謂之「五眼」；天眼通、天耳通、他心通、宿命通、神足通、漏盡通，謂之「六通」。吾人研究佛學，即以顯現實相般若爲唯一之目的，人之無量苦惱難以解脫，是因佛性未得顯示之故，推厥原始，即被根本無明所遮掩也；如一經打破，則觀照般若內之一切喜怒哀樂、是非煩惱等種子皆掃地淨盡，和盤托出。

據上論斷，欲顯示實相般若，須打破根本無明，而打破根本無明，必須使觀照般若利用方便般若，以返看的功夫打破之。所謂利用方便般若，亦即利用一念妄動性，而除止、作、滅、任四種病也。玆將四種病分析言之。

一、止病　將一切思想止住不起，如「海水不起波，無一點浮漚」。《圓覺經》言：「我今自心，永息諸念……說名爲病」。

二、作病　將一箇惡思想，改作一箇好思想。「不怕妄起，祇怕覺遲」、「捨妄取真」、「前念已滅，後念未起，中間是」、「背塵合覺（起淨緣），背覺合塵（起染緣）」。《圓覺經》言：「我於本心，作種種行……說名爲病。」

三、滅病　將一切思想滅盡不起。「明鏡現前，無一點灰塵」。《圓覺經》言：「我今永斷一切煩惱……說名爲病。」

四、任病　思想任他起亦好，滅亦好。「不執著一切相，不住一切相」、「對境無心，一切無礙」。《圓覺經》言：「任彼一切，隨諸法性……說名爲病。」

釋迦佛說：「世上甚麼病都不算大，此病是大。」又說：「如是等輩，如來可爲憐憫。」病既如此之大，應用何法去除？即以思想不止，除止病；思想不要作種種行，除作病；思想不要滅它，除滅病；思想不要隨諸法性，除任病。但此種方法，是說與坐此等病者聽，聽者自能領會得出而除去之；惟可與知者言，不可與常人論耳，學者其自參透可也。

返看即是返照，是用思想向裏面看去。換言之，即是用六根向裏面返看，積之既久自能看破。《楞嚴經》載釋迦佛說：「人之生生死死，皆從六根來；欲求免脫，亦須利用六根。」惟根根有意，切須明白。所謂返看者，要言之，即返看看自性，返聞聞自性，返念念自性，返觸觸自性，返思思自性是也。如依《心經》受持，則眼根最爲要著，亦極穩當，循此路徑行去，不致誤入歧途也。

總之，善人遇善知識，得聞佛法，了然有悟，而不能遽然顯示本來妙明自性者，即根本無明障之耳。是以必使觀照般若，利用方便般若，返照根本無明，除去止、作、滅、任四病，自能打破其迷源，迷源一破，實相般若自然顯示矣。茲使學者易於瞭解起見，作譬喻於下：

一、金原始是鑛，鑛非一產出即是金，譬喻人是衆生，衆生非一開始即是佛。鑛合沙、泥、金而成，人秉實相般若、觀照般若、方便般若、一念無明、根本無明而生。鑛內之沙譬觀照般若、方便般若、一念無明，泥譬根本無明，金譬實相般若；鑛經煉後則沙被淘出，即得純金，而泥則化歸烏有，但一經見金，欲使金再使成爲鑛是絕對不可能的。譬喻人一經修行得見佛性，則觀照般若、方便般若、一念無明皆無一不有，亦無一而非佛性，但根本無明既經打破即已消逝，欲使之再成爲衆生，亦絕對不能也。《圓覺經》中釋迦佛曾說偈曰：

「譬如銷金鑛，金非銷故有，雖復本來金，終以銷成就，
一成真金體，不復重爲鑛。生死與涅槃，凡夫及諸佛，
同爲空花相，思惟猶幻化，何況詰虛妄？若能了此心，
然後求圓覺。」

二、譬如一牛，性極頑劣，牧童不能駕馭，時常奔突，踐食稻穀。有人告牧童曰：「牛不爲汝制，汝之主人翁則能也。」童答以：「我家固無主人。」其人曰：「有則有之，汝自茫昧不識耳。即在汝家某一室內，其速往尋。」牧童急返，至其室，則門扃難開。其人復告曰：「門豈汝所能開？非用牛力不可。」童乃策牛牴。既久，則門豁然開矣；主人一出，牛即馴服。此以牧童譬觀照般若，牛譬一念無明、方便般若，門譬根本無明，主人譬佛性也。有人爲之偈曰：

「牛性本非馴，牧童驅策難，主人善駕馭，惜在禁錮間。
或告牧童曰，速扣主門闌，力有所未逮，終莫破此關。
牽牛用角牴，乃見主人顏，牛忽垂耳立，四體若縛攢。

吾人求佛性，亦作如是觀。」

《心經》以發揮涅槃妙心爲指歸，涅槃妙心即法身之義。故經上嘗說：「法身充滿於世界，普現一切衆生前。隨緣赴感靡不周，而常處此菩提座。」（出《華嚴經》）是凡三藏十二部經典及吾人所修之一切法門，皆以得涅槃妙心爲依歸，並無二義也。釋迦佛說：「十方國土中，惟有一乘法，無二亦無三，除佛方便說。但以假名字，引導於衆生，說佛智慧故。諸佛出於世，惟此一事實，餘二則非真。」（出《法華經》）

溯佛法之源流而知有宗派，成實、俱舍兩宗逐漸微茫不具論外，尚可分爲八：即禪宗、律宗、天臺宗、賢首宗、慈恩宗、三論宗、密宗、淨土宗是也。如據經分宗，則《心經》以破空顯現實相般若爲宗旨，歸屬三論宗自無異義。然其他各宗，亦均可引入而作譬比，殊途同歸，理無二致，即經典所謂「歸元無二路，方便有多門」也。茲分別言之：

禪宗以見「本來面目」爲旨趣。如向上一著，打破疑團，即見本來面目，則無量劫生死和盤托出矣。本來面目即實相般若，向上一著打破疑團，即打破根本無明。

律宗即「南山宗」，以證「無上菩提心」爲旨趣。持一戒則多戒必持，行住坐臥念五十三箇偈句，然後破無明，得證無上菩提心界。無上菩提心即實相般若，無明即根本無明。

天臺宗即「法華宗」，以證「圓覺」爲旨趣，破最後一品無明得證圓覺，即實相般若，一品無明即根本無明。

賢首宗即「華嚴宗」，一名「法界宗」，以見「一真法界」爲旨趣。須將細微無明打破，始得理無礙、事無礙、事理無礙、事事無礙，而到一真法界矣。一真法界即實相般若，細微無明即根本無明。

慈恩宗即「法相宗」，一名「唯識宗」，以見「真如法界體性智」爲旨趣。即以阿賴耶識利用六識轉藏識，藏識轉破，然後將阿賴耶識、末那識、六識、前五識等轉爲大圓鏡智、平等性智、妙觀察智、成所作智。所謂真如法界體性智即實相般若，藏識即根本無明（見《楞伽經》）。

密宗有作「密宗」、「行密宗」、「瑜珈密宗」、「無上瑜珈密宗」，即以身、語、意三業爲三金剛。三金剛即實相般若，三業即根本無明。

淨土宗即「蓮宗」，以見「自性彌陀」爲旨趣。用見、聞、覺、知，使舌根念佛，淨念相繼，無明一破得見自性彌陀，則證常寂光淨土矣。老宿云：「生則決定生，去則實不去。」其斯之謂歟！自性彌陀即實相般若，無明即根本無明。

總上所說，對於《心經》要旨雖未發揮盡致，然大體亦不外乎是矣。

再作辯證如下：

佛性不起妄念，而觀照般若之見聞覺知能起妄念。老宿云：「真如不起妄念，起妄念者即非真如。」《林間錄》載唐復禮法師〈真妄偈〉曰：「真性法本淨，妄念何由起？從真有妄生，此妄何所止？無初即無末，有終應有始。無始而無終，長懷懵茲理。」

根本無明與一念無明不同之點，即一為無知無覺、無生無滅的，一為有知有覺、有生有滅的。

實相般若與根本無明不同之點，即一為有知有覺、無生無滅的，一為無知無覺、無生無滅的。

《指月錄》云：「未見實相般若以前，佛性不受薰染；見得實相般若以後，觀照般若、方便般若、一念無明皆變為佛性。」世間法即佛法，佛法即世間法，不能於世間法分別佛法，不能於佛法分別世間法（出《華嚴經》）。

龍樹菩薩所著之《大智度論》謂：「佛性不空，其空不著空。」空又不空即根本無明。

心外之心即涅槃妙心，然見涅槃妙心後，則心外無心矣。常住真心與思想心不同之點，即一爲真知真覺，所謂終日知不離知，終日覺不離覺，而一切之善惡、是非種子不能立足；一爲有見、聞、覺、知，其裏面有善惡、是非等種子。故維摩詰居士說：「法離見、聞、覺、知，若行見、聞、覺、知，是則見、聞、覺、知，非求法也。」

實相般若生來即不能變，是謂「法身」；觀照般若變爲大圓鏡智，是謂「報身」；一念無明變爲平等性智，六識變爲妙觀察智，前五識變爲成所作智，是謂「應身」。

實相般若名「常寂光淨土」，觀照般若名「實報莊嚴淨土」，一念無明名「方便有餘淨土」，方便般若名「凡聖同居淨土」。如顯示佛性後，則實報莊嚴、方便有餘、凡聖同居各淨土，皆變爲常寂光淨土。

實相般若即真如，根本無明即藏識（見《楞伽經》）。

以上名詞，散見各書，有不同者，茲爲分析列表如左：

本來妙明自性	實相般若 真如相 本來面目 法界體性智 圓覺真性 常樂我淨 本有自我 寂滅最樂 自性彌陀 法身 本心 無生無滅 無餘涅槃
無知覺淨性	根本無明 先天無極 浩然之氣 清淨無爲 一念不動 天命之性 百尺竿頭 向上一著 腦後一槌 無明窠臼 無始幻無明 黑漆桶裡 菴摩羅識 喜怒未發 藏識
明鏡有知覺性	觀照般若 良知良能 後天之性 見聞覺知 腦筋 靈性 阿賴耶識 智慧思想 率性之命 陰陽二動 節制欲望 氣質之性
一念妄動性	一念無明 末那識 一念不覺 起一個思想 方便般若 根識塵性 眼識 耳識 鼻識 舌識 身識 意識

或謂心有譬喻之義，《般若經》多至六百卷，《心經》在《般若經》中能總持一切。譬如人身中之有心，以心爲總要機關也，故名《般若波羅蜜多心經》亦通。《心經》是辨別心之作用的，以實相般若爲體——即以顯示佛性爲依歸；以觀照般若爲宗——將先天無極性觀照破；以方便般若爲用——用以破根本無明。

以上釋名、顯體、明宗、論用之四種意義均已說過。茲再就判教言之，判者，是分別之義；教者，即經典之謂也。釋迦佛十九歲出家，遊歷各地，經五年之久，後至雪山居住；又有五年，而一切思想滅盡不起，知是犯著滅病，必將此病除掉，方可打破根本無明，顯示佛性；用功又復一年，至臘月初七日晚間明星出時，忽然無明一破得見佛性。佛曰：「奇哉！奇哉！一切衆生俱有如來智慧德相，惟因執著迷昧，不能證得耳！」遂下山說法，時年三十歲。從是歲起共說法四十九年有半，計分五箇時期，後世稱爲五時說法：第一時期說《華嚴經》（專言圓頓一乘，發揮涅槃妙性）；第二時期說《阿含經》（專言因果）；第三時期說《方等經》（讚大褒圓，呵偏斥小）；第四時期說《般若經》（破空顯現真如實相）；第五時期說《法華經》（開權顯實，會三歸一）及《涅槃經》（最後追說）。按期增高，逐漸精進，故有乳酪生酥、熟酥醍醐之譬也。《般若經》共分八部，即《大品般若》、《小品般若》、《道行般若》、《光讚般若》、《放光般若》、《文殊問般若》、《勝王般若》、《金剛般若》是也。《心經》是說《光讚般若》時所說。

《心經》譯本共有七種，以唐朝玄奘法師所譯者號稱精賅，且文字明白曉暢，故最流通焉。

釋正文

凡經文皆分爲三分，即序分、正宗分、流通分，此晉道安法師所闡發者。序分如首，五官俱存；正宗分如身，臟腑無闕；流通分如四肢，運行不滯。《心經》是自「觀自在菩薩」起至「度一切苦厄」止，爲序分；自「舍利子！色不異空」起至「故得阿耨多羅三藐三菩提」止，爲正宗分；自「故知般若波羅蜜多」起至「菩提薩婆訶」止，爲流通分。

觀自在菩薩。

觀自在者，觀聽圓明，智慧無礙，於法無取無捨，於根、塵、境、識無障無礙，得大自在之謂也。表示吾人所有之佛性，是如如不動的，是大自在的，諸佛得之不增一點，衆生迷之不少一點，言胎、卵、濕、化生等一切衆生，無一不有佛性，惟以能否顯示而有差異耳。故《梵網經》載釋迦佛説：「一切衆生皆有佛性，皆當成佛；我是已成之佛，爾等是未成之佛也。」菩薩，即「菩提薩埵」之簡稱。菩提，譯曰「覺」，亦譯曰「普濟」；薩埵，譯曰「有情」，亦譯曰「人」。合講即吾人均有佛性，我今普濟汝等使之覺悟也。

行深般若波羅蜜多時。

「行」是用功、苦行之義。衆生固各有佛性，然必使觀照般若，利用方便般若打破根本無明，始能顯示，斯須辛苦一番也。「深」是顯示佛性事非容易，要努力向前，勇邁究取，念茲在茲，即是銅牆鐵壁亦爲之穿，銅牆鐵壁即根本無明之喻也。故老宿云：「不經一番寒徹骨，怎（焉）得梅花撲鼻香？」又云：「假如今生不見實相，縱使骨枯髓乾，終不放捨耳！」「般若」譯曰「智慧」，「波羅蜜多」譯曰「到彼岸」，「時」是指顯示佛性後，永久不壞，無窮無盡之時期也。合講即是使觀照般若，利用方便般若打破根本無明，依此修行，功行甚深，即能顯示佛性，而佛性一經顯示，則永久不壞，這時自是另有一番景象。

照見五蘊皆空。

色、受、想、行、識謂之「五蘊」，五蘊即五陰，一名「五衆」。蘊，積聚也，藏也；陰是蔽覆之義。謂積聚身心，蔽覆本性也。色即見到色相，受即印上腦筋，想即發生幻想，行即追求造作，識即造成現業。言顯示佛性後，覺照周徧圓滿，五蘊本體即成真如本體。空者，是空其五蘊虛妄不實之相而已，本來妙明自性無可空也。古德有偈曰：「除癡須是色蘊滅，大圓鏡智得顯現。受蘊消滅我慢空，平等性智無不融。要除貪業滅想蘊，妙觀察智無魔蹤。行蘊消滅妒嫉除，成所作智起大用。識蘊消滅瞋心除，法界體性智周徧。」

五蘊在觀照般若裏面，人之最初有入胎五蘊，次住胎五蘊，次出胎五蘊，又次外界來的五蘊，裏面出的五蘊，尚有生來的五十種五蘊。

入胎五蘊：人死後，肉體是死的，靈魂是出來的，謂之中陰（一以業為主）。有七天期限，在此期內，飄飄蕩蕩，轉入人、鬼、畜生各道之一道，然期限亦可延長，但最多不過七七四十九天。中陰投生緣熟，見男女交合，起一愛欲心，愛欲爲因，愛命爲果，因是看見，果是入胎，欲心重者成女，輕者成男（出《大般涅槃經》）。以五蘊言之，見男女交合是「色」，見交合印入腦筋是「受」，起愛欲心是「想」，思加入是「行」，入胎是「識」。

住胎五蘊：人在母胎腹內成形，亦有五蘊，胎在腹內，與在家無異。譬如胎想吃物是「色」，心裏印進是「受」，快來是「想」，得到是「行」，喫下是「識」。凡女人坐胎後想食之物品，多非夙昔所嗜者，或得到後食之頗多，斯即入胎五蘊使之然也。

出胎五蘊：人出胎後亦有五蘊。譬如見得一物是「色」，印進腦中是「受」，要買是「想」，去買是「行」，買到是「識」。

住世五蘊：人之幼年經過印在腦裏，現在回想起來，是裏面出的五蘊；現在的事印在腦裏，是外界來的五蘊。此皆住世之五蘊也。

作夢，是夜間發現白天之五蘊。其中有夢中吟詩作文、騰空越壁，此皆宿世五蘊潛伏於腦內而一時翻出也。

生來五蘊：生來五蘊，即諺語所謂：「山河易改，秉性難移是也。」此亦宿世五蘊扣在裏面而生此奇特性情耳。此種五蘊，共分五十種，列表如下：

五十種五蘊

色陰十種	受陰十種	想陰十種	行陰十種	識陰十種	執生
身能出礙	悲心過分	銳思貪巧	計度本末無因	因所因	外道
拾出蟯蛔	勇功陵率	遊蕩思歷	計四偏常	能非能	大慢
空中聞法	枯渴沈憶	綿脗求合	計四顛倒	常非常	倒圓
心光見佛	慧力過定	物化求元	計四有邊	知無知	倒知
空成寶色	憂心求害	懸應求感	計四不死	生無生	顛化
闇見如畫	喜悅不止	樂寂求靜	計死後有	歸無歸	斷滅
燒斫不覺	大我慢起	愛研宿命	計死後無	貪非貪	妄誕
佛國無礙	隨順輕安	貪取神通	計死後俱非	真非真	天魔
遙見遠語	撥無因果	愛滅求空	計七斷滅	定性聲聞生纏空	
形體遷改	愛極發欲	貪求長壽	計五涅槃	定性辟支不回心者迷	
				正知見	

色陰十種

身能出礙：對一種動作，分明可懼，而以爲無礙。

拾出蟯蛔：生性執拗，心地險詐，蟯蟯蛔蛔，如蟲類之彎轉。

空中聞法：憑空説無中生有之無聊神話。

心光見佛：假稱閉眼能見一切之過去、未來。

空成寶色：憑空説能明瞭他人之思想。

闇見如晝：故意説在黑闇中能見鬼神。

燒斫不覺：自行燒斫，詭稱不覺。

佛國無礙：言人如得師法，即作惡事亦無妨礙。

遙見遠語：千里眼、千里耳之人，以幻術欺衆。

形體遷改：即五種不男、五種不女之人。

註：五種不男，即未完成男性之五種人。一、生不男。二、犍不男。三、妒不男。四、變不男。五、半不男是也。五種不女，即未完成女性之五種人。一、螺。二、筋。三、鼓。四、角。五、脈是也。

受陰十種

悲心過分：事不當悲哀而悲哀之人。

勇功陵率：作事不自量力。

枯渴沈憶：夜間妄想橫生，起來實無一事。

慧力過定：自作聰明。

憂心求害：杞人憂天之類。

喜悅不止：無憂無慮，風流自喜。

大我慢起：自高聲價，徒事誇張。

隨順輕安：毫無準繩，遇事輕就。

撥無因果：慫恿他人去做惡事，反言絕無果報，即否定因果道理。

愛極發欲：所求不遂，因之生病。

想陰十種

銳思貪巧：以奸巧方法愚弄他人，如言能點石成金等。

遊蕩思歷：飄流各處，專說人之來歷。

綿脗求合：明知人不喜我，而設法求人歡娛。
物化求元：明明失意，偏要得意。
懸應求感：憑空要求感應。
樂寂求靜：聽風動鳥喧，即嫌煩亂。
愛研宿命：好研究生前之事。
貪取神通：語極怪誕，言來頗爲神通。
愛滅求空：言人死後無一不了。
貪求長壽：想長生不死之人。

行陰十種

計度本末無因：言人本精血所成，實無靈魂可說。
計四偏常：本來是身不淨，受是苦，心無常，法無我，而偏要反著說。
計四顛倒：已生惡令斷，未生惡不生，未生善令生，已生善增長，而偏要反著說。
計四有邊：言人身三十六種成分屬於地、水、火、風四部，不劃界限。（註一）

計四不死︰言人身地、水、火、風四部，永久不死。
計死後有︰言死後靈魂不能投胎。
計死後無︰言死後靈魂即行消逝。
計死後俱非︰說死後胎、卵、濕、化、鱗甲、羽毛全歸烏有。
計七斷滅︰說人身的念、擇法、精進、喜、輕安、定、捨，完全皆非。（註二）
計五涅槃︰言天天在財、色、名、食、睡五者之中，即是不生不死。

註一︰組織身體之成分，分地、水、火、風四大。骨、肉、爪、髮之堅質屬地；汗、血、精、液之濕性屬水；流動屬風；冷、暖屬火。

註二︰念是思想，擇法是選擇，精進是不怠惰，喜是應該做的便喜，不應做的即不喜，輕安是應該做的去盡責任，定是不要散亂，捨是捨開分外的一切。

識陰十種（比以前四十種人較為高尚）
因所因︰認根本無明爲佛性，以真正學佛之因爲錯誤。
能非能︰言能等於無能。
常非常︰能達到目的，反言達不到，而以達不到爲到。

知無知：可以瞭解，反言不能瞭解，是以無知而說知。

生無生：可以能修，反言不能修。

歸無歸：將來能達到，反言不能到。

貪非貪：貪著成佛，反言不貪著。

真非真：佛性是真的，他說不真。

定性聲聞生纏空：小乘人斷六根是不對的，他偏說是對。

定性辟支不回心者迷正知見：中乘人斷一念妄動性是不對的，他偏說是對。

註：小乘定性聲聞，因生纏空，不能成功。中乘定性辟支，迷正知見，亦不能成功。

執生（下列八種人是執著於五十種五陰的。換言之，此八種人盡可概括五十種五陰也）

外道：佛法以外之道。

大慢：自大傲慢者。

倒圓：明明顛倒，自謂圓滿。

倒知：明明顛倒，自謂知得很妥當。

顛化：即瘋顛。

斷滅：即斷滅種。

妄誕：一生出來就不對的。

天魔：天生魔鬼。

以上所述五十種五蘊，率皆乖僻怪誕狂妄紕謬之流，然不可盡以概諸世人也。亦有人自降生即忠、孝、仁、慈者，斯不知是何世之五蘊耳？照見五蘊皆空，非用觀照般若之照見，乃佛性之照見。於此須明瞭下述三點：

一、觀照般若內有五蘊，是照不破五蘊的。佛性沒有五蘊，是能照破五蘊的，即佛性一經顯示，其光明自然將五蘊照破。

二、不是佛性能起五蘊，是將五蘊照破即是佛性。

三、照破五蘊，尚須利用五蘊。

顯示佛性後，則五蘊被光明一照，自然掃開，而五蘊亦即變成佛性。所謂掃開者，是掃開五蘊種子之謂也。故曰空五蘊之種子，非空五蘊。

佛性有體有用，體是如如不動的，掃開五蘊是佛性之用掃開的，亦非佛性之體教用掃開的；而五蘊變成佛性，亦是佛性之用變的，非佛性之體教用變的。尚須注意者，即「照見五蘊皆空」一句，關於講解上，應依義不依語。凡講大乘經典，應明白法四依也。即一、依義不依語。二、依智不依識。三、依了義經不依不了義經。四、依法不依人。

度一切苦厄。

謂度一切苦厄，成就一切圓通也。緣人有八苦及無量苦，並有八風，皆依五蘊虛妄而生。若五蘊既空，則八苦、八風之一切苦厄，無不度脫而至快樂順境，然須不爲快樂順境所轉，方爲是耳。換言之，即能轉萬物，不爲萬物所轉，能支配一切，不被一切所支配，所謂「如能轉物，即同如來」也。是說見《大智度論》。

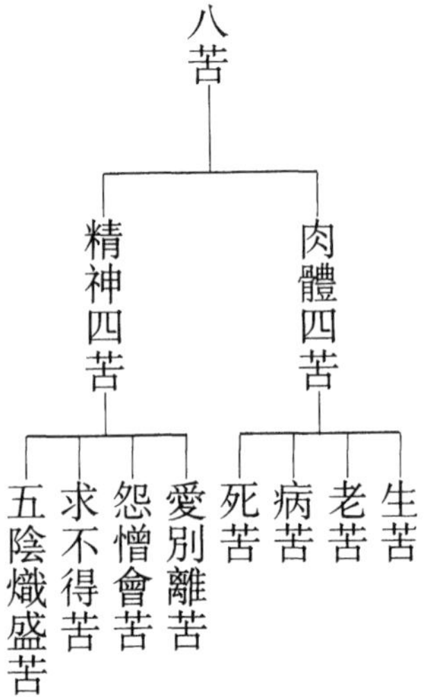

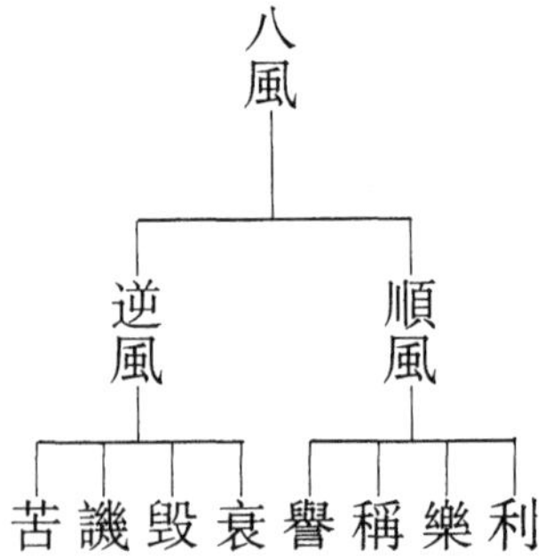

舍利子！

即舍利弗，爲佛之大弟子，於弟子之中智慧第一。舍利譯「鵪鴿」，其目最利；母名「舍利」，以母名，故曰「舍利子」。以下對人顯示，故呼舍利子而告之。此一段是辨別依據《心經》用功，如何不誤之途徑也。

色不異空，空不異色；色即是空，空即是色；受、想、行、識，亦復如是。

若解實相，即見非相；若了非相，其色亦然；當於色中不失色體，於非相中不礙有故。若能是解，此名實相。炊沙不能成飯，搾沙不能得油，如五蘊與真如有所異同，五蘊即非真如，真如即非五蘊，縱智慧到彼岸，亦焉能照得空時？眾生爲五蘊所迷，不能放下一切上般若船，故不能到彼岸，不能照見五蘊皆是空，度一切苦厄耳。色是五蘊之首，故舉一以概其餘，受、想、行、識亦復如是。如云：「受不異空，空不異受；受即是空，空即是受。」餘仿此，即受、想、行、識亦復如色也。色即一切幻色，空乃般若真空，總諸色相名之爲「色」，總諸心法名「受、想、行、識」。

舍利子！是諸法空相，不生不滅，不垢不淨，不增不減。

諸法即五蘊諸法，空相即真如實相，非五蘊滅真空現，惟真空現則五蘊亦變成真空，與真如本體無二無別耳。真如本體不生滅、無垢淨、無增減，故諸法亦是。此是復呼舍利子之名，進一層以告之也。《華嚴經》云：「云何說諸蘊？諸蘊有何性？蘊性不可滅，是故說無生。分別此諸蘊，其性本空寂。空寂不可滅，此是無生義。衆生既如是，諸佛亦復然。佛及諸佛法，自性無所有。能知此諸法，如實不顛倒。」《六祖壇經》曰：「蘊之與界，凡夫見二，智者了達，其性無二，無二之性，即是佛性。」皆是此意。

是故空中無色，無受、想、行、識。

是故，承上起下之詞；空中，指佛性徧滿虛空。世尊爲迷心不迷色人說五蘊法，總諸色法爲「色蘊」，開諸心法爲「受、想、行、識」。四蘊既明，諸法空相，生滅、垢淨、增減均不可得，是故空中無色、心二法。「無」字，是顯法自性空義，非「有無」之「無」也，下同。

無眼、耳、鼻、舌、身、意，無色、聲、香、味、觸、法，無眼界……乃至無意識界。

眼、耳、鼻、舌、身、意六根，對色、聲、香、味、觸、法六塵，名十二處；根、塵相對，而有眼識、耳識、鼻識、舌識、身識、意識六識，合爲十八界。根以「能生識」爲義。塵以「染污情識」爲義，根塵和合，識在其中。世尊爲迷色不迷心人說十二處法，爲色心俱迷人說十八界法，連說五蘊法，謂之「三科法門」，無非隨衆生機，俾各得解悟。故今既了達諸法空相，則蘊、根、塵、識、處、界皆變爲真如實相矣。福州長慶大安禪師曰：「汝諸人各自有無價大寶，從眼門放光，照見山河大地；耳門放光，領采一切善惡音響。如是六門，晝夜常放光明，亦名放光三昧。」即此。

無無明，亦無無明盡……乃至無老死，亦無老死盡。

無明，迷昧不明之意；盡，滅盡也。無無明、無老死，言了達諸法空相後，根本已無無明與老死。即緣覺行人所修十二因緣還滅門，亦了不可得。

佛法之中乘法門是斷一念無明，《心經》是大乘法門，既無無明與老死，亦無一念無明可斷。十二因緣緣覺所修：「無明」緣「行」、「行」緣「識」、「識」緣「名色」、「名色」緣「六入」、「六入」觸「緣」、「觸」緣「受」、「受」緣「愛」、「愛」緣「取」、「取」緣「有」、「有」緣「生」、「生」緣「老死」。言生滅無常，有起有盡，盡而復起，起而復盡，循環不已也。茲列表於左：

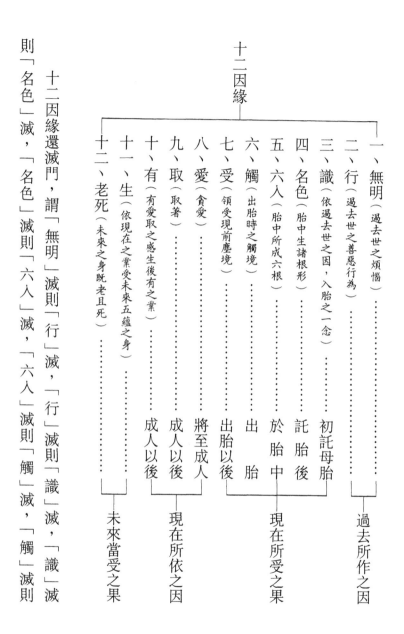

十二因緣

十二因緣	時期	因果
一、無明（過去世之煩惱）		過去所作之因
二、行（過去世之善惡行為）		過去所作之因
三、識（依過去世之因，入胎之一念）	初託母胎	現在所受之果
四、名色（胎中生諸根形）	託胎後	現在所受之果
五、六入（胎中所成六根）	於胎中	現在所受之果
六、觸（出胎時之觸境）	出胎	現在所受之果
七、受（領受現前塵境）	出胎以後	現在所受之果
八、愛（貪愛）	將至成人	現在所依之因
九、取（取著）	成人以後	現在所依之因
十、有（有愛取之感生後有之業）	成人以後	現在所依之因
十一、生（依現在之業受未來五蘊之身）		未來當受之果
十二、老死（未來之身既老且死）		未來當受之果

十二因緣還滅門，謂「無明」滅則「行」滅，「行」滅則「識」滅，「識」滅則「名色」滅，「名色」滅則「六入」滅，「六入」滅則「觸」滅，「觸」滅則

「受」滅，「受」滅則「愛」滅，「愛」滅則「取」滅，「取」滅則「有」滅，「有」滅則「生」滅，「生」滅則「老死」滅。

無苦、集、滅、道，無智亦無得。

苦、集、滅、道是名「四諦」，「諦」謂真理也。小乘人所修，以苦作受報之苦解（苦之果），集作招果之因解（苦之因），滅作寂滅之樂解（滅苦之樂），道作修持之法解（成清淨之果）。合講即是知苦、斷集、慕滅、修道之意。

智是證深般若之智；得，即得深般若之果。了達諸法空相後，無智可證，亦無果可得，更何有四諦？故曰：「無苦、集、滅、道，無智亦無得。」

昔行思禪師參六祖，問曰：「當何所務，即不落階級（是小乘、中乘、大乘皆不要有之義）？」祖曰：「汝曾作甚麼來？」曰：「聖諦亦不為。」祖曰：「聖諦不為，落何階級？」曰：「聖諦尚不為，何階級之有？」祖深器之，以為是已見佛性的。據此則知，如顯示佛性則五蘊皆空，何有階級可落？而四聖諦亦言不到耳。

自「是故空中」四字起直至「無智亦無得」止，讀者其注意之。

以無所得故，菩提薩埵。

據上論斷，則知佛性以外，是覓一法了不可得的。且欲顯示佛性，亦非以心意識及世智辯聰所能測度而可得的；若以有思惟心測度如來圓覺境界，如取螢火燒須彌山，終不能著；以輪迴心生輪迴見，入於如來大寂滅海，終不能至（出《圓覺經》）。

菩提薩埵簡稱「菩薩」。菩提譯曰「普濟」，亦譯曰「覺」；薩埵譯曰「有情」，亦譯曰「人」。合稱即「普度眾生有情」，此言普度之菩薩也。無所得故，能成就有情眾生。

依般若波羅蜜多故，心無罣礙。

智慧到彼岸，則萬里皆空，寸絲不掛，所謂「胸中不留元字腳」者是也。換言之，心中無一絲絲痕迹，亦即絲絲站不住腳也。寒山詩云：「吾心似秋月，碧潭清皎潔。無物堪比倫，教吾如何說？」此即表示得見佛性而無罣礙耳。

心無罣礙境界，是言佛性徧滿虛空也。〈證道歌〉云：「心鏡明，鑑無礙，廓然瑩徹周沙界。萬象森羅影現中，一顆圓光非內外。」又云：「佛性戒珠心地印，霧露雲霞體上衣。」此言法身是徧滿虛空，空中之霧露雲霞，好似法身上衣，而頭頭無礙也。

無罣礙故，無有恐怖，遠離顛倒夢想，究竟涅槃。

究竟，作徹底解，即到盡頭也，是指無餘涅槃而言。涅槃，梵語譯曰「寂滅」，又曰「圓寂」、「不生不死」。此言能至此即究竟圓滿徹底，不生不死而成佛道也。

佛者，覺也。眾生不覺，故對悲歡離合、生死苦樂，乃至種種幻境，皆生罣礙恐怖之心，所以有顛倒夢想；菩薩了達諸法空相，故能遠離而至究竟涅槃。《楞伽經》曰：「一切無涅槃，無有涅槃佛；無有佛涅槃，遠離覺所覺。」此之謂究竟涅槃。

三世諸佛，依般若波羅蜜多故，得阿耨多羅三藐三菩提。

「阿」譯曰「無」，「耨多羅」譯曰「上」，「三」譯曰「正」，「藐」譯曰「等」，「菩提」譯曰「覺」，「阿耨多羅三藐三菩提」即「無上正等正覺」也。此言三世諸佛依般若波羅蜜多故而成佛也。

無上，言性統一切也；正等者，言無偏虧，無高下也；正覺者，言性覺圓明普照也。聲聞、緣覺菩薩雖各有正覺，而非究竟。因二乘祇能自利，菩薩雖自利利他，未有究竟圓滿，均不能稱爲無上正等正覺也。

故知般若波羅蜜多，是大神咒、是大明咒、是無上咒、是無等等咒，能除一切苦，真實不虛。

此總括上文，謂證般若波羅蜜多有不可思議功德。咒，總持也；大神咒者，謂具大神通，能轉萬物，不爲萬物所轉；大明咒者，謂能大放光明，照破一切生死昏闇；無上咒者，即最終極之實在，萬物之根源，無以復加也；無等等咒者，實相平等不動，乃至八萬四千陀羅尼門平等不動，無有階級次第是也。此言般若總持勝過一切一切，生死煩惱無不自然度脫，且係諸佛及觀世音菩薩親歷境界。故曰：「能除一切苦，真實不虛。」〈證道歌〉云：「證實相，無人法，剎那滅卻阿鼻業。」是世界上無何可比，無等可等之總持。

故說般若波羅蜜多咒。

此係《心經》之大總持，是由經內揀選而出之精華也。此咒字亦可作經內揀出之精華解，且咒字有密之意義，是顯說未足形其妙，而法之真體亦不容解說，故說咒也。咒乃密說，依法不譯不解，强譯强解，便乖聖意。然聖經之真義在此，但能虔心持誦，其功德與奉誦聖經等。

即說咒曰：「揭諦揭諦，波羅揭諦，波羅僧揭諦，菩提薩婆訶。」

觀世音菩薩將此經說畢，見釋迦佛目已豁然，欲有所印證，即白佛言：「頃間所說，是否有合世尊心中之意？」佛告以：「汝之所說與我無異耳。」

此經以寥寥五十餘言（句），爲《般若經》之總鑰，衆生之指南。雖經文深微難窮，然究其指歸，不外大乘法門，而爲成佛度生之本。文雖二百六十八字，可包《金剛經》三十二分之全。讀《金剛經》而不讀《心經》，是涉博而不返約也。烏可乎？

附錄

本來無佛無衆生
世界未曾見一人
究竟瞭解是這箇
自性還是自己生

黃檗禪師傳心法要

裴休　集

序

有大禪師，法諱希運，住洪州高安縣黃檗山鷲峯下，乃曹溪六祖之嫡孫，西堂百丈之法姪。獨佩最上乘離文字之印，唯傳一心，更無別法。心體亦空，萬緣俱寂，如大日輪昇虛空中，光明照耀，淨無纖埃。證之者，無新舊，無淺深，說之者，不立義解，不立宗主，不開戶牖，直下便是，運念即乖。然後爲本佛。故其言簡，其理直，其道峻，其行孤。四方學徒望山而趨，睹相而悟，往來海衆常千餘人。予會昌二年廉于鍾陵，自山迎至州，憩龍興寺，旦夕問道。大中二年，廉于宛陵，復去禮迎至所部，安居開元寺。旦夕受法，退而紀之，十得一二，佩爲心印，不敢發揚。今恐入神精義，不聞於未來，遂出之，授門下僧太舟、法建，歸舊山之

廣唐寺，問長老法衆，與往日常所親聞，同異何如也。時唐大中十一年十月初八日
裴休序。

傳心法要

師謂休曰：「諸佛與一切衆生，唯是一心，更無別法。此心無始已來，不曾生，不曾滅，不青不黃，無形無相，不屬有無，不計新舊，非長非短，非大非小，超過一切限量、名言、蹤迹、對待，當體便是，動念即乖；猶如虛空，無有邊際，不可測度。唯此一心即是佛，佛與衆生更無別異，但是衆生著相外求，求之轉失，使佛覓佛，將心捉心，窮劫盡形終不能得；不知息念忘慮，佛自現前。此心即是佛，佛即是衆生，為衆生時此心不減，為諸佛時此心不添；乃至六度萬行河沙功德，本自具足，不假修添，遇緣即施，緣息即寂。若不決定信此是佛，而欲著相修行以求功用，皆是妄想，與道相乖。

此心即是佛，更無別佛，亦無別心。此心明淨，猶如虛空，無一點相貌。舉心動念，即乖法體，即為著相，無始已來無著相佛；修六度萬行欲求成佛，即是次第，無始已來無次第佛；但悟一心，更無少法可得，此即真佛。佛與衆生，一心無異，猶如虛空，無雜無壞。如大日輪照四天下，日升之時，明徧天下，虛空不曾明；日沒之時，闇徧天下，虛空不曾闇。明闇之境自相陵奪，虛空之性廓然不變。

佛及衆生心亦如此，若觀佛作清淨、光明、解脫之相，觀衆生作垢濁、闇昧、生死之相，作此解者，歷河沙劫終不得菩提，爲著相故。唯此一心，更無微塵許法可得，即心是佛。如今學道人不悟此心體，便於心上生心，向外求佛，著相修行，皆是惡法，非菩提道。供養十方諸佛，不如供養一箇無心道人。何故？無心者，無一切心也。如如之體，内如木石，不動不搖，外如虛空，不塞不礙；無能所，無方所，無相貌，無得失。趨者不敢入此法，恐落空無棲泊處，故望崖而退，例皆廣求知見，所以求知見者如毛，悟道者如角。

文殊當理，普賢當行。理者，真空無礙之理；行者，離相無盡之行。觀音當大慈，勢至當大智；維摩者，淨名也，淨者性也，名者相也，性相不異，故號『淨名』。諸大菩薩所表者，人皆有之，不離一心，悟之即是。今學道人不向自心中悟，乃於心外著相取境，皆與道背。恆河沙者，佛說是沙，諸佛菩薩、釋梵諸天步履而過，沙亦不喜；牛、羊、蟲、蟻踐踏而行，沙亦不怒；珍寶馨香，沙亦不貪；糞尿臭穢，沙亦不惡；此心即無心之心。離一切相，衆生諸佛更無差別，但能無心，便是究竟。學道人若不直下無心，累劫修行，終不成道，被三乘功行拘繫，不得解脫。然證此心有遲疾：有聞法一念，便得無心者；有至十信、十住、十行、十迴向，乃得無心者；有至十地，乃得無心者。長短得無心乃住，更無可修可證，實無所得，真實不虛。一念而得與十地而得者，功用恰齊，更無深淺，祇是歷劫枉受辛勤耳。造惡造善皆是著相，著相造惡枉受輪迴，著相造善枉受勞苦，總不如言下便自認取本法。此法即心，心外無法，此心即法，法外無心，心自無心，亦無無心者。將心無心，心卻成有，默契而已，絕諸思議。故曰：『言語道斷，心行處滅。』

此心是本源清淨佛，人皆有之，蠢動含靈與諸佛、菩薩一體不異，祇爲妄想分別，造種種業果，本佛上實無一物，虛通寂靜，明妙安樂而已。深自悟入，直下便是，圓滿具足，更無所欠。縱使三祇精進修行，歷諸地位，及一念證時，祇證元來自佛，向上更不添得一物；卻觀歷劫功用，總是夢中妄爲。故如來云：『我於阿耨菩提實無所得，若有所得，然燈佛則不與我授記。』又云：『是法平等，無有高下。』是名菩提。即此本源清淨心，與眾生諸佛、世界山河、有相無相，徧十方界，一切平等，無彼我相。此本源清淨心，常自圓明徧照，世人不悟，祇認見聞覺知爲心，爲見、聞、覺、知所覆，所以不睹精明本體；但直下無心，本體自現，如大日輪昇於虛空，徧照十方，更無障礙。故學道人唯認見、聞、覺、知、施爲動作，空卻見、聞、覺、知，即心路絕無入處，但於見、聞、覺、知處認本心；然本心不屬見、聞、覺、知，亦不離見、聞、覺、知，但莫於見、聞、覺、知上起見解，亦莫於見、聞、覺、知上動念，亦莫離見、聞、覺、知覓心，亦莫捨見、聞、覺、知取法；不即不離，不住不著，縱橫自在，無非道場。

世人聞道諸佛皆傳心法，將謂心上別有一法可證可取，遂將心覓法，不知心即是法，法即是心，不可將心更求於心，歷千萬劫終無得日；不如當下無心，便是本法。如力士迷額內珠，向外求覓，周行十方終不能得；智者指之，當時自見本珠如故。故學道人迷自本心，不認為佛，遂向外覓，起功用行，依次第證，歷劫勤求，永不成道；不如當下無心，決定知一切法本無所有，亦無所得，無依無住，無能無所，不動妄念，便證菩提。及證道時，秖證本心佛，歷劫功用，並是虛修；如力士得珠時，秖得本額珠，不關向外求覓之力。故佛言：『我於阿耨菩提實無所得。』恐人不信，故引五眼所見、五語所言，真實不虛，是第一義諦。

學道人莫疑四大為身，四大無我，我亦無主，故知此身無我亦無主；五陰為心，五陰無我亦無主，故知此心無我亦無主；六根、六塵、六識和合生滅，亦復如是；十八界既空，一切皆空，唯有本心蕩然清淨。有識食，有智食：四大之身，饑瘡為患，隨順給養，不生貪著，謂之智食；恣情取味，妄生分別，唯求適口，不生厭離，謂之識食。聲聞者，因聲得悟，故謂之聲聞，但不了自心，於聲教上起解，或因神通，或因瑞相、言語運動，聞有菩提涅槃，三僧祇劫修成佛道，皆屬聲聞道，謂之聲聞佛；唯直下頓了自心本來是佛，無一法可得，無一行可修，此是無上道，此是真如佛。學道人祇怕一念有，即與道隔矣；念念無相，念念無爲，即是佛。學道人若欲得成佛，一切佛法總不用學，唯學無求無著；無求即心不生，無著即心不滅，不生不滅即是佛。八萬四千法門，對八萬四千煩惱，祇是教化接引門，本無一切法，離即是法，知離者是佛，但離一切煩惱，是無法可得。

學道人若欲得知要訣，但莫於心上著一物。言佛真法身猶若虛空，此是喻法身即虛空，虛空即法身。常人謂法身徧虛空處，虛空中含容法身，不知法身即虛空，虛空即法身也。若定言有虛空，虛空不是法身；若定言有法身，法身不是虛空。但莫作虛空解，虛空即法身；莫作法身解，法身即虛空。虛空與法身無異相，佛與衆生無異相，生死與涅槃無異相，煩惱與菩提無異相，離一切相即是佛。凡夫取境，道人取心，心境雙忘，乃是真法。忘境猶易，忘心至難，人不敢忘心，恐落空無撈摸處，不知空本無空，唯一真法界耳。此靈覺性，無始已來，與虛空同壽，未曾生，未曾滅，未曾有，未曾無，未曾穢，未曾淨，未曾喧，未曾寂，未曾少，未曾老，無方所，無内外，無數量，無形相，無色象，無音聲，不可覓，不可求，不可以智慧識，不可以言語取，不可以境物會，不可以功用到。諸佛、菩薩與一切蠢動含靈，同此大涅槃性，性即是心，心即是佛，佛即是法，一念離真皆爲妄想。不可以心更求於心，不可以佛更求於佛，不可以法更求於法，故學道人直下無心，默契而已，擬心即差。以心傳心，此爲正見，愼勿向外逐境，認境爲心，是認賊爲子。爲有貪、瞋、癡，即立戒、定、慧，本無煩惱，焉有菩提？故祖師云：『佛說一切法，爲除一切心；我無一切心，何用一切法？』本源清淨佛上，更不著一物。譬如虛空，雖以無量珍寶莊嚴，終不能住；佛性同虛空，雖以無量功德智慧莊嚴，終不能住。但迷本性，轉不見耳。所謂心地法門，萬法皆依此心建立，遇境即有，無境即無，不可於淨性上轉作境解。所言定慧鑑用歷歷、寂寂惺惺、見聞覺知，皆是境上作解，暫爲中下根人說即得，若欲親證，皆不可作如此見解，盡是境法有没處，没於有地；但於一切法不作有無見，即見法也。」

九月一日，師謂曰：「自達摩大師到中國，唯說一心，唯傳一法，以佛傳佛，不說餘佛；以法傳法，不說餘法。法即不可說之法，佛即不可取之佛，乃是本源清淨心也。唯此一事實，餘二則非真。般若爲慧，此慧即無相本心也。凡夫不趣道，唯恣六情，乃行六道。學道人一念計生死，即落魔道；一念起諸見，即落外道；見有生，趣其滅，即落聲聞道；不見有生，唯見有滅，即落緣覺道；法本不生，今亦無滅，不起二見，不厭不忻，一切諸法唯是一心，然後乃爲佛乘也。凡夫皆逐境生心，心遂忻厭，若欲無境，當忘其心，心忘即境空，境空即心滅；若不忘心而但除境，境不可除，祇益紛擾。故萬法唯心，心亦不可得，復何求哉？學般若人，不見有一法可得，絕意三乘，唯一真實，不可證得；謂我能證能得，皆增上慢人，法華會上拂衣而去者，皆斯徒也。故佛言：『我於菩提實無所得，默契而已。』凡人臨欲終時，但觀五蘊皆空，四大無我，真心無相，不去不來，生時性亦不來，死時性亦不去，湛然圓寂，心境一如，但能如是直下頓了，不爲三世所拘繫，便是出世人也。切不得有分毫趣向！若見善相諸佛來迎，及種種現前，亦無心隨去；若見惡相種種現前，亦無心怖畏。但自忘心，同於法界，便得自在，此即是要節也。」

十月八日，師謂休曰：「言化城者，二乘及十地、等覺、妙覺，皆是權立接引之教，並爲化城；言寶所者，乃真心本佛自性之寶。此寶不屬情量，不可建立，無佛無衆生，無能無所，何處有城？若問此既是化城，何處爲寶所？寶所不可指，指即有方所，非真寶所也。故云：『在近而已。』不可定量言之，但當體會契之即是。

言闡提者，信不具也。一切六道衆生，乃至二乘，不信有佛果，皆謂之斷善根闡提；菩薩者，深信有佛法，不見有大乘、小乘，佛與衆生同一法性，乃謂之善根闡提。大抵因聲教而悟者，謂之聲聞；觀因緣而悟者，謂之緣覺；若不向自心中悟，雖至成佛，亦謂之聲聞佛。學道人多於教法上悟，不於心法上悟，雖歷劫修行，終不是本佛；若不於心悟，乃至於教法上悟，即輕心重教，遂成逐塊，忘於本心。故但契本心，不用求法，心即法也。凡人多爲境礙心，事礙理，常欲逃境以安心，屏事以存理；不知乃是心礙境，理礙事，但令心空境自空，但令理寂事自寂，勿倒用心也！凡人多不肯空心，恐落於空，不知自心本空。愚人除事不除心，智者除心不除事，菩薩心如虛空，一切俱捨，所作福德皆不貪著。然捨有三等：內外身心一切俱捨，猶如虛空，無所取著，然後隨方應物，能所皆忘，是爲大捨；若一邊行道布德，一邊旋捨，無希望心，是爲中捨；若廣修衆善，有所希望，聞法知空，遂乃不著，是爲小捨。大捨如火燭在前，更無迷悟；中捨如火燭在傍，或明或闇；小捨如火燭在後，不見坑穽。故菩薩心如虛空，一切俱捨。過去心不可得，是過去捨；現在心不可得，是現在捨；未來心不可得，是未來捨。所謂三世俱捨。

自如來付法迦葉已來，以心印心，心心不異；印著空，即印不成文；印著物，即印不成法；故以心印心，心心不異，能印、所印，俱難契會，故得者少。然心即無心，得即無得。佛有三身：法身說自性虛通法，報身說一切清淨法，化身說六度萬行法。法身說法，不可以言語、音聲、形相、文字而求，無所說，無所證，自性虛通而已，故曰：『無法可說，是名說法。』報身、化身皆隨機感現，所說法亦隨事應根以爲攝化，皆非真法，故曰：『報化非真佛，亦非說法者。』所言：『同是一精明，分爲六和合。』一精者，一心也；六和合者，六根也。此六根各與塵合，眼與色合，耳與聲合，鼻與香合，舌與味合，身與觸合，意與法合，中間生六識，爲十八界。若了十八界無所有，束六和合爲一精明，一精明者即心也。學道人皆知此，但不能免作一精明六和合解，遂被法縛，不契本心。如來現世，欲說一乘真法，則衆生不信興謗，沒於苦海；若都不說，則墮慳貪；不爲衆生溥捨妙道，遂設方便，說有三乘。乘有大小，得有淺深，皆非本法，故云：『唯有一乘道，餘二則非真。』然終未能顯一心法。故召迦葉同法座，別付一心離言說法，此一枝法令別行，若能契悟者，便至佛地矣。」

問：「如何是道？如何修行？」師云：「道是何物，汝欲修行？」問：「諸方宗師相承，參禪學道如何？」師云：「引接鈍根人語，未可依憑。」云：「此既是引接鈍根人語，未審接上根人復說何法？」師云：「若是上根人，何處更就人？覓他自己尚不可得，何況更別有法當情？不見教中云：『法法何狀？』」云：「若如此，則都不要求覓也？」師云：「若與麼，則省心力。」云：「如是，則渾成斷絕，不可是無也！」師云：「阿誰教他無？他是阿誰，你擬覓他？」云：「既不許覓，何故又言莫斷他？」師云：「若不覓即便休，誰教你斷？你見目前虛空，作麼生斷他？」云：「此法可得，便同虛空否？」師云：「虛空早晚向你道有同有異？我暫如此說，你便向者裏生解！」云：「應是不與人生解耶？」師云：「我不曾障你，要且解屬於情，情生則智隔。」云：「向者裏莫生情是否？」師云：「若不生情，阿誰道是？」

問：「纔向和尚處發言，爲甚麼便道話墮？」師云：「汝自是不解語人，有甚麼墮負？」

問：「向來如許多言說，皆是抵敵語，都未曾有實法指示於人？」師云：「實法無顛倒，汝今問處自生顛倒，覓甚麼實法？」云：「既是問處自生顛倒，和尚答處如何？」師云：「你且將物照面看，莫管他人。」又云：「祇如箇癡狗相似，見物動處便吠，風吹草木也不別。」又云：「我此禪宗從上相承已來，不曾教人求知解，祇云學道，早是接引之詞。然道亦不可學，情存學解，卻成迷道。道無方所，名大乘心。此心不在内、外、中間，實無方所，第一不得作知解。祇是説汝如今情量盡處爲道，情量若盡，心無方所，此道天真，本無名字，祇爲世人不識，迷在情中。所以諸佛出來説破此事，恐汝諸人不了，權立道名，不可守名而生解，故云：『得魚忘筌，身心自然。』達道識心，達本源故，號爲沙門。沙門果者，息慮而成，不從學得。汝如今將心求心，傍他家舍，祇擬學取，有甚麼得時？古人心利，纔聞一言，便乃絕學，所以喚作『絕學無爲閑道人』。今時人祇欲得多知多解，廣求文義，喚作修行，不知多知多解翻成壅塞，唯知多與兒酥乳喫，消與不消都總不知；三乘學道人皆是此樣，盡名食不消者。所謂知解不消，皆爲毒藥，盡向生滅中取，真如之中都無此事，故云：『我王庫内無如是刀。』從前所有一切解處，盡須併卻令空，更無分別，即是空如來藏。如來藏者，更無纖塵可有，即是破有法王出現世間，亦云：『我於然燈佛所無少法可得。』此語祇爲空你情量知解，但銷鎔表裏情盡，都無依執，是無事人。三乘教網，祇是應機之藥，隨宜所説，臨時施設，各各不同，但能了知，即不被惑，第一不得於一機一教邊守文作解。何以如此？實無有定法如來可説。我此宗門不論此事，但知息心即休，更不用思前慮後。」

問：「從上來，皆云：『即心是佛。』未審即那箇心是佛？」師云：「你有幾箇心？」云：「爲復即凡心是佛？即聖心是佛？」師云：「你何處有凡聖心耶？」云：「即今三乘中說有凡聖，和尚何得言無？」師云：「三乘中分明向你道：『凡聖心是妄。』你今不解，反執爲有，將空作實，豈不是妄？妄故迷心。汝但除卻凡情聖境，心外更無別佛。祖師西來，直指一切人全體是佛，汝今不識，執凡執聖，向外馳騁，還自迷心，所以向汝道：『即心是佛。』一念情生即墮異趣，無始已來不異今日，無有異法，故名成等正覺。」云：「和尚所言『即』者，是何道理？」師云：「覓什麼道理！纔有道理，便即心異。」云：「前言無始已來不異今日，此理如何？」師云：「祇爲覓故，汝自異他；汝若不覓，何處有異？」云：「既是不異，何更用說『即』？」師云：「汝若不認凡聖，阿誰向汝道『即』？即若不即，心亦不心，可中心、即俱忘，阿你更擬向何處覓去？」

問：「妄能障自心，未審而今以何遣妄？」師云：「起妄遣妄亦成妄。妄本無根，祇因分別而有。你但於凡聖兩處情盡，自然無妄。更擬若爲遣他，都不得有纖毫依執，名爲『我捨兩臂，必當得佛』。」云：「既無依執，當何相承？」師云：「以心傳心。」云：「若心相傳，云何言心亦無？」師云：「不得一法，名爲傳心。若了此心，即是無心無法。」云：「若無心無法，云何名傳？」師云：「汝聞道傳心，將謂有可得也，所以祖師云：『認得心性時，可說不思議。了了無所得，得時不說知。』此事若教汝會，何堪也？」

問：「祇如目前虛空，可不是境？豈無指境見心乎？」師云：「什麼心教汝向境上見？設汝見得，祇是箇照境底心。如人以鏡照面，縱然得見眉目分明，元來祇是影像，何關汝事？」云：「若不因照，何時得見？」師云：「若也涉因，常須假物，有甚麼了時？汝不見他向汝道：『撒手似君無一物，徒勞謾說數千般。』」云：「他若識了，照亦無物耶？」師云：「若是無物，更何用照？你莫開眼寐語去！」

上堂，云：「百種多知，不如無求最第一也。道人是無事人，實無許多般心，亦無道理可說，無事散去。」

問：「如何是世諦？」師云：「說葛藤作甚麼！本來清淨，何假言說問答？但無一切心，即名無漏智。汝每日行住坐臥、一切言語，但莫著有爲法，出言瞬目，盡同無漏。如今末法向去，多是學禪道者，皆著一切聲色，何不與我心心同虛空去，如枯木石頭去，如寒灰死火去，方有少分相應；若不如是，他日盡被閻老子栲你在！你但離卻有無諸法，心如日輪，常在虛空，光明自然，不照而照，不是省力底事？到此之時，無棲泊處即是行諸佛行，便是應無所住而生其心，此是你清淨法身，名爲『阿耨菩提』。若不會此意，縱你學得多知，勤苦修行，草衣木食，不識自心，盡名邪行，定作天魔眷屬。如此修行，當復何益？誌公云：『佛是自心作，那得向文字中求？』饒你學得三賢、四果、十地滿心，也祇是在凡聖內坐。不見道：『諸行無常，是生滅法。』『勢力盡，箭還墜，招得來生不如意。爭似無爲實相門，一超直入如來地。』爲你不是與麼人，須要向古人建化門廣學知解。誌公云：『不逢出世明師，枉服大乘法藥。』你如今一切時中，行住坐臥，但學無心，久久須實得。爲你力量小，不能頓超，但得三年、五年，或十年，須得箇入頭處，自然會去。爲汝不能如是，須要將心學禪道，佛法有甚麼交涉？故云：『如來所說，皆爲化人。』如將黃葉爲金，止小兒啼，決定不實；若有實得，非我宗門下客，且與你本體有甚交涉？故經云：『實無少法可得，名爲阿耨菩提。』若也會得此意，方知佛道、魔道俱錯。本來清淨，皎皎地，無方圓，無大小，無長短等相，無漏無爲，無迷無悟，了了見，無一物，亦無人，亦無佛，大千沙界海中漚，一切聖賢如電拂，一切不如心真實。法身從古至今，與佛祖一般，何處欠少一毫毛？既會如是意，大須努力，盡今生去，出息不保入息。」

問：「六祖不會經書，何得傳衣爲祖？秀上座是五百人首座，爲教授師，講得三十二本經論，云何不傳衣？」師云：「爲他有心，是有爲法，所修所證，將爲是也，所以五祖付六祖；六祖當時祇是默契得，密授如來甚深意，所以付法與他。汝不見道：『法本法無法，無法法亦法。今付無法時，法法何曾法？』若會此意，方名出家兒，方好修行。若不信，云何明上座走來大庾嶺頭尋六祖，六祖便問：『汝來求何事？爲求衣？爲求法？』明上座云：『不爲衣來，但爲法來。』六祖云：『汝且暫時斂念，善惡都莫思量。』明乃稟語，六祖云：『不思善，不思惡，正當與麼時，還我明上座父母未生時面目來！』明於言下忽然默契，便禮拜云：『如人飲水，冷煖自知。某甲在五祖會中，枉用三十年功夫，今日方省前非。』六祖云：『如是。』到此之時，方知祖師西來，直指人心，見性成佛，不在言說。豈不見阿難問迦葉云：『世尊傳金襴外，別傳何物？』迦葉召阿難，阿難應諾，迦葉云：『倒卻門前刹竿者！』此便是祖師之標榜也。甚深阿難，三十年爲侍者，祇爲多聞智慧，被佛訶云：『汝千日學慧，不如一日學道。若不學道，滴水難消。』」

裴相公問師曰：「山中四、五百人，幾人得和尚法？」師云：「得者莫測其數。何故？道在心悟，豈在言說？言說祇是化童蒙耳。」

問：「如何是佛？」師云：「即心是佛，無心是道。但無生心動念、有無、長短、彼我、能所等心，心本是佛，佛本是心，心如虛空，所以云：『佛真法身，猶若虛空。』不用別求，有求皆苦。設使恒沙劫行六度萬行，得佛菩提，亦非究竟。何以故？爲屬因緣造作故，因緣若盡，還歸無常。所以云：『報化非真佛，亦非說法者。』但識自心，無我無人，本來是佛。」

問：「聖人無心即是佛，凡夫無心，莫沈空寂否？」師云：「法無凡聖，亦無沈寂。法本不有，莫作無見；法本不無，莫作有見。有之與無，盡是情見，猶如幻翳，所以云：『見聞如幻翳，知覺乃衆生。』祖師門中，祇論息機忘見，所以忘機則佛道隆，分別則魔軍熾。」

問：「心既本來是佛，還修六度萬行否？」師云：「悟在於心，非關六度萬行。六度萬行盡是化門接物度生邊事，設使菩提真如、實際解脫法身，直至十地、四果聖位，盡是度門，非關佛心。心即是佛，所以一切諸度門中，佛心第一。但無生死煩惱等心，即不用菩提等法。所以道：『佛說一切法，度我一切心；我無一切心，何用一切法？』從佛至祖，並不論別事，唯論一心，亦云一乘。所以十方諦求，更無餘乘，此衆無枝葉，唯有諸真實。所以此意難信，達摩來此土，至梁、魏二國，祇有可大師一人密信自心，言下便會即心是佛，身心俱無，是名大道；大道本來平等，所以深信含生同一真性，心性不異，即性即心，心不異性，名之爲祖。所以云：『認得心性時，可說不思議。』」

問：「佛度衆生否？」師云：「實無衆生如來度者。我尚不可得，非我何可得？佛與衆生皆不可得。」云：「現有三十二相及度衆生，何得言無？」師云：「凡所有相，皆是虛妄；若見諸相非相，即見如來。佛與衆生盡是汝作妄見，祇爲不識本心，謾作見解。纔作佛見，便被佛障；作衆生見，被衆生障；作凡、作聖、作淨、作穢等見，盡成其障。障汝心故，總成輪轉。猶如獼猴，放一捉一，無有歇期。一等是學，直須無學，無凡無聖，無淨無垢，無大無小，無漏無爲，如是一心中，方便勤莊嚴。聽汝學得三乘十二分教一切見解，總須捨卻；所以除去所有，唯置一牀，寢疾而臥。祇是不起諸見，無一法可得，不被法障，透脫三界凡聖境域，始得名爲出世佛。所以云：『稽首如空無所依，出過外道。』心既不異，法亦不異；心既無爲，法亦無爲。萬法盡由心變，所以我心空故諸法空，千品萬類悉皆同，盡十方空界同一心體。心本不異，法亦不異，祇爲汝見解不同，所以差別。譬如諸天共寶器食，隨其福德，飯色有異。十方諸佛實無少法可得，名爲阿耨菩提，祇是一心，實無異相，亦無光彩，亦無勝負，無勝故無佛相，無負故無衆生相。」云：「心既無相，豈得全無三十二相、八十種好化衆生度耶？」師云：「三十二相屬相，凡所有相，皆是虛妄；八十種好屬色，若以色見我，是人行邪道，不能見如來。」

問：「佛性與衆生，爲同爲別？」師云：「性無同異。若約三乘教，即說有佛性、有衆生性，遂有三乘因果，即有同異；若約佛乘及祖師相傳，即不說如是事，惟指一心，非同非異，非因非果。所以云：『唯此一乘道，無二亦無三，除佛方便說。』」

問：「無邊身菩薩，爲什麼不見如來頂相？」云：「實無可見。何以故？無邊身菩薩便是如來，不應更見。祇教你不作佛見，不落佛邊；不作衆生見，不落衆生邊；不作有見，不落有邊；不作無見，不落無邊；不作凡見，不落凡邊；不作聖見，不落聖邊。但無諸見，即是無邊身；若有見處，即名外道。外道者，樂於諸見；菩薩於諸見而不動。如來者，即諸法如義，所以云：『彌勒亦如也，衆聖賢亦如也。』如即無生，如即無滅，如即無見，如即無聞。如來頂即是圓見，亦無圓見故，不落圓邊。所以佛身無爲，不墮諸數，權以虛空爲喻，圓同太虛，無欠無餘。

等閑無事，莫彊辯他境，辯著便成識。所以云：『圓成沈識海，流轉若飄蓬。』祇道我知也、學得也、契悟也、解脫也、有道理也，彊處即如意，弱處即不如意，似者箇見解，有甚麼用處？我向汝道：『等閑無事，莫謾用心，不用求真，唯須息見。』所以內見、外見俱錯，佛道、魔道俱惡，所以文殊暫起二見，貶向二鐵圍山。文殊即實智，普賢即權智，權實相對治，究竟亦無權實，唯是一心。心且不佛不衆生，無有異見，纔有佛見，便作衆生見、有見、無見、常見、斷見，便成二鐵圍山，被見障故。祖師直指一切衆生本心本體，本來是佛，不假修成，不屬漸次，不是明闇。不是明，故無明；不是闇，故無闇。所以無無明，亦無無明盡。入我此宗門，切須在意。如此見得，名之爲法；見法故，名之爲佛；佛、法俱無，名之爲僧，喚作無爲僧，亦名『一體三寶』。夫求法者，不著佛求，不著法求，不著衆求，應無所求。不著佛求，故無佛；不著法求，故無法；不著衆求，故無僧。

問：「和尚現今說法，何得言無僧亦無法？」師云：「汝若見有法可說，即是以音聲求我，若見有我，即是處所。法亦無法，法即是心，所以祖師云：『付此心法時，法法何曾法？無法無本心，始解心心法。』實無一法可得，名坐道場。道場者，祇是不起諸見，悟法本空，喚作『空如來藏』。本來無一物，何處有塵埃？若得此中意，逍遙何所論？」

問：「本來無一物，無物便是否？」師云：「無亦不是。菩提無是處，亦無無知解。」

問：「何者是佛？」師云：「汝心是佛，佛即是心，心佛不異，故云：『即心即佛。』若離於心，別更無佛。」云：「若自心是佛，祖師西來，如何傳授？」師云：「祖師西來，唯傳心佛，直指汝等心本來是佛，心心不異，故名爲祖。若直下見此意，即頓超三乘一切諸位，本來是佛，不假修成。」云：「若如此，十方諸佛出世，說於何法？」師云：「十方諸佛出世，衹共說一心法，所以佛密付與摩訶大迦葉。此一心法體，盡虛空，偏法界，名爲諸佛理。論這箇法，豈是汝於言句上解得他？亦不是於一機一境上見得他，此意唯是默契得。這一門名爲無爲法門，若欲會得，但知無心，忽悟即得；若用心擬學取，即轉遠去。若無歧路心、一切取捨心，心如木石，始有學道分。」

云：「如今現有種種妄念，何以言無？」師云：「妄本無體，即是汝心所起，汝若識心是佛，心本無妄，那得起心更認於妄？汝若不生心動念，自然無妄。所以云：『心生則種種法生，心滅則種種法滅。』」云：「今正妄念起時，佛在何處？」

師云：「汝今覺妄起時，覺正是佛；可中若無妄念，佛亦無。何故如此？爲汝起心作佛見，便謂有佛可成；作衆生見，便謂有衆生可度。起心動念，總是汝見處；若無一切見，佛有何處所？如文殊纔起佛見，便貶向二鐵圍山。」云：「今正悟時，佛在何處？」師云：「問從何來？覺從何起？語默動靜、一切聲色，盡是佛事，何處覓佛？不可更頭上安頭，嘴上加嘴。但莫生異見，山是山，水是水，僧是僧，俗是俗，山河大地、日月星辰，總不出汝心，三千世界，都來是汝箇自己，何處有許多般？心外無法，滿目青山；虛空世界，皎皎地無絲髮許與汝作見解。所以一切聲色，是佛之慧目。法不孤起，仗境方生，爲物之故，有其多智。終日說，何曾說？終日聞，何曾聞？所以釋迦四十九年說，未曾說著一字。」云：「若如此，何處是菩提？」師云：「菩提無是處，佛亦不得菩提，衆生亦不失菩提，不可以身得，不可以心求，一切衆生即菩提相。」

云：「如何發菩提心？」師云：「菩提無所得。你今但發無所得心，決定不得一法，即菩提心。菩提無住處。是故無有得者，故云：『我於然燈佛所，無有少法可得，佛即與我授記。』明知一切衆生本是菩提，不應更得菩提。你今聞發菩提心，將謂一箇心學取佛去，唯擬作佛，任你三祇劫修，亦祇得箇報化佛，與你本源真佛性有何交涉？故云：『外求有相佛，與汝不相似。』」

問：「本既是佛，那得更有四生六道，種種形貌不同？」師云：「諸佛體圓，更無增減，流入六道，處處皆圓，萬類之中，箇箇是佛。譬如一團水銀，分散諸處，顆顆皆圓，若不分時，祇是一塊。此一即一切，一切即一。種種形貌，喻如屋舍，捨驢屋入人屋，捨人身至天身，乃至聲聞、緣覺、菩薩、佛屋，皆是汝取捨處，所以有別；本源之性，何得有別？」

問：「諸佛如何行大慈悲，爲衆生說法？」師云：「佛慈悲者，無緣故，名大慈悲。慈者，不見有佛可成；悲者，不見有衆生可度。其所說法，無說無示；其聽法者，無聞無得。譬如幻士爲幻人說法。者箇法，若爲道我從善知識言下領得、會也、悟也，者箇慈悲，若爲汝起心動念學得他見解，不是自悟本心，究竟無益。」

問：「何者是精進？」師云：「身心不起，是名第一牢彊精進；纔起心向外求者，名爲歌利王愛遊獵去。心不外遊，即是忍辱仙人；身心俱無，即是佛道。」

問：「若無心行此道，得否？」師云：「無心便是行此道，更說甚麼得與不得？且如瞥起一念，便是境；若無一念，便是境忘心自滅，無復可追尋。」

問：「如何是出三界？」師云：「善惡都莫思量，當處便出三界。如來出世，爲破三有，若無一切心，三界亦非有。如一微塵破爲百分，九十九分是無，一分是有，摩訶衍不能勝出；百分俱無，摩訶衍始能勝出。」

上堂，云：「即心是佛，上至諸佛，下至蠢動含靈，皆有佛性，同一心體。所以達摩從西天來，唯傳一心法，直指一切衆生本來是佛，不假修行。但如今識取自心，見自本性，更莫別求。云何識自心？即如今言語者，正是汝心。若不言語，又不作用，心體如虛空相似，無有相貌，亦無方所，亦不一向是無，有而不可見故。祖師云：『真性心地藏，無頭亦無尾。應緣而化物，方便呼爲智。』若不應緣之時，不可言其有無，正應之時，亦無蹤迹。既知如此，如今但向無中棲泊，即是行諸佛路。經云：『應無所住而生其心。』一切衆生輪迴生死者，意緣走作，心於六道不停，致使受種種苦。《淨名》云：『難化之人，心如猨猴，故以若干種法制禦其心，然後調伏。』所以心生種種法生，心滅種種法滅，故知一切諸法皆由心造，乃至人天、地獄、六道、修羅盡由心造。

如今但學無心，頓息諸緣，莫生妄想分別，無人，無我，無貪瞋，無憎愛，無勝負，但除卻如許多種妄想，性自本來清淨，即是修行菩提法佛等。若不會此意，縱你廣學，勤苦修行，木食草衣，不識自心，皆名邪行，盡作天魔外道、水陸諸神。如此修行，當復何益？誌公云：『本體是自心作，那得文字中求？』如今但識自心，息卻思惟，妄想塵勞自然不生。《淨名》云：『唯置一牀，寢疾而臥。』心不起也。如人臥疾，攀緣都息，妄想歇滅，即是菩提。如今若心裏紛紛不定，任你學到三乘四果、十地諸位，合殺衹向凡聖中坐，諸行盡歸無常，勢力皆有盡期，猶如箭射於空，力盡還墜，卻歸生死輪迴。如斯修行，不解佛意，虛受辛苦，豈非大錯？誌公云：『未逢出世明師，枉服大乘法藥。』

如今但一切時中行住坐臥，但學無心，亦無分別，亦無依倚，亦無住著，終日任運騰騰，如癡人相似，世人盡不識你，你亦不用教人識不識，心如頑石頭，都無縫罅，一切法透汝心不入，兀然無著，如此始有少分相應。透得三界境過，名爲佛出世，不漏心相，名爲無漏智。不作人天業，不作地獄業，不起一切心，諸緣盡不生，即此身心是自由人，不是一向不生，衹是隨意而生，經云『菩薩有意生身』是也。忽若未會無心，著相而作者，皆屬魔業；乃至作淨土佛事，並皆成業，乃名佛障，障汝心故，被因果管束，去住無自由分。所以菩提等法，本不是有，如來所說，皆是化人，猶如黃葉爲金，權止小兒啼故，實無有法名阿耨菩提。如今既會此意，何用區區？但隨緣消舊業，更莫造新殃。心裏明明，所以舊時見解總須捨卻，

《淨名》云：『除去所有。』《法華》云：『二十年中常令除糞。』祇是除去心中作見解處，又云：『蠲除戲論之糞。』所以如來藏本自空寂，並不停留一法，故經云：『諸佛國土亦復皆空。』

若言佛道是修學而得，如此見解全無交涉！或作一機一境、揚眉動目、祇對相當，便道契會也，得證悟禪理也，忽逢一人不解，便道都無所知，對他若得道理，心中便歡喜，若被他折伏，不如他，便即心懷惆悵，如此心意學禪，有何交涉？任汝會得少許道理，祇得箇心所法，禪道總沒交涉！所以達摩面壁，都不令人有見處，故云：『忘機是佛道，分別是魔境。』此性縱汝迷時亦不失，悟時亦不得，天真自性，本無迷悟，盡十方虛空界，元來是我一心體，縱汝動用造作，豈離虛空？虛空本來無大無小，無漏無爲，無迷無悟，了了見，無一物，亦無人，亦無佛，絕纖毫的量，是無依倚，無粘綴，一道清流，是自性無生法忍，何有擬議？真佛無口，不解說法；真聽無耳，其誰聞乎？珍重！」

師本是閩中人，幼於本州黃檗山出家，額間隆起如珠，音辭朗潤，志意沖澹。後遊天臺，逢一僧如舊識，乃同行，屬澗水暴漲，師倚杖而止，其僧率師同過，師云：「請兄先過。」其僧即浮笠於水上便過，師云：「我卻共箇稍子作隊，悔不一棒打殺！」

有僧辭歸宗，宗云：「往甚處去？」云：「諸方學五味禪去。」宗云：「諸方有五味禪，我這裏祇是一味禪。」云：「如何是一味禪？」宗便打，僧云：「會也！會也！」宗云：「道！道！」僧擬開口，宗又打。其僧後到師處，師問：「甚麼處來？」云：「歸宗來。」師云：「歸宗有何言句？」僧遂舉前話，師乃上堂舉此因緣，云：「馬大師出八十四人善知識，問著箇箇屙漉漉地，祇有歸宗較些子。」

師在鹽官會裏，大中帝為沙彌，師於佛殿上禮佛，沙彌云：「不著佛求，不著法求，不著衆求。長老禮拜，當何所求？」師云：「不著佛求，不著法求，不著衆求，常禮如是事。」沙彌云：「用禮何為？」師便掌，沙彌云：「太麤生！」師云：「這裏是甚麼所在，說麤說細？」隨後又掌，沙彌便走。

師行脚到南泉，一日齋時，捧鉢向南泉位上坐，南泉下來見，便問：「長老甚麼年中行道？」師云：「威音王已前。」南泉云：「猶是王老師孫在！」師便下去。師一日出次，南泉云：「如許大身材，戴箇些子大笠。」師云：「三千大千世界總在裏許。」南泉云：「王老師㘞！」師戴笠便行。

師一日在茶堂內坐，南泉下來，問：「定慧等學，明見佛性。此理如何？」師云：「十二時中，不依倚一物。」泉云：「莫便是長老見處麼？」師云：「不敢。」泉云：「漿水錢且置，草鞋錢教甚麼人還？」師便休。後溈山舉此因緣，問仰山：「莫是黃檗搆他南泉不得麼？」仰山云：「不然，須知黃檗有陷虎之機。」溈山云：「子見處得與麼長。」

一日普請，泉問：「甚麼處去？」師云：「擇菜去。」泉云：「將甚麼擇？」師豎起刀子，泉云：「祇解作賓，不解作主。」師扣三下。

一日五人新到，同時相看，一人不禮拜，以手畫一圓相而立，師云：「還知道好隻獵犬麼？」云：「尋羚羊氣來。」師云：「羚羊無氣，汝向甚麼處尋？」云：「尋羚羊蹤來。」師云：「羚羊無蹤，汝向甚麼處尋？」云：「尋羚羊迹來。」師云：「羚羊無迹，汝向甚麼處尋？」云：「與麼則死羚羊也。」師便休。來日陞座退，問：「昨日尋羚羊僧出來！」其僧便出，師云：「老僧昨日後頭未有語在，作麼生？」其僧無語，師云：「將謂是本色衲僧，元來祇是義學沙門！」

師曾散衆在洪州開元寺，裴相公一日入寺行次，見壁畫，乃問寺主：「這畫是甚麼？」寺主云：「畫高僧。」相公云：「形影在這裏，高僧在甚麼處？」寺主無對，相公云：「此間莫有禪僧麼？」寺主云：「有一人。」相公遂請師相見，乃舉前話問師，師召云：「裴休！」休應諾，師云：「在甚麼處？」相公於言下有省，乃再請師開堂。

上堂，云：「汝等諸人盡是噇酒糟漢，與麼行腳，笑殺他人！總似與麼容易，何處更有今日？汝還知大唐國裏無禪師麼？」時有僧問：「祇如諸方見今出世，匡徒領衆，爲甚麼卻道無禪師？」師云：「不道無禪，祇道無師。」後溈山舉此因緣，問仰山云：「意作麼生？」仰山云：「鵝王擇乳，素非鴨類。」溈山云：「此實難辨！」

裴相一日托一尊佛於師前胡跪，云：「請師安名。」師召云：「裴休！」休應諾，師云：「與汝安名竟。」相公便禮拜。

相公一日上詩一章，師接得便坐卻，乃問：「會麼？」相公云：「不會。」師云：「與麼不會，猶較些子。若形紙墨，何有吾宗？」詩曰：「自從大士傳心印，額有圓珠七尺身。掛錫十年棲蜀水，浮杯今日渡漳濱。千徒龍象隨高步，萬里香花結勝因。願欲事師爲弟子，不知將法付何人？」師答曰：「心如大海無邊際，口吐紅蓮養病身。雖有一雙無事手，不曾祇揖等閑人。」

「夫學道者，先須屏卻雜學諸緣，決定不求，決定不著，聞甚深法，恰似清風居耳，瞥然而過，更不追尋，是爲甚深，入如來禪，離生禪想。從上祖師，唯傳一心，更無二法，指心是佛，頓超等妙二覺之表，決定不流至第二念，始似入我宗門。如斯之法，汝取次人到這裏，擬作麼生學？所以道：『擬心時，被擬心魔縛；非擬心時，又被非擬心魔縛；非非擬心時，又被非非擬心魔縛。』魔非外來，出自你心，唯有無神通菩薩，足迹不可尋。若以一切時中，心有常見，即是常見外道；若觀一切法空作空見者，即是斷見外道。所以三界唯心，萬法唯識，此猶是對外道邪見人説；若説法身以爲極果，此對三賢十聖人言。故佛斷二愚：一者，微細所知愚；二者，極微細所知愚。佛既如是，更説甚麼等妙二覺來？

所以一切人，但欲向明，不欲向闇，但欲求悟，不受煩惱無明，便道佛是覺，衆生是妄，若作如是見解，百劫千生，輪迴六道，更無斷絕。何以故？爲謗諸佛本源自性故。他分明向你道：『佛且不明，衆生且不闇，法無明闇故；佛且不彊，衆生且不弱，法無彊弱故；佛且不智，衆生且不愚，法無愚智故。』是你出頭總道解禪，開著口便病發，不説本，祇説末，不説迷，祇説悟，不説體，祇説用，總無你話論處！他一切法且本不有，今亦不無；緣起不有，緣滅不無。本亦不有，本非本故；心亦不心，心非心故；相亦非相，相非相故。所以道：『無法無本心，始解心心法。』法即非法，非法即法，無法無非法，故是心心法。忽然瞥起一念，了知如幻如化，即流入過去佛。過去佛且不有，未來佛且不無，又且不喚作未來佛，現在念念不住，不喚作現在佛。佛若起時，即不擬他是覺是迷、是善是惡，輒不得執滯他、斷絕他，如一念瞥起，千重關鎖鎖不得，萬丈繩索索他不住，既若如是，爭合便擬滅他止他？分明向你道『爾燄識』，你作麼生擬斷他？喻如陽燄，你道近，十方世界求不可得；始道遠，看時祇在目前；你擬趁他，他又轉遠去；你始避他，他又來逐你。取又不得，捨又不得，既若如此，故知一切法性自爾，即不用愁他、慮他。

如言前念是凡，後念是聖，如手翻覆一般，此是三乘教之極也；據我禪宗中，前念且不是凡，後念且不是聖，前念不是佛，後念不是衆生，所以一切色是佛色，一切聲是佛聲；舉著一理，一切理皆然；見一事，見一切事；見一心，見一切心；見一道，見一切道，一切處無不是道；見一塵，十方世界、山河大地皆然；見一滴水，即見十方世界一切性水；又見一切法，即見一切心。一切法本空，心即不無，不無即妙有，有亦不有，不有即有，即真空妙有。既若如是，十方世界不出我之一心，一切微塵國土，不出我之一念，若然，說甚麼內之與外？如蜜性甜，一切蜜皆然，不可道這箇蜜甜，餘底苦也。何處有與麼事？所以道：『虛空無內外，法性自爾；虛空無中間，法性自爾。』故衆生即佛，佛即衆生，衆生與佛，元同一體；生死涅槃、有爲無爲，元同一體；世間、出世間，乃至六道四生、山河大地、有性無性，亦同一體。言同者，名相亦空，有亦空，無亦空，盡恆沙世界，元是一空。既若如此，何處有佛度衆生？何處有衆生受佛度？何故如此？萬法之性自爾故。若作自然見，即落自然外道；若作無我、無我所見，墮在三賢十聖位中。你如今云何將一尺一寸，便擬量度虛空？他分明向汝道：『法法不相到，法自寂故。』當處自住，當處自真。以身空故名『法空』，以心空故名『性空』，身心總空，故名『法性空』，乃至千途異說，皆不離你之本心。

如今說菩提、涅槃、真如、佛性、二乘菩薩者，皆指葉爲黃金，拳掌之說；若也展手之時，一切大衆，若天若人，皆見掌中都無一物。所以道：『本來無一物，何處有塵埃？』本既無物，三際本無所有，故學道人單刀直入，須見這箇意始得。故達摩大師從西天來至此土，經多少國土，祇覓得可大師一人，密傳心印，印你本心，以心印法，以法印心，心既如此，法亦如此，同真際，等法性。法性空中，誰是授記人？誰是成佛人？誰是得法人？他分明向你道：『菩提者，不可以身得，身無相故；不可以心得，心無相故；不可以性得，性即便是本源自性天真佛故；不可以佛更得佛，不可以無相更得無相，不可以空更得空，不可以道更得道；本無所得，無得亦不可得。』所以道：『無一法可得。』祇教你了取本心，當下了時，不得了相，無了無不了相，亦不可得。如此之法，得者即得，得者不自覺知，不得者亦不自覺知。如此之法，從上已來，有幾人得知？所以道：『天下忘己者有幾人？』如今於一機一境、一經一教、一世一時、一名一字、六根門前領得，與機關木人何別？忽有一人出來，不於一名一相上作解者，我說此人盡十方世界，覓這箇人不可得，以無第二人故，繼於祖位，亦云『釋種』，無雜純一。故言：『王若成佛時，王子亦隨出家。』此意大難知！祇教你莫覓，覓便失卻。如癡人山上叫一聲，響從谷出，便走下山趁；及尋覓不得，又叫一聲，山上響又應，亦走上山上趁。如是千生萬劫，祇是尋聲逐響人、虛生浪死漢！汝若無聲即無響，涅槃者，無聞無知無聲，絕迹絕蹤，若得如是，稍與祖師鄰房也。」

問：「如王庫藏內，都無如是刀。伏願誨示！」師云：「王庫藏者，即虛空性也，能攝十方虛空世界，皆總不出你心，亦謂之虛空藏菩薩。你若道是有是無、非有非無，總成羊角。羊角者，即你求覓者也。」

問：「王庫藏中有真刀否？」師云：「此亦是羊角。」云：「若王庫藏中本無真刀，何故云：『王子持王庫中真刀出至異國』？何獨言無？」師云：「持刀出者，此喻如來使者。你若言王子持王庫中真刀出去者，庫中應空去也。本源虛空性，不可被異人將去。是甚麼語？設你有者，皆名羊角。」

問：「迦葉受佛心印，得爲傳語人否？」師云：「是。」云：「若是傳語人，應不離得羊角。」師云：「迦葉自領得本心，所以不是羊角。若以領得如來心，見如來意，見如來色相者，即屬如來使，爲傳語人。所以阿難爲侍者二十年，但見如來色相，所以被佛訶云：『唯觀救世者，不能離得羊角。』」

問：「文殊執劍於瞿曇前者如何？」師云：「五百菩薩得宿命智，見過去生業障，五百者，即你五陰身是。以見此夙命障故，求佛求菩薩涅槃，所以文殊將智解劍，害此有見佛心故，故言你善害。」云：「何者是劍？」師云：「解心是劍。」云：「解心既是劍，斷此有見佛心，祇如能斷見心，何能除得？」師云：「還將你無分別智，斷此有見分別心。」云：「如作有見，有求佛心，將無分別智劍斷，爭奈有智劍在何？」師云：「若無分別智，害有見無見，無分別智亦不可得。」云：

「不可以智更斷智，不可以劍更斷劍？」師云：「劍自害劍，劍劍相害，即劍亦不可得；智自害智，智智相害，即智亦不可得。母子俱喪，亦復如是。」

問：「如何是見性？」師云：「性即是見，見即是性，不可以性更見性；聞即是性，不可以性更聞性。祇你作性見，能聞能見性，便有一異法生。他分明道：『所可見者，不可更見。』你云何頭上更著頭？他分明道：『如盤中散珠，大者大圓，小者小圓，各各不相知，各各不相礙，起時不言我起，滅時不言我滅。』所以四生六道未有不如時，且衆生不見佛，佛不見衆生，四果不見四向，四向不見四果，三賢十聖不見等妙二覺，等妙二覺不見三賢十聖，乃至水不見火，火不見水，地不見風，風不見地，衆生不入法界，佛不出法界，所以法性無去來，無能所見。既如此，因甚麼道我見我聞，於善知識處得契悟，善知識與我說法，諸佛出世與衆生說法？迦旃延祇爲以生滅心傳實相法，被淨名訶責。分明道：『一切法本來無縛，何用解他？本來不染，何用淨他？』故云：『實相如是，豈可說乎？』汝今祇成是非心、染淨心，學得一知一解，遶天下行，見人便擬定當取，誰有心眼，誰彊誰弱，若也如此，天地懸殊，更說甚麼見性？」

問：「既言性即見，見即性，祇如性自無障礙，無劑限，云何隔物即不見？又於虛空中，近即見，遠即不見者，如何？」師云：「此是你妄生異見。若言隔物不見，無物言見，便謂性有隔礙者，全無交涉！性且非見非不見，法亦非見非不見，若見性人，何處不是我之本性？所以六道四生、山河大地，總是我之性淨明體。故云：『見色便見心，色心不異故。』祇爲取相作見聞覺知，去卻前物始擬得見者，即墮二乘人中依通見解也；虛空中近則見，遠則不見，此是外道中收。分明道：『非內亦非外，非近亦非遠。』近而不可見者，萬物之性也，近尚不可見，更道遠而不可見，有甚麼意旨？」

問：「學人不會，和尚如何指示？」師云：「我無一物，從來不曾將一物與人。你無始已來，祇爲被人指示，覓契覓會，此可不是弟子與師俱陷王難？你但知一念不受，即是無受身；一念不想，即是無想身；決定不遷流造作，即是無行身；莫思量卜度分別，即是無識身。你如今纔別起一念，即入十二因緣，無明緣行，亦因亦果，乃至老死，亦因亦果。故善財童子一百一十處求善知識，祇向十二因緣中求，最後見彌勒，彌勒卻指見文殊；文殊者，即汝本地無明。若心心別異，向外求善知識者，一念纔生即滅，纔滅又生。所以汝等比丘，亦生亦老，亦病亦死，酬因答果已來，即五聚之生滅，五聚者，五陰也。一念不起，即十八界空，即身便是菩提華果，即心便是靈智，亦云『靈臺』；若有所住著，即身爲死屍，亦云『守死屍鬼』。」

問：「淨名默然，文殊讚歎，云是真入不二法門。如何？」師云：「不二法門，即你本心也。說與不說，即有起滅；無言說時，無所顯示，故文殊讚歎。」云：「淨名不說，聲有斷滅否？」師云：「語即默，默即語，語默不二，故云：『聲之實性亦無斷滅，文殊本聞亦無斷滅。』所以如來常說，未曾有不說時。如來說即是法，法即是說，法說不二故；乃至報化二身、菩薩聲聞、山河大地、水鳥樹林，一時說法。所以語亦說，默亦說，終日說而未嘗說。既若如是，但以默爲本。」

問：「聲聞人藏形於三界，不能藏於菩提者。如何？」師云：「形者，質也。聲聞人但能斷三界見修，已離煩惱，不能藏於菩提，故還被魔王於菩提中捉得，於林中宴坐，還成微細見菩提心也；菩薩人已於三界菩提，決定不捨不取，不取故，七大中覓他不得，不捨故，外魔亦覓他不得。汝但擬著一法，印子早成也。印著有，即六道四生文出；印著空，即無相文現。如今但知決定不印一切物，此印爲虛空，不一不二，空本不空，印本不有。十方虛空世界諸佛出世，如見電光一般，觀一切蠢動含靈，如響一般，見十方微塵國土，恰似海中一滴水相似，聞一切甚深法，如幻如化。心心不異，法法不異，乃至千經萬論，祇爲你之一心，若能不取一切相，故言：『如是一心中，方便勤莊嚴。』」

問：「如我昔爲歌利王割截身體。如何？」師云：「仙人者，即是你心；歌利王，好求也；不守王位，謂之貪利。如今學人，不積功累德，見者便擬學，與歌利王何別？如見色時，壞卻仙人眼；聞聲時，壞卻仙人耳；乃至覺知時，亦復如是，喚作節節支解。」云：「祇如仙人忍時，不合更有節節支解，不可一心忍，一心不忍也。」師云：「你作無生見、忍辱解、無求解，總是傷損。」云：「仙人被割時，還知痛否？」又云：「此中無受者，是誰受痛？」師云：「你既不痛，出頭來覓箇甚麼？」

問：「然燈佛授記，爲在五百歲中？五百歲外？」師云：「五百歲中不得授記，所言授記者，你本決定不忘，不失有爲，不取菩提，但以了世非世，亦不出五百歲外別得授記，亦不於五百歲中得授記。」云：「了世三際相不可得已否？」師云：「無一法可得。」云：「何故言頻經五百世，前後極時長？」師云：「五百世長遠，當知猶是仙人，故然燈授記時，實無少法可得。」

問：「教中云，『銷我億劫顛倒想，不歷僧祇獲法身』者。如何？」師云：「若以三無數劫修行，有所證得者，盡恆沙劫不得。若於一剎那中獲得法身，直了見性者，猶是三乘教之極談也。何以故？以見法身可獲故，皆屬不了義教中收。」

問：「見法頓了者，見祖師意否？」師云：「祖師心出虛空外。」云：「有限劑否？」師云：「有、無限劑，此皆數量對待之法。祖師云：『且非有限量，非無限量，非非有無限量，以絕待故。』你如今學者，未能出得三乘教外，爭喚作禪師？分明向汝道：『一等學禪，莫取次妄生異見，如人飲水，冷煖自知。』一行、一住、一剎那間，念念不異。若不如是，不免輪回。」

問：「佛身無爲，不墮諸數，何故佛身舍利八斛四斗？」師云：「你作如是見，祇見假舍利，不見真舍利。」云：「舍利爲是本有？爲復功勳？」師云：「非是本有，亦非功勳。」云：「若非本有，又非功勳，何故如來舍利，唯鍊唯精，金骨常存？」師乃訶云：「你作如此見解，爭喚作學禪人？你見虛空曾有骨否？諸佛心同太虛，覓甚麼骨？」云：「如今見有舍利，此是何法？」師云：「此從你妄想心生，即見舍利。」云：「和尚還有舍利否？請將出來看。」師云：「真舍利難見，你但以十指撮盡妙高峯爲微塵，即見真舍利。」「夫參禪學道，須得一切處不生心，祇論忘機即佛道隆，分別即魔軍盛，畢竟無毛頭許少法可得。」

問：「祖傳法付與何人？」師云：「無法與人。」云：「云何二祖請師安心？」師云：「你若道有，二祖即合覓得心，覓心不可得故，所以道與你安心竟。若有所得，全歸生滅。」

問：「佛窮得無明否？」師云：「無明即是一切諸佛得道之處，所以緣起是道場，所見一塵一色，便合無邊理性，舉足下足，不離道場。道場者，無所得也。我向你道：『祇無所得，名爲坐道場。』」云：「無明者，爲明爲闇？」師云：「非明非闇，明闇是代謝之法。無明且不明，亦不闇，不明祇是本明，不明不闇，祇這一句子，亂卻天下人眼！所以道：『假使滿世間，皆如舍利弗，盡思共度量，不能測佛智。』其無礙慧出過虛空，無你語論處。釋迦量等三千大千世界，忽有一菩薩出來一跨，跨卻三千大千世界，不出普賢一毛孔。你如今把甚麼本領擬學他？」

云：「既是學不得，爲甚麼道：『歸源性無二，方便有多門。』如之何？」師云：「歸源性無二者，無明實性即諸佛性。方便有多門者，聲聞人見無明生，見無明滅；緣覺人但見無明滅，不見無明生，念念證寂滅；諸佛見衆生終日生而無生，終日滅而無滅，無生無滅，即大乘果。所以道：『果滿菩提圓，華開世界起。』舉足即佛，下足即衆生。諸佛兩足尊者，即理足、事足、衆生足、生死足、一切等足，足故不求。是你如今念念學佛，即嫌著衆生，若嫌著衆生，即是謗他十方諸佛。所以佛出世來，執除糞器，蠲除戲論之糞，祇教你除卻從來學心、見心，除得盡，即不墮戲論，亦云搬糞出。祇教你不生心，心若不生，自然成大智者，決定不分別佛與衆生，一切盡不分別，始得入我曹溪門下。故自古先聖云：『少行我法門。』所以無行爲我法門，祇是一心門。一切人到這裏盡不敢入，不道全無，祇是少人得，得者即是佛。珍重！」

問：「如何得不落階級？」師云：「終日喫飯，未曾咬著一粒米；終日行，未曾踏著一片地。與麼時，無人我等相，終日不離一切事，不被諸境惑，方名自在人。念念不見一切相，莫認前後三際，前際無去，今際無住，後際無來，安然端坐，任運不拘，方名解脫。努力！努力！此門中千人萬人，祇得三箇五箇，若不將爲事，受殃有日在！故云：『著力今生須了卻，誰能累劫受餘殃？』」

師於唐大中年中終於本山，宣宗敕謚「斷際禪師」，塔曰：「廣業。」

月溪法師高臥處碑文

師諱心圓，號月溪，俗姓吳。其先浙江錢塘人，業滇遂家昆明，三傳至師。父子莊公，母陸聖德，生子五人，師最幼。師弱而好書，珪璋秀發，習儒業於汪維寅。先生年十二，讀〈蘭亭集序〉至「死生亦大矣，豈不痛哉」一句，慨然有解悟，問先生如何方能不死不生？汪告曰：「儒言：『未知生，焉知死？』此言要問佛學家。」旋問佛學家，告曰：「肉體有生有死，見聞覺知靈性輪轉，佛性如如不動，不死不生。假如未見佛性，佛性隨見聞覺知靈性輪轉。如見佛性徧滿虛空，見聞覺知靈性變爲佛性。」問如何方法能見佛性？佛學家不能答。授以《四十二章經》、《金剛經》，自是兼攻佛學。隨肄學業於滬，尤專心老、莊，濂、洛、關、閩書，博綜六經，徧參江浙名山梵刹，叩問諸大德。將佛學家告如何方法能明心見佛性？凡所答案皆未圓滿。時妙智尊宿教看「念佛是誰」話題。年十九，決志出家，闡揚大法。父母幼爲訂婚，堅不娶，即於是歲，禮本境靜安和尚剃染受具。甫出家精進勇猛，於佛前燃左無名、小二指；並剪胸肉掌大，炷四十八燈供佛。發三大願：一、不貪美衣食樂，修苦行，永無退悔。二、徧究閱三藏一切經典，苦心參禪。三、以所得悉講演示導，廣利衆生。師每日除看經外，誦佛號五千聲，輪誦《華嚴》、《涅槃》、《楞嚴》，有閑時拜《圓覺經》爲課。師公靜公和尚告曰：「如爾所修，在家亦可，何必出家？即非僧相，要修向上一著法門，纔是出家本分大事。」教看「萬法歸一，一歸何處」話頭。隨授《傳燈錄》、《五燈會元》、《指月錄》。師看過有些知，有些不知。師最喜臨濟語，如何用功還是渺茫。師後隨悟參法師學天臺、賢首、慈恩諸宗教義。年二十二，遂徧蒞衆會說法宣講，聽者如市。應金陵之請，講楞伽法會。師示衆曰：「衆生本來是佛，祇因無明妄念，生死不能了脫；若能破一分無明妄念，即能證一分法身。無明妄念破盡，法身顯露。」時法會中有開明尊宿，問曰：「如無明妄念從外面來，與你不相干，又何必去斷？如妄念從裏邊生出來的，譬喻龍潭出水的水源，時時有水生出來的，斷了又生，生了又斷，無有了期。修斷妄念，這箇道理實在不通！古人云：『王法不外乎人情。』佛法亦不外乎人情，妄念斷是佛性，妄念起是衆生，豈不是成佛亦有輪迴？」師不能答。再問曰：「法師未曾明心見性，經中無此語，此語是註解中得來。見性的人註解經典，路途便不錯。不見性人註解經典，說南朝北，拉東補西，顛倒是非。是否？」師答曰：「是不錯。」師頂禮尊宿，並舉將佛學家告如何方法方能明心見性，尊宿告曰：「此語法師可去問牛首山獻花巖鐵巖宗匠，他是悟後的人。」師星夜往參，問巖曰：「老和尚在此作甚麼？」巖告曰：「穿衣、喫飯、打眠、遊山玩水。」師對曰：「可惜你空過了。」巖告曰：「我可空過，你不可以學我空過，你若到那一片田地，亦可以學我空過。」師問曰：「如何是那一片田地？」巖豎一指，師對曰：「我不知道。」師問曰：「我今將妄念斷盡，不住有無，是那一片田地否？」巖告曰：「否！是無始無明境界。」師問曰：「臨濟祖師說是無明湛湛，黑闇深坑，實可怖畏。是否？」巖告曰：「是。」師將佛學家告如何方法用功，方能明心見性。巖告曰：「汝不可斷妄念，用眼根向不住有無黑闇深坑那裏返看，行、住、坐、臥不要間斷，因緣時至，無明湛湛，黑闇深坑囫的一破，就可以明心見性。」師聽此言，如飲甘露。由此用功，日夜苦參，形容憔悴，瘦骨如柴。至某中夜，聞窗外風吹梧桐葉聲，豁然證悟。時通身大汗，曰：「哦！原來不青不白，亦不參禪，亦不念佛，亦無死生事大，亦無無常迅速。」信口說偈曰：「本來無佛無衆生，世界未曾見一人；究竟瞭解是這箇，自性還是自己生。」向窗外望，正是萬里晴無雲，四更月在天。師數日後，再去問巖曰：「不求用功法門。祇求老和尚印證。」巖舉枴杖作打勢，問師曰：「曹溪未見黃梅意旨如何？」師答曰：「老和尚要打人。」巖再問曰：「見後意旨如何？」師再答曰：「老和尚要打人。」巖點頭。師將所悟稟呈，巖告曰：「子證悟也，今代汝印證，汝可再將《傳燈錄》印證。汝大事畢矣，有緣講經說法度生，無緣可隨緣度日。」師將《傳燈錄》、《指月錄》、《五燈會元》、《華嚴經》印證，一概瞭解，如家裏人說家裏話。師從今後講經依照《華嚴經》：佛性恆守本性，無有改變，始終不改；佛性無染無亂，無礙無厭，不受薰染；佛性不起妄念，妄念從見、聞、覺、知靈性生起；除卻止、作、任、滅四病，不斷妄念，用一念破無始無明，見佛性爲主要。師講經說法皆從自性中發露出來，不看他人註解。師後膺川、湘、鄂、贛、皖、閩、粵、陝、甘、京、滬、平、津、魯、晉、豫、熱、浙、杭、青、香、澳諸講筵，數十年無虛日，講經二百五十餘會，講經一種爲一會。師性超然喜遊，如遊終南、太白、香山、華山、峨嵋、九華、普陀、五臺、泰山、嵩山、黃山、武當、匡廬、茅山、莫干、嶼山、恆山、羅浮山等。凡遊雲霞深處，數月忘歸。所到名山，必有詩對。師善彈七弦琴，遊山必攜琴隨身。師節操高邈，度量出羣，不應酬世法，性度弘偉，風鑑朗拔，雖宿儒英達莫不服其深致。師之詩文有雲霞色，無煙火氣。師年老，豎一指爲衆弟子說法曰：「來從偏滿虛空來，迦葉佛釋迦佛；去從徧滿虛空去，觀世音彌陀佛。古今諸佛，在老僧指頭上，不去不來；老僧亦在指頭上，不去不來。汝等若能識取，便是汝等安身立命處。」說偈曰：「講經說法數十年，度生無生萬萬千；等待他日世緣盡，徧滿虛空大自在。」師囑弟子曰：「夫四大從因緣生者，有生必有滅；自性本來無生，無生亦無滅。」有生必滅者，預有歸所，歸所高臥處，擇昆明南門外，杜家營村後，跑馬山之陽，望昆明湖。師生平未度剃染徒（編按：另據法師胞侄稱，師有「剃染徒二」），皈依弟子十六萬餘衆。師教弟子修念佛法門。師座下悟道弟子八人：五臺寂真、明淨尊宿、北平李廣權居士、上海周運法居士。餘四人已先棄世。師著有《維摩經講錄》、《楞伽經講錄》、《圓覺經講錄》、《金剛經講錄》、《心經講錄》流傳北方。《佛教人生觀》、《佛法問答錄》，流傳南方。及《大乘八宗修法》、《大乘絕對論》、《月溪語錄》、《參禪修法》、《念佛修法》、《詠風堂琴課》。

弟子智圓敬撰並書

皈依弟子

智圓　智融　智惟　智悅　智如　智尊　智用

智參　智滿　智溪　智生　智諦　智通　智覺

智心　智真　智雲　智蓮　智海　智量　智哲

敬立

智遂　智信　智性　智明　智鏡　智定

中華民國第一甲子己卯年仲春既望日

編後語

郭哲志

「爲天下學道者定宗旨，爲天下學道者辨是非」，這是千餘年前荷澤神會大師破北宗清淨漸修禪，立六祖惠能頓教禪時，所留下的氣勢磅礴的口號，神會定宗旨之舉，也由此爲禪宗心地法門開創出日後「一花開五葉」的契機。千餘年後的今日，佛教表面上看似生機蓬勃，但觸目所及，無一不是流於中、小二乘的末代禪法，宗門尚且如此，更遑論教門及其他附佛外道，佛陀的正法眼藏真的是沒落了！

神會的時代，明心見性的祖師各化一方，尚且有魔强法弱之慨，今日的環境要想重振宗風，困難更是數倍於當時，我們選擇了整理弘揚月溪法師的思想做爲一箇起步。月溪法師是箇明心見性的過來人，本身又精通中西各家學說及佛教各派典籍，除了以現代人更能分別明白的「絕對論」重新闡釋「佛性」和「外道法」的差別外，其著作努力的方向在於揀擇佛法中種種似是而非，千百年來卻未爲人察知的謬誤。這番「定宗旨，辨是非」的苦心，雖未於法師生前有立竿見影之效，然而今日或許能有一大因緣再現於世也未可知。

在臺灣，由於某些緣故，月溪法師之名及其著作並未廣爲人知，坊間雖有印經會以印善書的方式流通，流通的層面亦屬有限。在某次因緣巧合下，我們和圓明出版社討論了出版月溪法師文集的可行性，而開始了這番合作的計畫。月溪法師的著作據稱有九十八種，惟大部份於戰火中佚失，我們所蒐集到的亦僅二十餘種。所以關於內容的來源，我們希望以拋磚引玉的方式來獲得讀者的迴響，倘若讀者手邊收藏有月溪法師的著作，盼能提供我們參考，以促其流通並增加整套文集的完整性。

月溪法師的每本著作雖都各自完整可讀，但合併爲文集卻有頗多重複贅累之處，一番去蕪存菁的整理工作是必要的。有的著作因其內容於他處重複或可被合併，不再單行出現，如《用周易老莊解釋佛法的錯誤》、《月溪法師問答錄》、《四乘法門》、《大乘佛法用功論》、《大乘佛法簡易解》、《由真起妄返妄歸真之考證》。至於法師其他的著作，大約以下列的順序來出版：《大乘絕對論》、《月溪法師開示錄》、《佛教的人生觀》（含《無始無明》、《大乘八宗修法》）、《參禪與念佛修法》、《神會大師證道歌、顯宗記溯源》，《圓覺經、金剛經、心經註疏》、《維摩詰經註疏》、《楞伽經》等經典的講註及《月溪法師詩詞書琴合集》（含《華山待月室記》、《詠風堂琴課》）。

月溪法師在著作中，因其本著護持正法、明確而不妥協的態度，於批判似是而非的教法時顯得相當直接且毫無保留，對許多讀者而言，尤其若有涉及對自己過去既有觀念的否定時，可能會有難以接受甚或排斥的心態出現。這其實也是一般病患對喫藥，尤其是苦口良藥所會有的反應，然而病要醫好還是得克服這層障礙纔行。相信衹要能讀通月溪法師的著作，起碼具備了分辨他人說法是非對錯的能力，做箇達摩祖師東來所要找的「不被人惑」的人了！

國家圖書館出版品預行編目資料

圓覺經、金剛經、心經註疏 / 月溪法師著. -- 1 版. --
新北市：華夏出版有限公司, 2023.03
面； 公分. -- （Sunny 文庫；256）
ISBN 978-626-7134-39-9（平裝）
1.CST：經集部 2.CST：般若部

221.782 111010247

Sunny 文庫 256
圓覺經、金剛經、心經註疏

著　　作　月溪法師
總 校 訂　法禪法師
印　　刷　百通科技股份有限公司
電話：02-86926066 傳真：02-86926016
出　　版　華夏出版有限公司
220 新北市板橋區縣民大道 3 段 93 巷 30 弄 25 號 1 樓
電話：02-32343788 傳真：02-22234544
E-mail：pftwsdom@ms7.hinet.net
總 經 銷　貿騰發賣股份有限公司
新北市 235 中和區立德街 136 號 6 樓
電話：02-82275988 傳真：02-82275989
網址：www.namode.com
版　　次　2023 年 3 月 1 版
特　　價　新台幣 540 元 (缺頁或破損的書，請寄回更換)

ISBN：978-626-7134-39-9